神社の解剖図鑑

米澤貴紀
Takanori Yonezawa

X-Knowledge

はじめに

神社の魅力とはなんであろうか？

映画『となりのトトロ』でお父さんとサツキ、メイが神木である巨大な楠にあいさつをするシーンがある。巨木や巨石、天候や自然現象など人知を越えた存在を畏敬し、そこに神を見る感性は原初的なものだが、おそらく現代の私たちもこれを受け継いでいる。集落の歴史や日々の生活に寄り添う信仰の姿は、今も昔も変わらない文化の1つだといっていいだろう。

一方、豪奢な社殿が建ち並び、格調高い祭祀や由緒ある神宝で良く知られた神社もある。そこには神話に出てくる有名な神が祀られ、地方や国、氏族の歴史を伝える場所として、揺るぎない存在感を示している。

神社といってもその姿はさまざまで、同じ祭神を祀る神社でも性質や信仰の形態が異なるところは少なくない。また、この「多様さ」こそが神社を考える上で重要であり、魅力の源泉ともなっている。神社が多様化した理由の1つは神道が仏教のように決まった経典・教義をもたず、各地で発生した民間信仰を

まとめたものであるからと考えられる。また大和朝廷による神話の編纂、その後の祭祀の制度化や仏教との習合と分離など、時代ごとの出来事に形を変えつつ適応してきたことなども少なからず影響している。それにより、それぞれの神社に独自の文化が定着していったのである。

現在の神社でも、パワースポットとして注目を集めたり、新たなお祭りがつくられたりしている。また、なかには現代的なデザインを境内の建物や授与品に取り入れたりしているところもある。神社は時代の変化に適合しながら、人々の願いを受け止める場所として生き続けており、将来の伝統や歴史が今も新しく生まれているのである。

その一方、古くから変わらずに続く習慣が安心感や落ち着き、懐かしさを生み出しているともいえる。また、身の引き締まるような峻厳さも神社という空間に人が集まる理由の１つだろう。

そして、今日も人々はそれぞれの願いを込めて神社に足を向ける。そうした参詣者たちこそが「神社」という文化の伝統を受け継いでいると同時に、神社の歴史、ひいては未来をつくっているともいえるだろう。

目次

4章 神社は何を祀るのか

5章 神社のグループはこうできた

6章 神社の素敵なご利益

column

1章

神社ってどんなところ？

神社には鳥居、社殿、門・塀・垣など、さまざまな建造物がある。もっと目を凝らして見ていくと、狛犬、狐をはじめさまざまな生き物たちの像や彫刻などにも出会うだろう。これらの形、置かれている場所には意味があり、その意味を理解することで神社の楽しみ方はぐっと広がるはず。

神社には何があるの？

気《け》多《た》大社【石川】

奈良時代からその名を広く知られた気多大社は、北陸を代表する古社の1つ。この神社は朝廷や歴代領主から深く崇められ※1、戦国時代から江戸時代にかけて造られた建物が今も数多く残る。

境内《けいだい》を構成する物が生まれた背景はさまざまだ。神域を示す垣《かき》や鳥居などは早い段階からあっただろうが、楼門《ろうもん》や回廊、灯籠《とうろう》などは仏教の影響による。また神楽殿《かぐらでん》や舞台は儀礼・祭礼の整備とともに造られたと考えられる。そのほか、本社に付属する小さな神社（摂社《せっしゃ》・末社《まっしゃ》）は政治的な背景※2により勧請《かんじょう》し※3、創建される場合もあった。

北陸随一の古社で見る、神社のアイテム

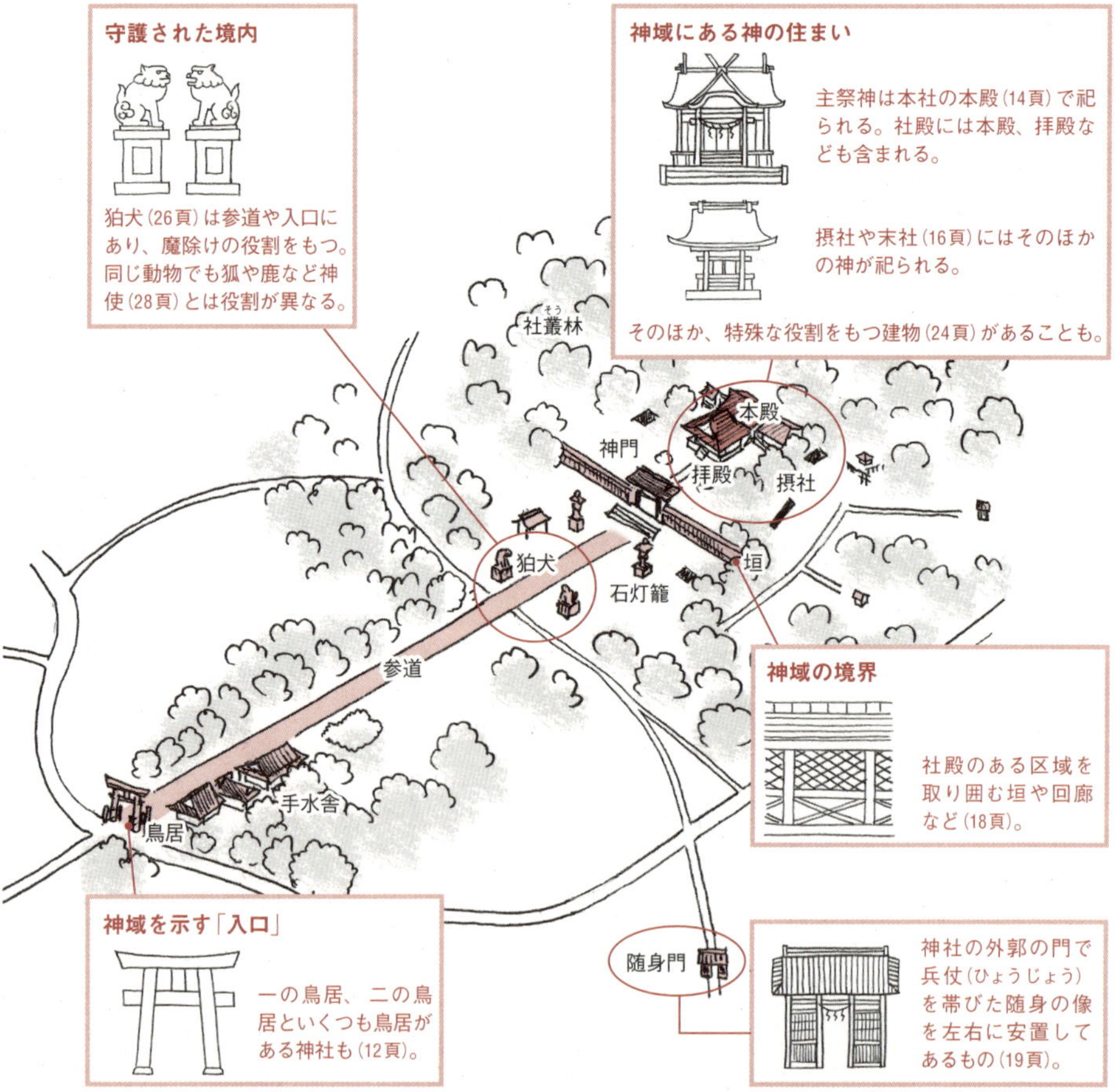
守護された境内
狛犬（26頁）は参道や入口にあり、魔除けの役割をもつ。同じ動物でも狐や鹿など神使（28頁）とは役割が異なる。
神域にある神の住まい
主祭神は本社の本殿（14頁）で祀られる。社殿には本殿、拝殿なども含まれる。
摂社や末社（16頁）にはそのほかの神が祀られる。
そのほか、特殊な役割をもつ建物（24頁）があることも。
社叢《そう》林
本殿
神門
拝殿
摂社
狛犬
垣
石灯籠
参道
手水舎
鳥居
神域の境界
社殿のある区域を取り囲む垣や回廊など（18頁）。
神域を示す「入口」
一の鳥居、二の鳥居といくつも鳥居がある神社も（12頁）。
随身門
神社の外郭の門で兵仗（ひょうじょう）を帯びた随身の像を左右に安置してあるもの（19頁）。

所在地：石川県羽咋市寺家町ク1-1　創建年代：不明　主祭神：大己貴命　一口メモ：本殿、拝殿、神門のほか、摂社の白山神社と若宮神社の本殿が重要文化財に指定されている

紙上ツアー① 神社へといざなうモノたち

参拝者は1つ、あるいはいくつかの鳥居をくぐり、参道を通って社殿へと向かう。ここでは気多大社を例にご紹介する。

俗世から離れ、身を清めよう

鳥居

扁額（へんがく）には神社の名前だけでなく、祭神や鎮守、一宮などの文字が書かれる。

参道ほか、社殿までに複数の鳥居をもつ神社もある。気多大社の鳥居は明神鳥居（12頁）だが、同じ神社で異なる形式が見られることも。

手水舎

水盤に水が湛えられる。

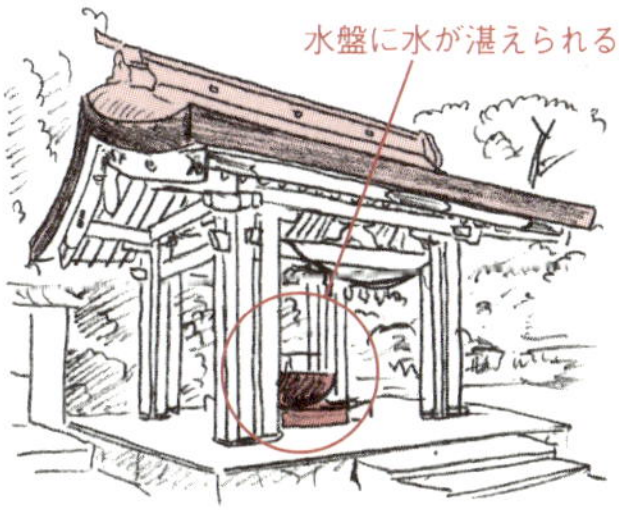

手水舎（ちょうずや）では水盤の水をひしゃくですくい手と口を清める。水盤舎、水屋ともいう。

参道も見どころ豊富

狛犬は対が原則

境内のものは参道を歩く人を意識して配置されている。狛犬は獅子に似た獣の像だが、狐や狼、鶏や蛇などほかの動物の像が立つこともある。

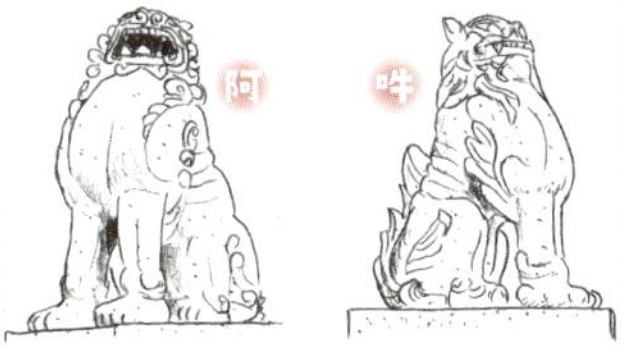

阿吽の組み合わせが多いが、両方とも阿のところもある。

参道の狛犬は石製が多いが、陶製なども見られる。

形もいろいろ石灯籠

崇敬者から奉納されたもので形はさまざま。巨大な石灯籠が奉納されていることも。また、参道脇にたくさん立ち並ぶ神社もある。

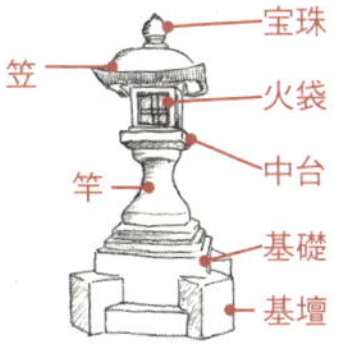

参道は本殿、摂・末社などへの道を示す。石畳や玉砂利が敷かれることが多い。石畳や玉砂利は古来ぜいたくな道であり、玉砂利は今でも維持管理に手間がかかる。

※1：国内の有力寺社を庇護し、良い関係を結ぶことは領国を治めるのに必要であった。 ※2：もともとの土地の神に代わりに中央の神を祀ったり、明治時代には大規模な合祀が行われた（68頁）。 ※3：神仏の分霊をほかの場所に移し祀ること。

紙上ツアー② 神域の境界は視覚化される

社殿のあるエリアや境内の入口にある門にも注目しよう。
また、本殿がある神域は垣で囲まれていることが多い。

神域の境界に立つ神門

神域を囲む垣。廊となる神社もある。

神門とは境内または社殿が建つ一画の入口に建つ門。この門は四脚門だが形式はさまざまで、神社によって多岐にわたる。

透塀から垣間見る

透塀(すきべい)で囲い、隔てた場所から先の神聖さを示す。

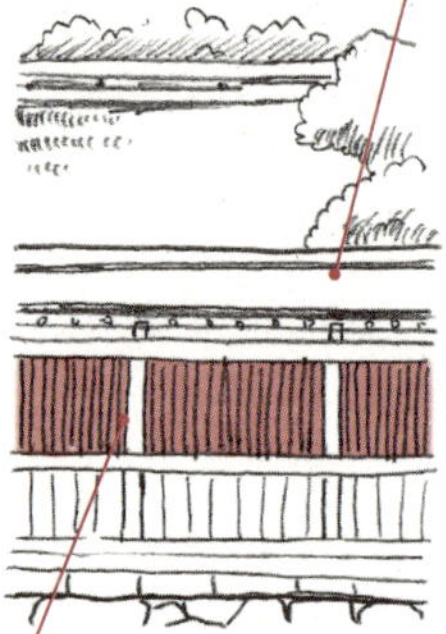

格子などで向こうが見え、屋根のある塀を透塀という。

随身像が守る随身門

随身門は「随神門」とも書く。随身門は境内の入口付近に立つ。建物の形式はさまざまで楼門(2階建て門)などもある。

通路の両脇に置かれている随身像は剣と弓をもつ。俗に矢大臣、左大臣ともいわれる。随身とは貴族の外出の際、身を守る役人のこと。

一口メモ：気多大社の創建年代は明らかにされていないが、文献に初めて気多大社が登場したのは『万葉集』である。そこには、越中守(えっちゅうのかみ)・大伴家持が能登巡行の際に気多大社に参詣した旨が記されている。

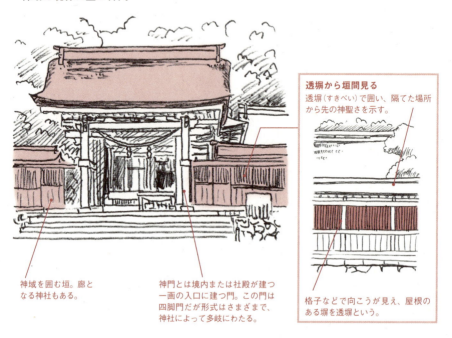

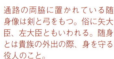

紙上ツアー③ 社殿をじっくりと見学

まずは拝殿へ。神社の中心は本殿。ここはたいてい立ち入りが制限されており、垣で囲まれていることも。本殿の周りに摂社、末社が並ぶ。

本社をお参りしよう

拝殿

拝殿は祭神を礼拝するため、または祭礼時に祭員が着座するための建物。神社によっては神楽などを奉納する舞台を兼ねることもある。

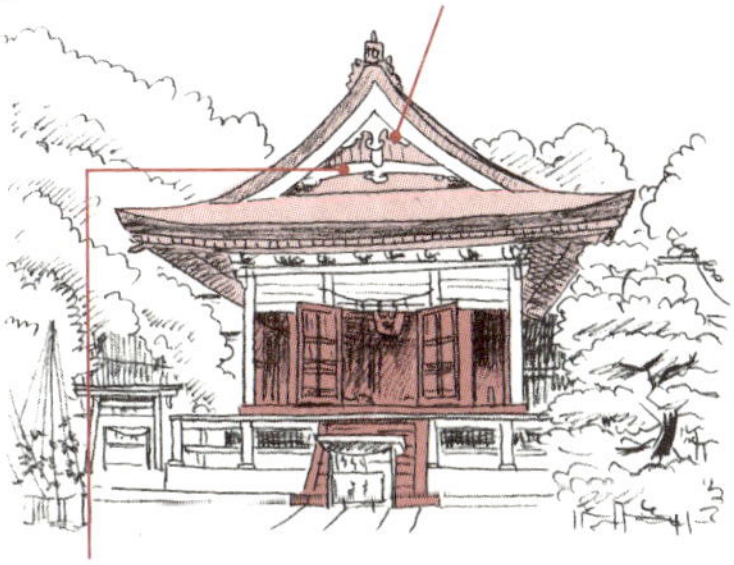

拝殿には建物の妻が正面を向く縦拝殿、平が正面を向く横拝殿、横拝殿の中央に通路が通る割拝殿がある。これは縦拝殿。拝殿の建物形式に決まりはない。気多大社拝殿は入母屋造妻入の縦拝殿。

本殿

気多大社本殿は両流造(りょうながれづくり、15頁)

本殿は主祭神・大己貴命(おおむなちのかみ)を祀る建物。一般に境内のほかの建物に比べて豪華、格式高く造られる。本殿が覆屋(おおいや)と呼ばれる建物のなかにある神社も見られる。

摂社・末社を忘れずに

枝社

本社に対する枝社には摂社のほか、末社がある。摂・末社の規模に決まりはないが、本殿よりは小さい場合がほとんどだ。

白山神社の祭神は菊理媛神(くくりひめのかみ)。三間社流造の建物。

摂社・白山神社

摂社は祭神と関わる神を祀る。摂・末社と本殿の建築様式は関係ない。

若宮神社の建築様式は一間社流造。

摂社・若宮神社

鎮守の森をバックに

社叢(そう)林は鎮守の森。貴重な自然が残ることも多い。

開発から守られた原生林や、都市部の大切な緑であったりする。

境内全体が森である神社もあるが、人が入ってはいけないとされる所(禁足地)もある。

一口メモ：大己貴命は大国主神(おおくにぬしのかみ、40・42頁)の別名。大己貴命を祭神とするのは出雲から気多大社に渡り、国を開拓したといういい伝えによる。なお、大己貴命が出雲から渡った先については、能登のほか但馬(兵庫)や越中(富山)、越後(新潟)などであるといういい伝えもある。このため、これらの地域にも「気多」と名のつく神社を見ることができる。

鳥居は神域への入口

八坂《やさか》神社【京都】

かつて感神院《かんしんいん》・祇園社と呼ばれた八坂神社は、疫病除けの神としてあつい信仰を受けた。境内の正面入口に建つ石造の鳥居は実に堂々としたもの。内側に傾けた太い丸柱に、貫《ぬき》と反りのついた島木《しまき》・笠《かさ》木《ぎ》をつけた明神《みょうじん》鳥居である。

鳥居は、神社の入口・参道に立ち、神域を示すもの。古代インドや中国・韓国の門が伝わった、などその起源は諸説ある。基本の形は2本の柱と横木からなる簡潔なものだが、部材個々の形や組み合わせ方は多岐にわたる。参拝者の目線を考えて視覚効果を狙った特徴的なものも多く、神社の見どころの1つといえる。

八坂さんの大きな鳥居は明神鳥居

最上部が笠木
最上部の横材。八坂神社のものは端に行くにつれて厚く、反りがつけられている。こうした反りは「反り増し」と呼ばれる。
太い丸柱
下方から上方に向かい、内側に傾斜している(転びと呼ぶ)ものも多い。
中央に神額
神社名を掲げたもので一般的には「扁額(へんがく)」、神社では特に「神額」と呼ばれる。島木と貫の間の柱状の部材「額束(がくづか)」に掛けられている。
島木の有無が重要
笠木の下につく横材。神明鳥居などにはない。
明神鳥居
最も一般的な鳥居が、島木のある明神鳥居。八坂神社の鳥居はその代表例。
くさび
貫が抜けないように造られている。
横に貫く貫《ぬき》
下方にある横材。柱を貫くものと柱で止まるものがある。
日本最大級の石鳥居
鳥居の高さは9.5m。これは日本の石鳥居としては最大級の大きさ。
八坂神社
上下2つの石からなる柱
柱をよく見ると切れ目がある。八坂神社の鳥居の柱は2つの石で造られているのだ。これだけの石を人力で積み上げるのは一苦労だったに違いない。
八坂神社という名
神仏習合の禁止※により1871(明治4)年、八坂神社と名前を変えた。神額の文字は有栖川宮織仁親王による。

所在地：京都府京都市東山区祇園町北側625　創建年代：656年　主祭神：素戔嗚尊(すさのおのみこと)／櫛稲田姫命(くしなだひめのみこと)／八柱御子神(やはしらのみこがみ)　一口メモ：素戔男尊と妻の櫛稲田姫命の夫婦神は非常に仲が良いとされ、この2神を祀った八坂神社は恋愛のご利益がある。本殿、楼門、石鳥居と末社の蛭子社社殿が重要文化財に指定されている。

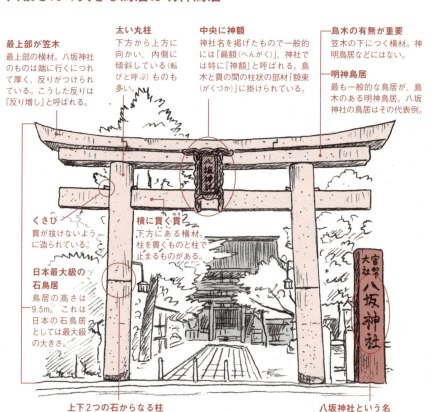

鳥居のデザインは2種類に大別できる

鳥居の大分類としては島木なしの神明《しんめい》系と島木ありの明神系の2つ。細かいディテールに注目するとその種類はさらに多岐にわたる。神明系の典型となる神明《しんめい》鳥居、明神系の鳥居、部分的に特殊な形とした変形鳥居の代表例を紹介する。

神明鳥居

笠木の木口(切り口)が五角形。

笠木は反り増しがなく地面と平行。

貫は柱の外に飛び出さない。

笠木と貫をつなぐ中央の額束がない。

笠木の下部に島木がない。

伊勢神宮(三重)

柱、貫、笠木のみからなる神明鳥居。伊勢神宮(108頁)の鳥居は笠木の断面が五角形と個性的で特に「伊勢鳥居」と呼ばれることも。

【主な神明鳥居の神社】鹿島神宮(茨城、82頁)、靖国神社(東京)

明神系・両部鳥居

柱の前後に控え柱を建てて、それを貫でつないでいる。両部神道(神仏習合の神道)の神社に多い。その形から四脚鳥居と呼ばれることも。なお窪八幡神社の鳥居は1540(天文9)年の建立で、現存する木造鳥居では最古のもの。

【主な両部鳥居の神社】気比神宮(福井)、厳島神社(広島)

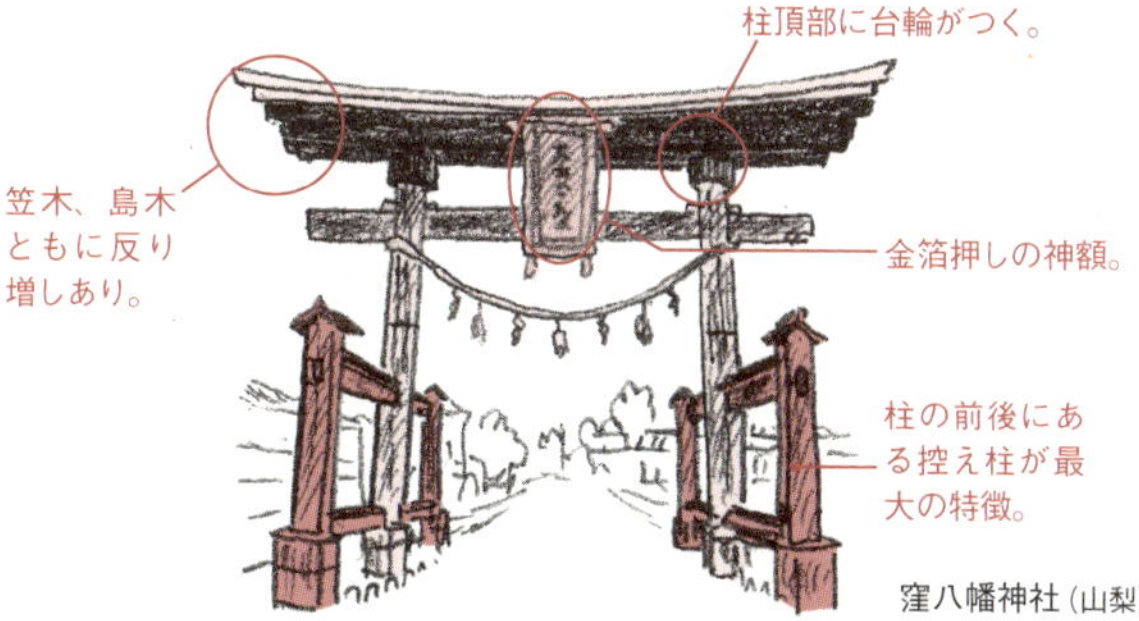
柱頂部に台輪がつく。
笠木、島木ともに反り増しあり。
金箔押しの神額。
柱の前後にある控え柱が最大の特徴。

窪八幡神社(山梨)

明神系・稲荷鳥居

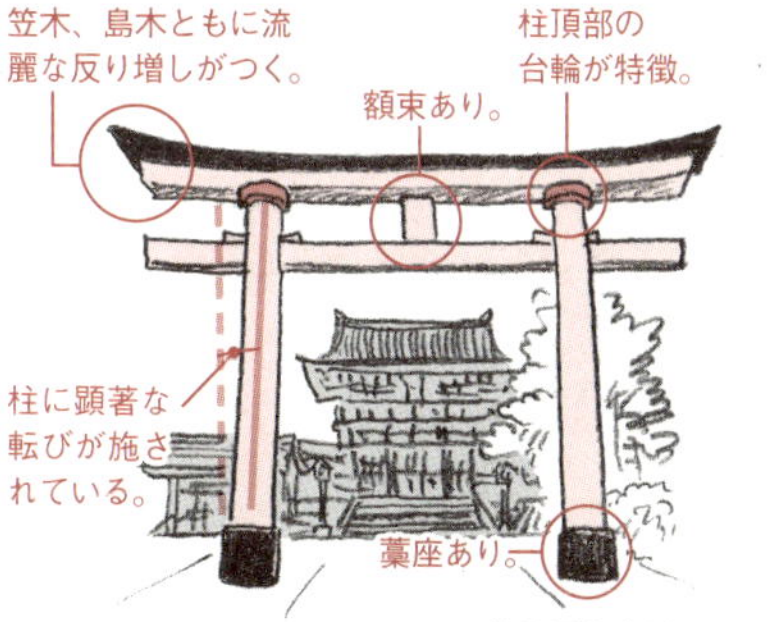
笠木、島木ともに流麗な反り増しがつく。

柱頂部の台輪が特徴。

額束あり。

柱に顕著な転びが施されている。

藁座あり。

伏見稲荷大社(京都)

柱頂部に円盤状の部材(台輪)がつけられている。この台輪は防腐効果を期待したもの、という説もある。台輪鳥居とも呼ばれる。

【主な稲荷鳥居の神社】穴八幡宮(東京)

変形鳥居・山王《さんのう》鳥居

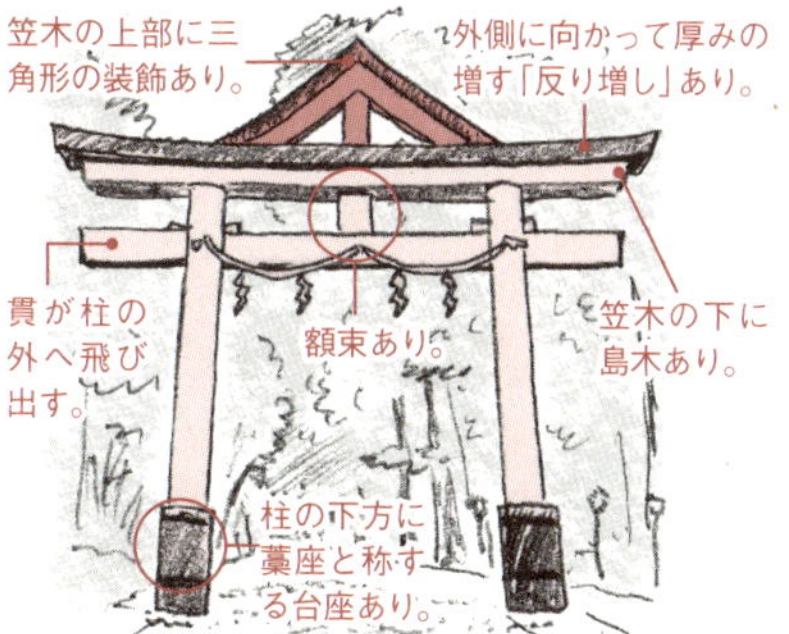
笠木の上部に三角形の装飾あり。

外側に向かって厚みの増す「反り増し」あり。

貫が柱の外へ飛び出す。

額束あり。

笠木の下に島木あり。

柱の下方に藁座と称する台座あり。

日吉大社(滋賀)

合掌鳥居とも呼ばれる笠木の上の三角形の装飾が特徴で、代表的な神仏習合の神道・山王神道のシンボル。日吉大社の現在の鳥居は大正時代に再建されたもの。

【主な山王鳥居の神社】山王日枝神社(東京)

※:1868(明治元)年、神仏分離令が公布されるまでは、八坂神社の祭神として素戔嗚尊と同体とされた牛頭天王(ごずてんのう)を祀っていた。

社殿は神の住むところ

神魂《かもす》神社［島根］

神魂神社の本殿は現存最古の大《たい》社造《しゃづくり》の建物。大社造は出雲大社など出雲地方の神社で見ることができる。出雲・神魂神社の社殿は太い柱と大きな切妻《きりづま》屋根などが特徴だ。

社殿というと神の居場所を示す本殿をさすことが多いが、参詣者が参拝を行う拝殿や神に幣帛《へいはく》（供物）を捧げる幣殿《へいでん》なども社殿と呼ばれる。

本殿の建築様式は屋根の形や入口が建物の棟に平行か（平入《ひらいり》）、垂直か（妻入《つまいり》）の違いや屋根のかけ方などによって分類される※1。

その地方特有の特徴をもつものや、祭神との関わりから形が決まるものもある。

神魂神社・本殿は現存最古の大社造

社を飾る千木《ちぎ》
破風が伸びたものではない
千木は置千木という。
神社といえばの鰹木《かつおぎ》
千木とともに、神社の
屋根の特徴的な部材。
大社造の特徴
大社造は切妻造（本を伏せたような2つの斜面からなる屋根）、妻入。ほぼ正方形平面で正面、側面とも2間が基本だが、1間のものもある。出雲大社に代表される。
反りのある屋根
大社造の屋根には、反りがある。
縄文時代に生まれた「高床式《たかゆかしき》」
神社建築によく用いられる「高床式」は倉庫や住居に使われていたもの。湿気や雨から穀物などを守ろうと考えられたもので、これがのち神社建築に用いられるようになったと考えられる。
棟を支える「棟持柱《むなもちばしら》」
棟木を直接支える妻面中央の大きな柱が棟持柱。これが大社造の特徴の1つだ。
本殿に取りつく階隠（左、はしかくし）と拝殿（右）

片方に寄った入口
妻側が2間（けん）のため、入口が片方に寄る平面。

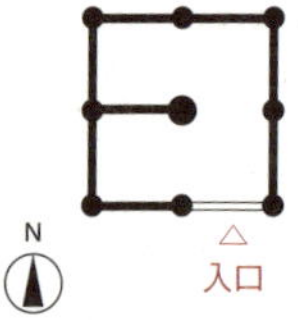
N
入口

所在地：島根県松江市大庭町563　創建年代：平安中期以降　主祭神：伊弉冊大神（いざなみのおおかみ）　一口メモ：神魂神社の神紋には「有」という字が用いられている。これは全国の神社から神の集まる「神在月」、すなわち「十月」という字の「十」と「月」を合わせた文字として考えられたものだという。本殿は国宝に指定されている。

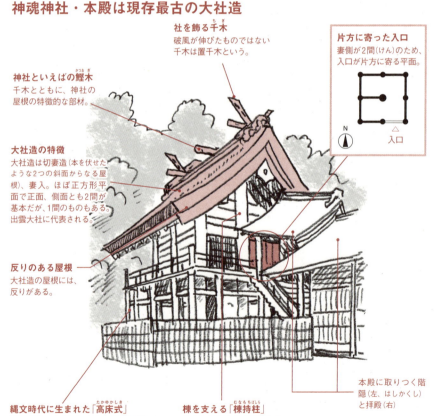

本殿の様式を見分けよう

本殿の建築様式は前掲の大社造のほかに神明造《しんめいづくり》などの様式がある。本殿は人が立ち入ることのできない神聖な場所。そのため、垣を張りめぐらせて外界と遮断している神社が多く、外からは見えにくい。

古式を残す神明造

切妻造、平入。伊勢神宮（108頁）が代表的、同宮では摂・末社もこの様式。大社造とともに古い形とされる。

千木は破風（屋根の妻側につく板）が交叉して伸びたもの。先端を水平に切る内削（うちそぎ）は女神を、垂直に切る外削（そとそぎ）は男神を祀るともいわれ、伊勢神宮では内宮が内削、外宮が外削。

鰹木の本数は男神を祀る社が奇数、女神は偶数にするともいい、伊勢神宮では内宮は偶数、外宮は奇数。

鞭掛（むちかけ）という破風から突き出した木材。

屋根に反りはない。

柱は地面に直接穴を掘って立てる掘立柱で、古い形式を伝える。

伊勢神宮・内宮（三重）

最も多い流造《ながれづくり》

切妻造・平入。神明造から発展したともいわれ、前方の屋根が後方に比べて長い。全国的に広く分布し、重要文化財に指定された社殿では一番多く見られる形式である。

屋根が前に伸びた部分は向拝という。

下鴨神社・本殿（京都）

屋根は曲線を描き、前方に伸びているのが特徴。伸びた屋根は正面の縁や階の上に掛かる。

近畿に多い春日造《かすがづくり》※2・3

切妻造、妻入。屋根の正面側に庇がつく。奈良を中心とした近畿地方に多い。図は日本最古の春日造とされる円成寺の春日堂・白山堂。

屋根には反りがある。

妻側の庇が特徴。屋根と庇の取りつき方は関板を入れる方法と、隅木を入れる方法がある。

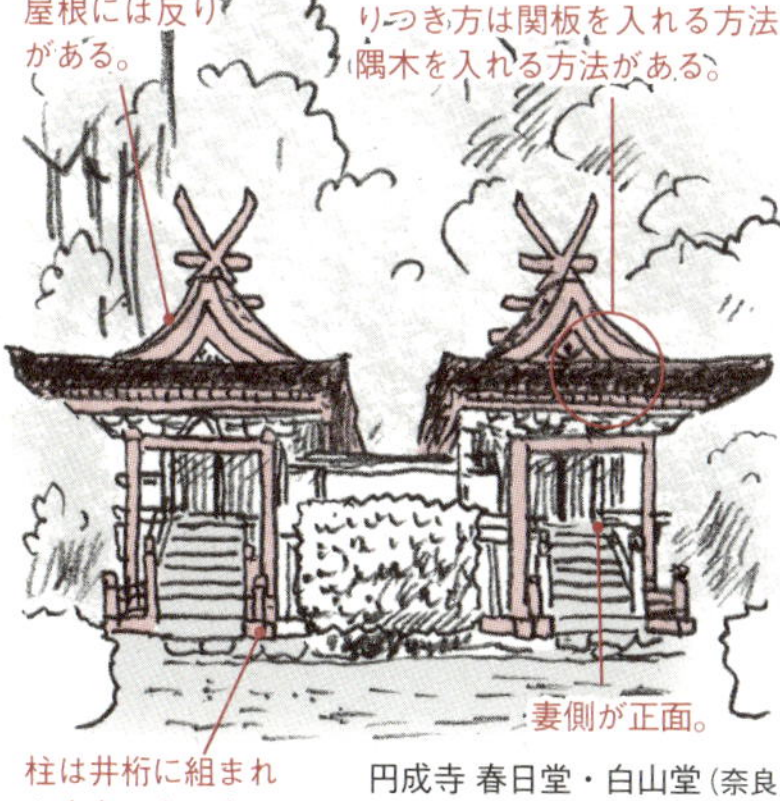

妻側が正面。

柱は井桁に組まれた土台の上に立つ。

円成寺 春日堂・白山堂（奈良）

複雑な権現造《ごんげんづくり》

本殿と拝殿を石の間で連結したエの字形の複合社殿全体をさす。石の間造ともいう。

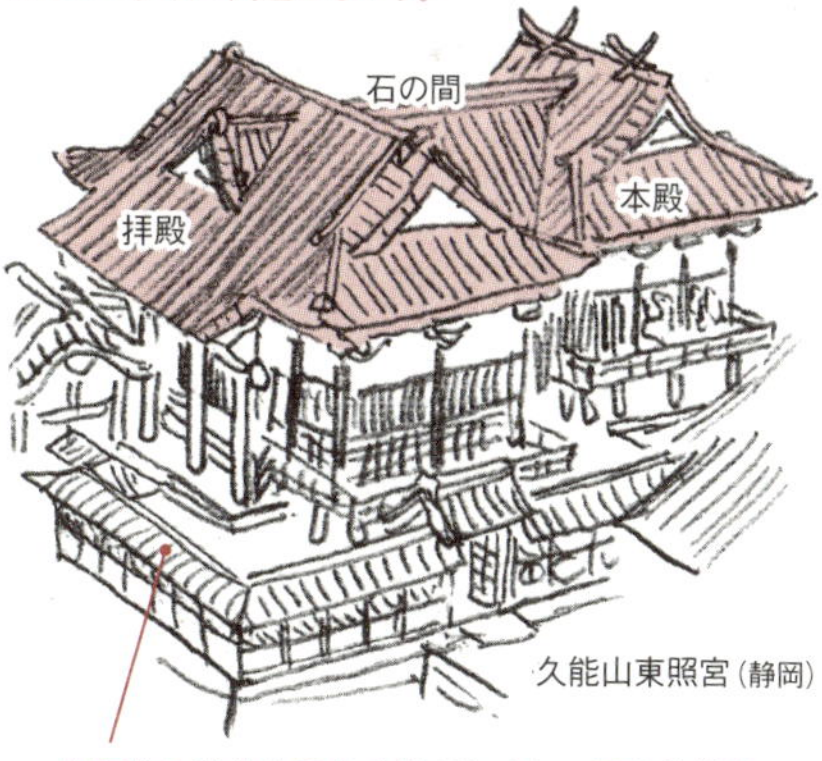

久能山東照宮（静岡）

権現造の発生は平安時代だとされ、霊廟的性格をもった神社に多い。また双堂形式の八幡造からの発展形とする説もあるが、はっきりしない。ちなみに、現存する神社では八幡造よりもかなり数は多い。

※1：礼拝の場「向拝（こうはい）」や屋根に三角形の千鳥破風（ちどりはふ）や曲線を描く唐破風をもつ本殿もある。 ※2：大社造は出雲地方に多く、春日造は近畿地方に多いなど、地方と社殿形式に関連性が見られることもある。 ※3：春日造と同じく切妻造妻入の社殿形式には住吉造（100頁）があるが、両者に特別な関係はない。

摂・末社にいるさまざまな神

太宰《だ》宰《ざい》府《ふ》天《てん》満《まん》宮《ぐう》［福岡］

太宰府天満宮は平安時代の学者、政治家である菅原道真《すがわらみちざね》を祀り「学問の神様」として知られる。境内には道真にまつわる梅の木（飛《とび》梅《うめ》）※1や牛の像があるほか、いくつかの小さな神社が建つ。これらは摂《せつ》社《しゃ》・末社《まっしゃ》と呼ばれるもの。本殿の背後には道真の師や家族が祀られているほか、周囲には複数の神社が並ぶ。

このように主祭神に関連のある神を祀る摂社や、そのほかの神を祀る末社をもつ神社は少なくない。摂社・末社には決まった社殿の様式（14頁）や規模などはなく、拝殿をもった立派なものから小さな祠《ほこら》まで、多彩なものを見ることができる。

主祭神と縁ある摂社、種々の神が住む末社

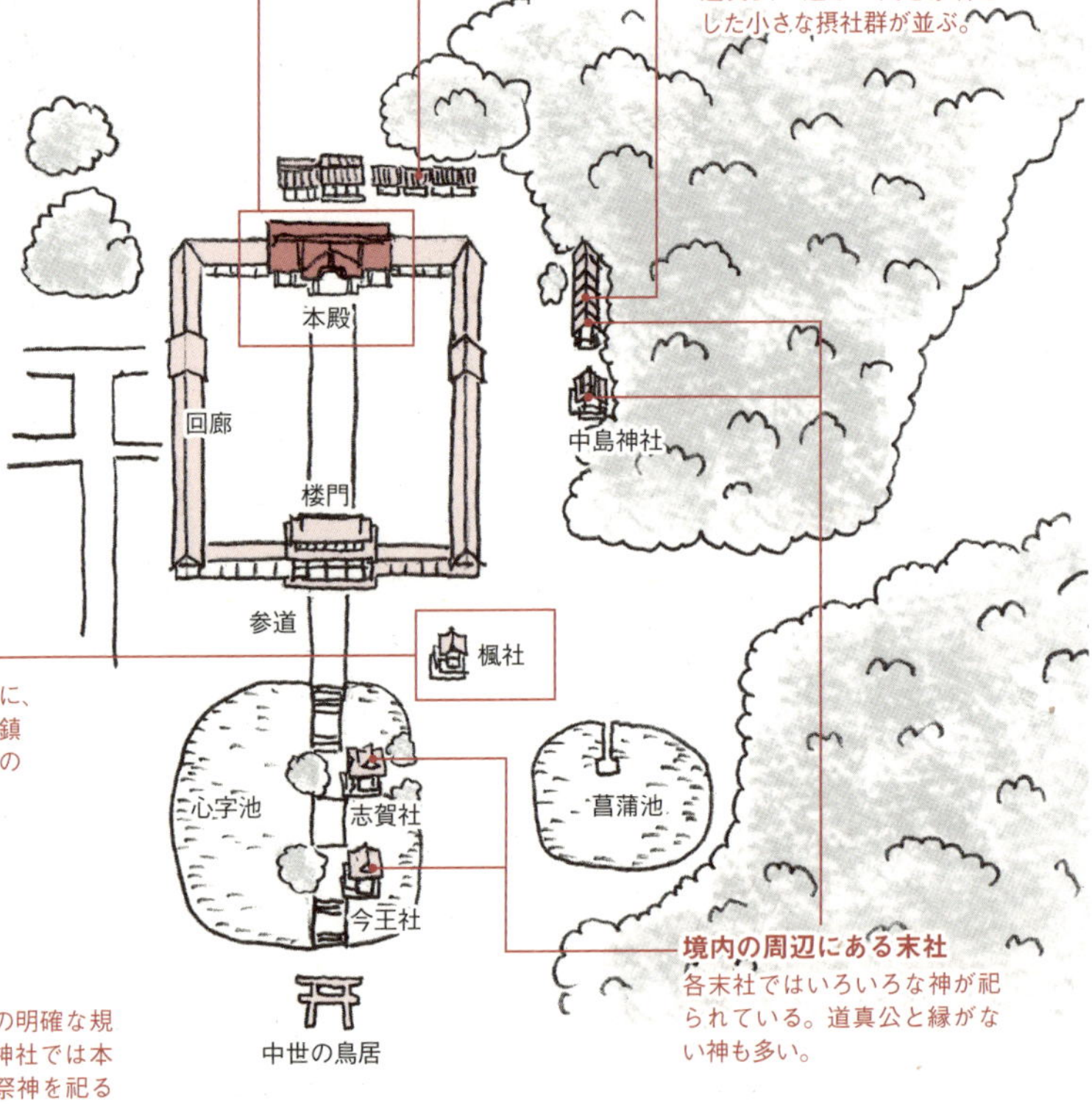
道真公を祀る本殿
本殿は回廊で囲まれた特別なエリアにある。
摂社が本殿を囲む
本殿裏と東側には、主祭神道真公の近しい人を祭神とした小さな摂社群が並ぶ。
本殿
回廊
楼門
中島神社
参道
楓社
奥方が祭神の摂社
道真公を見守るように、本殿エリアの前方に鎮座する楓社。道真公の奥方が祭神。
心字池
志賀社
菖蒲池
今王社
境内の周辺にある末社
各末社ではいろいろな神が祀られている。道真公と縁がない神も多い。
中世の鳥居

明確な規定はない

摂社と末社についての明確な規定はないが、多くの神社では本社と強い関係をもつ祭神を祀る社を摂社、それ以外の神を祀る社を末社とするようである。

所在地：福岡県太宰府市宰府4-7-1　創建年代：919年　主祭神：菅原道真公　一口メモ：菅公（菅原道真）は、901（延喜元）年に左遷、不遇のうちに生涯を閉じた。遺体を埋葬しようと乗せた牛車が、とある場所で動かなくなり、その場所に菅公を埋葬。これが現在の太宰府天満宮の場所だ。本殿のほか、末社の志賀社の社殿が重要文化財に指定されている。

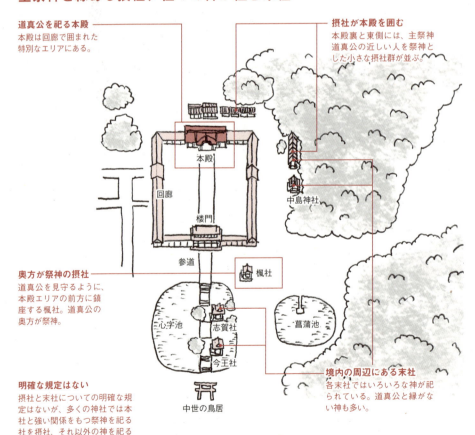

多くの神と建築様式に出会える

神社巡りをする際は、本社だけでなく、摂社・末社に着目すると、また別の発見がある。また、境内の外に敷地をもつ関連社もあり、境外《けいがい》末社と呼ばれる。

本殿裏の摂社群

本殿背後の社殿はすべて摂社。いずれも形式は流造（15頁）で、道真の師や家族という近しい人物を祭神とする。

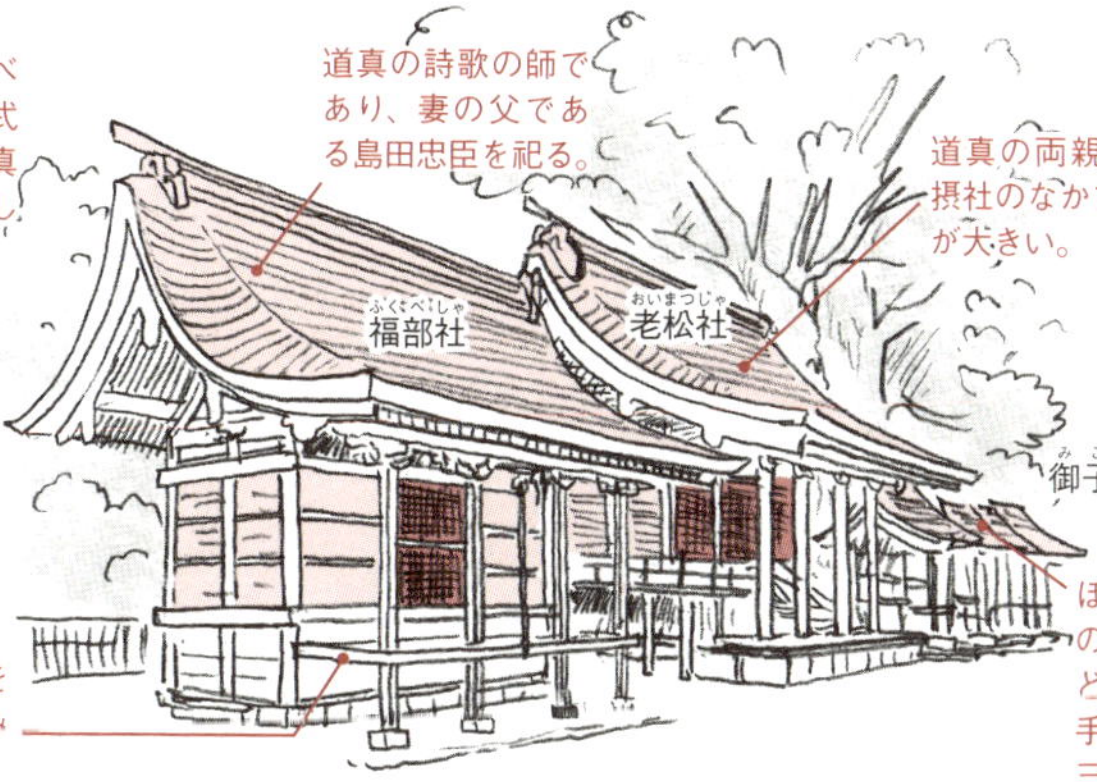
道真の詩歌の師であり、妻の父である島田忠臣を祀る。
福部社《ふくべしゃ》
老松社《おいまつじゃ》
道真の両親を祀る摂社。摂社のなかでは1番規模が大きい。
御子社《みこしゃ》
ほぼ同規模の4棟の社殿は道真の子どもを祀る御子社。手前から長男、次男、三男、四男と並ぶ。
正面に棚のような縁を造る形式を見世棚造（みせだなづくり）という。

摂社・楓社

道真の奥方・宣来子（のぶきこ）を祀る摂社。室町時代に創建されたといわれる。流造の建物。

階（きざはし）の下にある低い縁は浜床（はまゆか）・浜縁（はまえん）という。

末社・中島神社

菓子の神・田道間守（たじまもり）を祀る末社で、九州菓子業界の会員によって1954（昭和29）年に勧請された※2流造の建物。

本殿だけでなく、瑞垣や鳥居も備える。

末社・志賀社

太宰府は古くから大陸の玄関口であり、交易の拠点だったことから海神・少童三神（わたつみさんしん）を祀る志賀社が創建された。

正面には千鳥破風がつく。
切妻造が多いなか、入母屋造の建物。
向拝部分の曲線の屋根の形は唐破風。

末社・今王社

心字池の島に建つ流造の末社。創建についての資料はないが、勅使が事情により参拝できない時※3、当社にお供えをしたことから特別な存在だったことがうかがえる。

切妻造、平入の建物。前方の屋根が長く、向拝になっているのが流造の特徴。

※1：菅原道真が日頃愛でていたという梅が道真を慕って京より飛来したという伝説がある。その白梅が、今も太宰府天満宮の境内に植わっている。 ※2：中島神社は1954（昭和29）年、九州菓子業会の会員により業界の守護神として勧請された。 ※3：参詣者が道中、疫病に遭遇するなどした場合には「不浄」として神域に立ち入ることができなかった。

垣《かき》・回廊《かいろう》・門は俗と聖との境

油《あぶら》日《ひ》神社【滋賀】

油《あぶら》日《ひ》岳《だけ》を神体山とする油日神社。中世には甲賀武士の総氏《そううじ》神《がみ》となり、また油の神として民間にも広く信仰されてきた。境内は広く、本殿・拝殿は楼門《ろうもん》（神門）※1や回廊で囲まれている。境内《けいだい》や社殿を垣（瑞垣《みずがき》）や回廊で囲うのは、その場所が聖域であることを認識させるためで、神社によっては幾重にも重ねているところもある※2。垣が複数ある場合には1番内側のものを瑞垣《みずがき》、外側のものを玉垣《たまがき》または荒垣《あらがき》などと呼ぶことが多い※3。

回廊は建物間の通路として使われたり、祭事の見物席になったり、奉納品などが飾られたりする。

神の住む場所を囲い、守る楼門と回廊

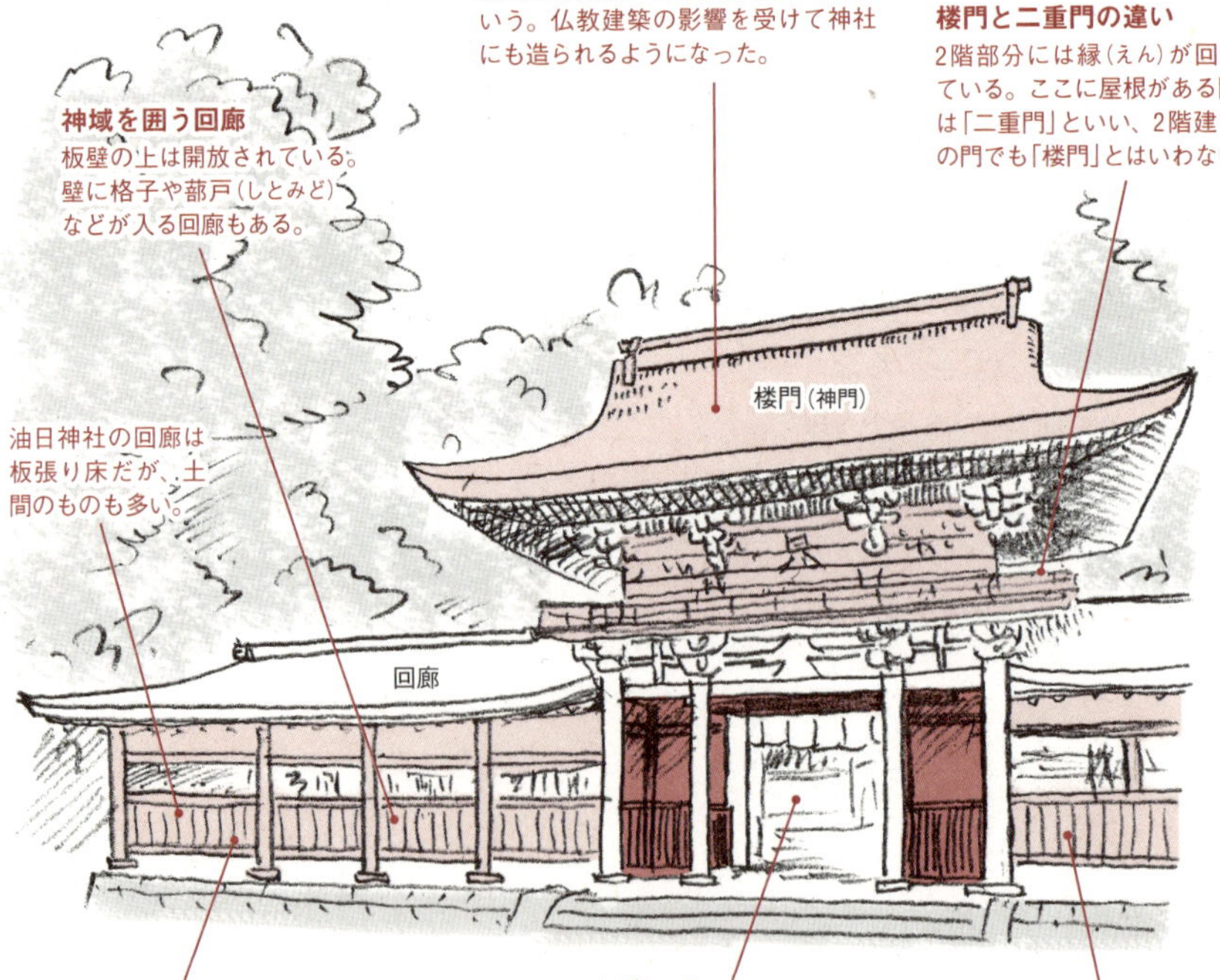
楼門は神域への入口
油日神社の楼門は室町時代の建立。楼門とは屋根が1重で2階建ての門をいう。仏教建築の影響を受けて神社にも造られるようになった。
楼門と二重門の違い
2階部分には縁（えん）が回っている。ここに屋根がある門は「二重門」といい、2階建ての門でも「楼門」とはいわない。
神域を囲う回廊
板壁の上は開放されている。壁に格子や蔀戸（しとみど）などが入る回廊もある。
油日神社の回廊は板張り床だが、土間のものも多い。
楼門（神門）
回廊
左回廊はL字形をしており、正面は5間で、奥に4間。
三間一戸《さんげんいっこ》の門
柱間が3つあり、中央1間に通路がある形式を「三間一戸」という。
右回廊は左回廊と同じくL字形で拝殿前の空間を囲むが、正面、奥行きとも5間で、一番奥の1間分は土間。

所在地：滋賀県甲賀市甲賀町油日1042　創建年代：伝用明天皇朝　主祭神：油日大神（あぶらひのおおかみ）　一口メモ：「油日」の名前の由来は社伝に記されている。すなわち当社の南東にそびえる山の頂に大明神が降臨、その際に油の火のごとき光を発したことによるとされる。なお社殿は聖徳太子が建立したとされ、本殿、拝殿、楼門、回廊はいずれも重要文化財。

垣や門は聖域の境界

垣や回廊、神門などは神社が社殿をもつようになってから生まれた。古代、磐座《いわくら》や神籬《ひもろぎ》（神の降りてくる所）を礼拝の対象にしていた頃には、境界をこうした建物で仕切るような習慣はなかったと考えられる。

神門―神域への入口

多田神社本殿前の随身門（随神門）。両脇に境内の守護神（随身像）を祀る。神門の形式は八脚門。なお、随身門の由来は不確かだが、神像のなり立ちと関係するようだ。

武官の装束を着て剣・弓をもつ随身像。一対2体の像を祀る、多田神社では正面向かって右が櫛石窓神（くしいわまどのかみ）、左が豊石窓神（とよいわまどのかみ）。

随身門の両脇の壁は土を突き固めて造る築地塀（ついじべい）。仏教建築とともに伝来したもので、屋敷や寺院によく見られる。

門と築地塀の間には両脇とも小さな戸（脇戸）がつけられている。

多田神社（兵庫）

塀―社殿を囲む

妙義神社の社殿を囲む塀は透塀（すきべい）。透塀は格子などを入れてなかが見える屋根つきの塀。社殿、特に本殿を囲うことが多い。

妙義神社の透塀の屋根は板葺。瓦葺や銅板葺のものもある。

菱形に木を組んで造った格子・菱格子。ほかに縦格子などを入れる透塀もある。

妙義神社（群馬）

回廊―通路にもなる

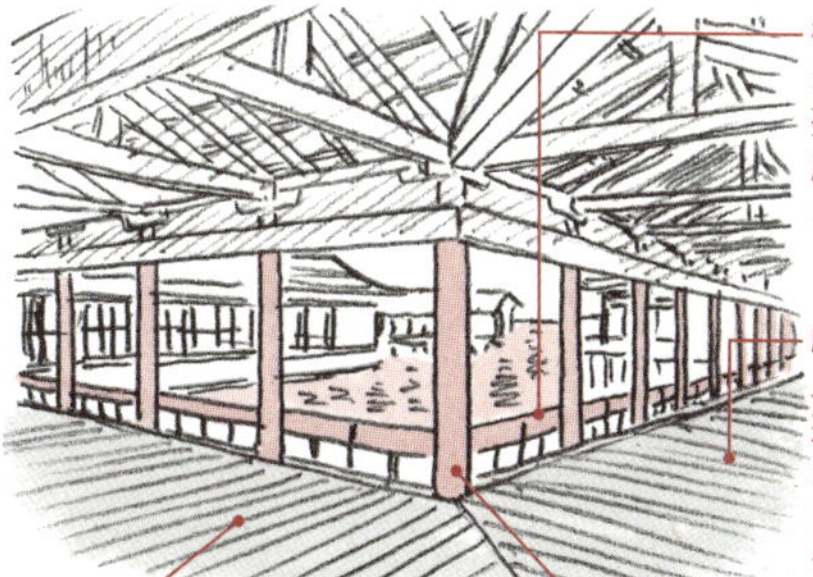

柱と柱の間には欄干があり、壁はない。聖域を囲って隠す回廊とは性格が異なることがわかる。

厳島神社の社殿は海上に張り出すように造られた複数の建物から構成され、それらの建物間は回廊でつながる。

回廊の幅は約4m もの広さがある。

柱など木の部材は朱塗り。

厳島神社（広島）

垣―立ち入りお断り

石上神宮の禁足地は剣状の石製の瑞垣で囲われる。

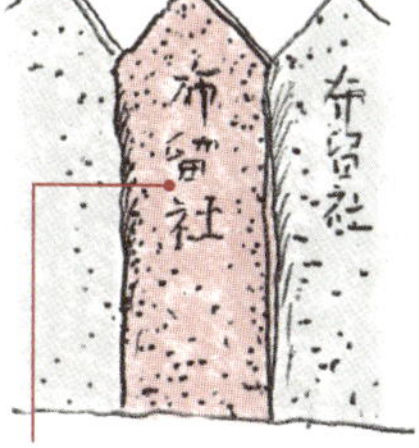

布留社は石上神宮の別名。

石上《いそのかみ》神宮（奈良）

※1：楼門とは2階建ての門の形式。神門とは神社の門のこと。 ※2：垣や塀、回廊の使い分けに明確なルールを見つけることは難しい。しかし神社の性格や歴史などが使い分けに関係していると考えられる。 ※3：なお、垣を幾重にも重ねるのは、祭神の神聖性を増すためである。

神の空間を彩る天井画

平岡八幡宮《ひらおかはちまんぐう》【京都】

平岡八幡宮は山城国《やましろのくに》（現在の京都府南部）最古の八幡宮※1で、弘法大師空海が神護寺《じんごじ》の守護として宇佐神宮から勧請《かんじょう》※2した。ここで有名なのは本殿外陣の「花の天井」だ。井桁《いげた》に格縁《ごうぶち》を組んだ格天井《ごうてんじょう》に色鮮やかに描かれた44種の花は神にふさわしく、建物を美しく飾る。

柱や壁に色を塗るだけでなくこうした天井画や壁画を描くことは、神を楽しませると同時にその座所《ざしょ》を飾り、神の威厳を誇示する意図がある。一方で、人の立ち入る拝殿に装飾を施した神社もある。これは見る者を楽しませ、より参詣を身近にするためのものである。

44輪の花が咲く「花の天井」

本殿内陣の格天井
ご神体を安置する聖域にふさわしい格調高い天井。この絵を描いたのは江戸末期の絵師・綾戸鐘次郎藤原之信。

極彩色の天井画
格間に岩絵の具などで花や果実などが描かれたのは江戸時代末期。鮮やかな色彩が残っている。

黒×朱の格縁
格天井の格間を仕切る部材は黒い漆塗り。角は斜めに落としてあり（面という）、この面の部分を朱に塗っている。

植物は44面すべて異なる種類で、空間を華やかにしたいという意図が読み取れる。

蛙が足を開いたような形の部材、蟇股（かえるまた）。これにも彩色が施されている。

所在地：京都府京都市右京区梅ヶ畑宮ノ口町23　創建年代：809年　主祭神：応神天皇　社格：村社　一口メモ：社殿内陣の鴨居には紅白の椿があしらわれている。椿は平岡八幡宮の象徴的な花であり願いごとをすると1日で開花し願いが成就するという言い伝えがある。樹齢170年以上の白椿も平岡八幡宮の境内に植えられている。

神も人も楽しませる工夫がいっぱい

神社の社殿に見られる装飾には浮彫などもあり、絵画とはまた違ったおもしろさがある。しかし、いずれも神様や参拝者を楽しませようと趣向を凝らしてあることがうかがえる。

天井に浮かぶ9つの雲

雲が9つ描かれた神魂神社(14頁)の天井。出雲大社本殿にも同様の雲が7つあり、「八雲図」と呼ばれながら8つでないのは謎。

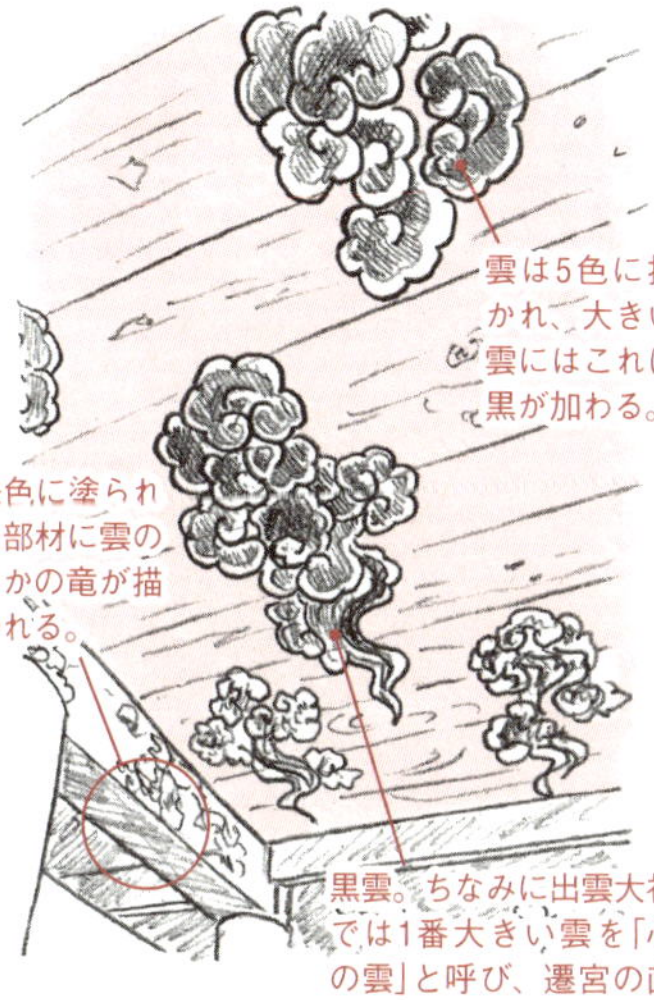

雲は5色に描かれ、大きい雲にはこれに黒が加わる。

朱色に塗られた部材に雲のなかの竜が描かれる。

黒雲。ちなみに出雲大社では1番大きい雲を「心の雲」と呼び、遷宮の直前に黒雲に心入れという秘儀を行うとされる。

神魂神社(島根)

花でいっぱいの天井

大崎八幡宮の石の間には、漆塗りの格縁と金箔を貼った天井板の花の絵があり、本殿とは対称的に豪華絢爛。

大崎八幡宮(宮城)

天井板にはシャクヤクなどの花が描かれている。琵琶板(びわいた・組み物と組み物の間に嵌め込む板)にも金箔を貼った上に植物が描かれていて、桃山時代の華やかな雰囲気を伝えている。

シャクヤク

墨絵で示された高い精神性

大崎八幡宮本殿の内陣には、神の座所となる部屋とその周りの回廊があり、回廊には不老と繁栄を表す縁起の良い松と竹の絵が描かれている。松は長寿、竹は子孫繁栄を意味する。絵は都の絵師ではなく、地元・東北の伊達衆による。これは、「土地の人々が神を祀る」という意識を強く反映したものだと考えられる。

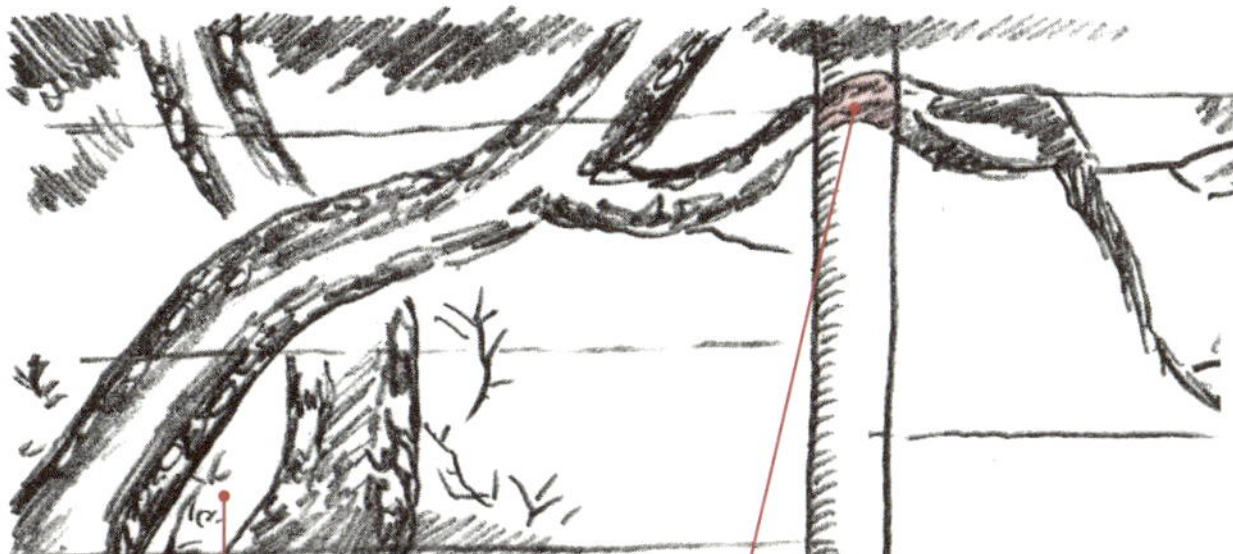

壁面は白く塗られ、その上に墨で絵が描かれている。

柱にも絵が掛かっている。建物ができてから直接描かれたものであろう。

部屋の壁面には「竹に雀」の絵。

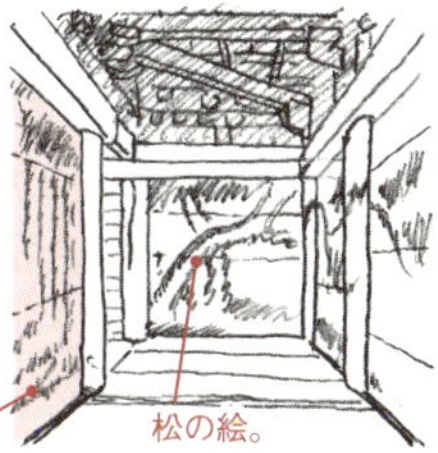

松の絵。

大崎八幡宮(宮城)

※1:創建から1,200年を越す古い神社で、ご神体は弘法大師空海直筆の僧形八幡神像。1407(応永14)年、火災により社殿が焼失するも、足利義満により再建された。 ※2:八幡宮は八幡神を祀った神社で、全国におよそ4万4千社あるとされる。平岡八幡宮は809(大同4)年、大分の宇佐神宮(八幡宮、106頁)から空海が勧請したのが起源だとされる。

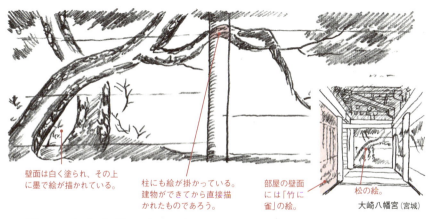

神紋は神社のシンボル

上《かみ》賀《が》茂《も》神社【京都】

上賀茂《かも》神社の名で知られる賀茂別雷神社《わけいかづちじんじゃ》は、古来より朝廷、京の都を守る神としてあつい崇敬を受けて来た※。また建物の多くは文化財に指定され、ユネスコ世界遺産に登録された神社としても知られる。

上賀茂神社のシンボルは「二葉《ふたば》葵《あおい》」といわれる神紋。神事に用いる葵を図案化した紋だ。

こうした神紋は神社ごとにあり、拝殿に掲げられた幕や賽銭箱、屋根瓦の先端や釘隠《くぎかくし》、お守りや絵馬などそこかしこにあしらわれている。これらの紋は祭事や神事に由来するものの、領主や社家の家紋を用いたものなどが多い。

神事に由来する格調高い紋

中門《ちゅうもん》
本殿・権殿のある一画を区切っている。

空間を隔てる門帳《もんちょう》
神域を隔てる神具「門帳」にも神紋が見られる。上賀茂神社では通常、二葉葵の紋だが、葵祭の際は菊の御紋の門帳が用いられることも。

西局の創建年代は不明だが現社殿は1266（文永3）年に造替（ぞうたい）。

西局と同じく1266（文永3）年に造替。

神紋・二葉葵
葵紋は神事の際に神官の冠などにつける葵に由来する。徳川家の家紋・三葉葵も賀茂社への信仰に由来するともいわれる。

門を守護する末社
棚尾神社は櫛石窓神（くしいわまどのかみ）と豊石窓神（とよいわまどのかみ）を祀り、門を守護している。

所在地：京都府京都市北区上賀茂本山339　創建年代：678年　主祭神：賀茂別雷大神（かもわけいかづちのおおかみ）　一口メモ：上賀茂神社の境内、二の鳥居の先にある「立砂（たてずな）」は賀茂別雷命が最初に降臨した、神山（こうやま）を模して造られたものだといわれる。本殿、権殿（仮殿）が国宝に、拝殿、舞殿、楼門などが重要文化財に指定されている。

神紋のデザインがおもしろい

モチーフは植物のほか、鳥や祭神《さいじん》の象徴をかたどったものなど多岐にわたり、実にユニークだ。石灯籠や手水舎の水盤などの石造物や、高欄《こうらん》の金物といった建物のディテール部分にも神紋が使われるので、探してみるのも楽しい。

美しい花をデザイン化

梅紋

梅鉢紋（うめばちもん）ともいわれ、「飛梅」の伝説が残る天神・菅原道真を祀る北野天満宮（京都、64頁）などで使用。

藤紋

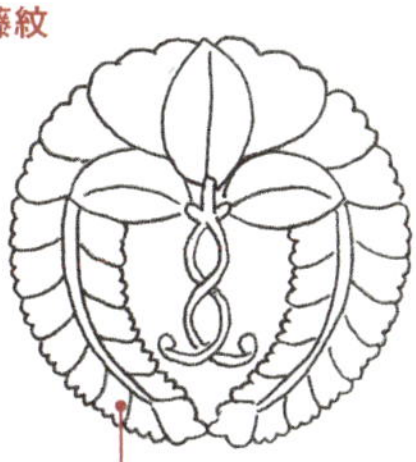

藤原氏の氏神・春日大社（奈良、104頁）は、藤原一族の家紋・下り藤（さがりふじ）を使用。下り藤紋は家により違いがあるが、春日大社の中でも年代によって形の違うものもある。

絵馬の桐＋菊紋

明治天皇と昭憲皇太后を祀る明治神宮（90頁）の神紋は菊と桐の組み合わせ紋。いずれも皇室に縁のある紋。

皇室の替紋である桐紋は花の数が中央7つ、両脇5つの「五七の桐」を用いる。明治神宮はそれに遠慮して「五三の桐」。

皇室の表紋である菊紋は花弁の数が16枚の「十六菊」、明治神宮では「十二菊」。

神使でもある鳥の紋

烏紋《からすもん》

熊野本宮大社（和歌山、62頁）の神紋である烏は神使ともされている。烏紋は熊野信仰特有のものだ。3本脚の八咫烏（やたがらす）は神武天皇を熊野から大和まで先導したという。

祭神の縁あるモチーフ

宝珠《ほうじゅ》に波

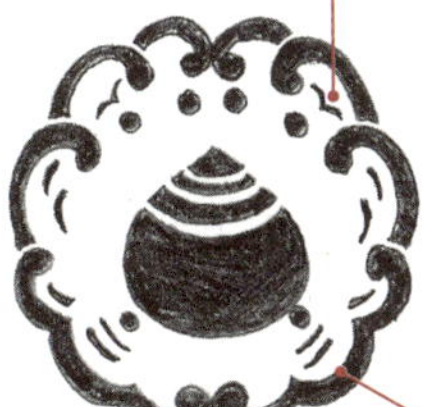

若狭彦神社（福井）の神紋は「宝珠に波」。祭神・火折尊（ほおりのみこと、46頁）が海宮で海を操る潮満珠・潮干珠をもらったことに由来。

波は珠により操られる海を表す。

賽銭箱の鶴紋

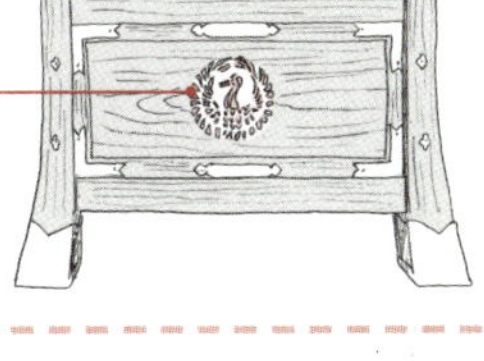

鶴岡八幡宮（神奈川、68頁）の神紋は翼を広げた鶴を図案化した鶴丸紋。お守りなどの授与品にも使われている。

吊灯籠の巴紋

全国八幡宮の総本社、宇佐神宮（大分、106頁）の神紋は左三つ巴。ほかの八幡宮でも使われる。

勾玉型の文様が3つからなる三つ巴。八幡神が武神として尊ばれたことから、武士もこの紋を好んだ。

※：奈良時代、上賀茂神社は朝廷から寄進を受けたり、平安遷都の際は松尾大社（京都）とともに位階（神階）が与えられるなど古来、深く崇敬を受けていた。理由の1つには上賀茂神社が京都の北東、すなわち鬼門の方角に位置し、守護の役割を果たしていたからといわれる。

特別な役目を果たす建物

日光東照宮【栃木】

徳川家康は死後、東照大権現《とうしょうだいごんげん》という名の神として祀られた。その遺体は遺言に従って久能山《くのうさん》(静岡)に葬られたが、1年後に下野《しもつけの》国《くに》・日光へ改葬※。それとともに造営されたのが日光東照宮である。

境内の建物は当時最高の技術と材料をもって造られている。また神馬《しんめ》を飼う神厩舎《しんきゅうしゃ》、神宝や社宝を納める神庫《ほくら》、神楽《かぐら》を舞うための神楽殿《かぐらでん》などさまざまな施設が備わる。

このように役割に合わせた建物をもつ神社は少なくない。拝殿が神楽の舞台を兼ねる小さなところがあれば、祭礼に合わせた建物を備えるところもあるなど、さまざまだ。

神の馬が草を食《は》む、神厩舎

猿のいる厩
神馬を飼うための厩舎。武家の厩の造りになっている。有名な三猿の彫刻で知られるが、これは猿を厩に置くと馬の健康に良いという信仰から来ている。
ここにいた! 三猿
欄間には「見ざる、いわざる、聞かざる」の三猿が。人の一生を猿で表した彫刻群のなかの1つで、無数の彫刻がある日光東照宮のなかでも有名なもの。
子どもの頃は悪い物事を見ざる、いわざる、聞かざるで素直に育つのがよい、ということが三猿の教え。
シンプルな木地色
色彩豊かな東照宮の建物群のうち唯一素木のままの建物。
神厩舎の内部
左中央のスペースに馬がつながれている。
遠侍
(座敷)
N
神馬のゲート
神馬はここから出入する。
武家の格式を示す「遠侍《とおさむらい》」
遠侍は格式ある武家の厩にある座敷で、武家の棟梁である将軍家康を示すものだろう。

所在地:栃木県日光市山内2301　創建年代:1617年　主祭神:徳川家康公　一口メモ:日光東照宮の境内のほか、二荒山(ふたらさん)神社、輪王寺などが世界遺産に指定されている。

本殿・拝殿以外の建物はどう使われる？

広い境内をもつ神社にはたくさんの施設が備わる。それぞれ建物としての価値が高いのは確かだが、その役割を理解しておくことも大切だ。なかには定められたわずかな機会しか開放されないところもある。

神社の宝物を収める蔵・三神庫《さんじんこ》

日光東照宮の神庫は3つ。上・中・下の3つ合わせて三神庫という。現在は百物揃千人武者行列の武具・馬具などが保管されている。

百物揃千人武者行列《ひゃくものぞろいせんにんむしゃぎょうれつ》

大祭で行われる百物揃千人武者行列は、家康を日光へ改葬した時の行列を再現したもの。

鎧武者のほかにも役によって装束の異なる人々が列をつくって練り歩く。

上神庫の妻面には有名な象の彫刻がある。下絵は狩野探幽筆。
便所。神が使うものとされる。
上神庫《かみじんこ》
中神庫《なかじんこ》
西浄《せいじょう》
下神庫《しもじんこ》
蔵らしく校倉造（あぜくらづくり）となっている。

日光東照宮・三神庫（栃木）

神楽の舞台・神楽殿

神楽を奉納する舞台。榛名神社の神楽殿は神に舞を見せるため社殿に向き合って建つ。

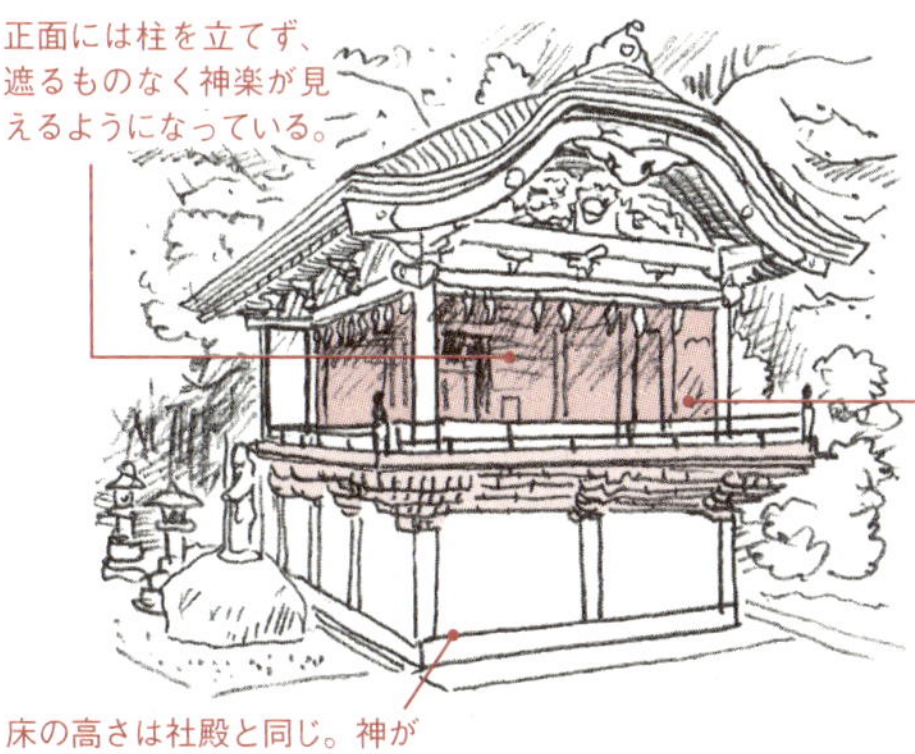
正面には柱を立てず、遮るものなく神楽が見えるようになっている。
床の高さは社殿と同じ。神が見やすいように造られている。

榛名神社・榛名神楽殿（群馬）

演目もいろいろ

榛名神社の場合、舞台で舞われるのは榛名神社独特の神代舞（じんだいまい）。題材は、神話にもとづくもので、男舞22座、巫女舞14座の全部で36座ある。

動きは摺り足を基本とし、無言で舞われる。

※：徳川家康の墓所が久能山東照宮（静岡）から日光東照宮（栃木）へ改葬されたのは、家康の遺言による。その遺言とは「遺体は久能山に納め、1周忌を過ぎてから日光に堂を建てて勧請し、神として祀ること」というものだった。日光への改葬とともに遺体も日光へ移したのか、あるいは遺体は久能山に埋めたまま、神社の創建のみ行ったのかについては明らかにされていない。

参道に陣取る霊獣・狛犬《こまいぬ》

白《しら》髭《ひげ》神社［東京］

白髭神社の本社は琵琶湖畔にあるが、その分社は全国各地に勧請されている。ここで取り上げた東京・墨田区の白髭神社はその1つ。旧葛西川村の鎮守で、猿田彦神《さるたひこのかみ》を祀る。向かって右に口を開いた阿《あ》、左に閉じた吽《うん》の狛犬※1があり、いずれも親犬に子犬がじゃれている。

狛犬の源流は、遠くオリエント文明にまでさかのぼる。日本では宮中や神殿の入口に置かれた獅子と狛犬、霊獣一対の木製像が始まりとされ、魔除けなどが主な役割※2。素材はやがて石になり参道に置かれた※3。その形状は体勢や顔つきなどにより多くのバリエーションがある。

子と戯れる江戸の狛犬

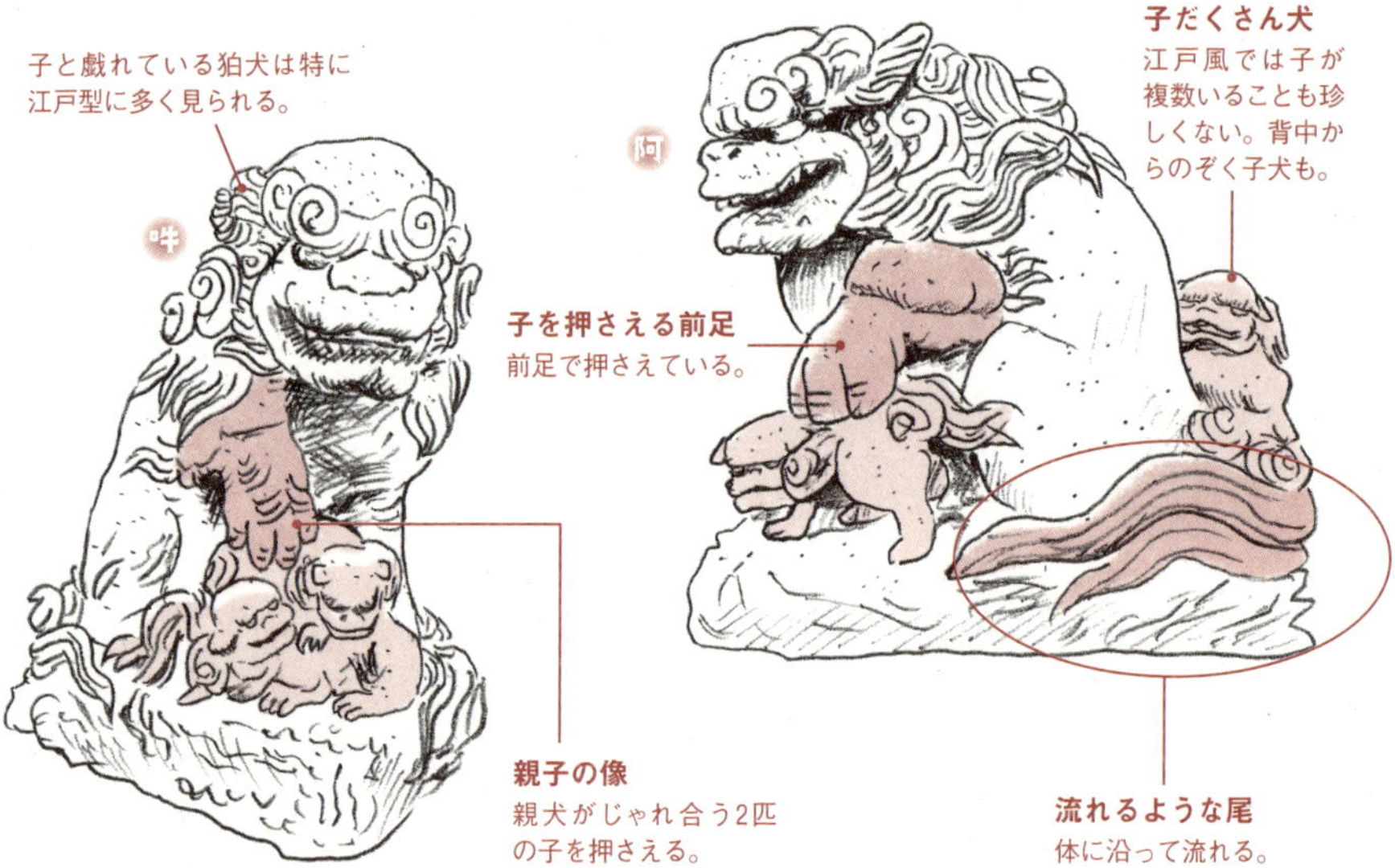
子と戯れている狛犬は特に
江戸型に多く見られる。
吽
阿
子だくさん犬
江戸風では子が
複数いることも珍
しくない。背中か
らのぞく子犬も。
子を押さえる前足
前足で押さえている。
親子の像
親犬がじゃれ合う2匹
の子を押さえる。
流れるような尾
体に沿って流れる。

玉をもつ狛犬

玉に足を乗せた狛犬は各地で見られるが、両足を玉に乗せたものは広島から九州にかけて多くある。このように地方ごとに特徴をもつものもあり、例えば尾（尻）を高く上げた狛犬は出雲など山陰から北陸にかけて多く見かける。

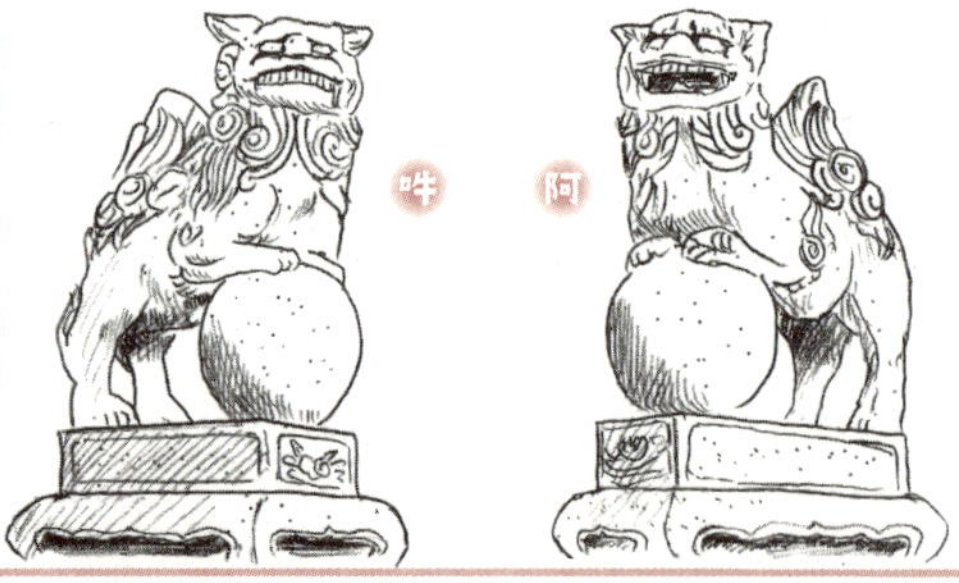
吽
阿
厳島神社（広島）

所在地：東京都墨田区東向島3-5-2　創建年代：951年　主祭神：猿田彦大神　一口メモ：古代の神道では、必ずしも神を形ある像として祀る習慣があったわけではない。それが狛犬はじめ、神使などとして形あるものとするようになったのは仏教の影響によるという説もある。すなわち、仏教の仏像に当たるものが、これらの像だというわけである。

屋内から屋外へと移り、特徴が顕著に

狛犬が多くの神社の参道に安置されるようになったのは、室町後期〜江戸時代初期。この頃から狛犬の形状にはっきりとした特徴が生まれていった。全身を仔細に見渡すと、制作者のこだわりが感じられておもしろい。

寺にいる江戸の狛犬

目黒不動尊の狛犬は江戸風の特徴をもつ。猫背気味な姿勢や流れるようなたてがみの表現、牡丹の装飾などだ。

阿
対となる吽形は失われてしまった。

たてがみは体に沿って流れる。

目黒不動尊は寺院だが、境内に狛犬が多い。このように狛犬が寺院にいることもままある。

体にある牡丹の彫刻など装飾要素が強い。

「獅子に牡丹」は伝統的に定番の組み合わせ。

台座下段にはじゃれて遊ぶ3匹の子犬が彫られている。

目黒不動尊（東京）

江戸風の顔

前髪や目の形などが江戸風らしさを出す。

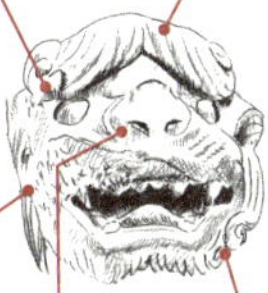
楕円形で小さめの目。
前髪があり、真ん中分け。
控えめな獅子鼻
巻いたあごひげがある。
破損が月日を感じさせる。

デザイン的な尾

尾は凝った意匠が見られるところの1つ。

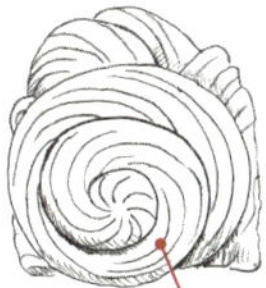
たてがみと同じく渦を巻くような尾はこの狛犬の特徴。

畿内の狛犬

折れ型の耳やギョロ目、眉毛などが畿内風の狛犬の特徴。

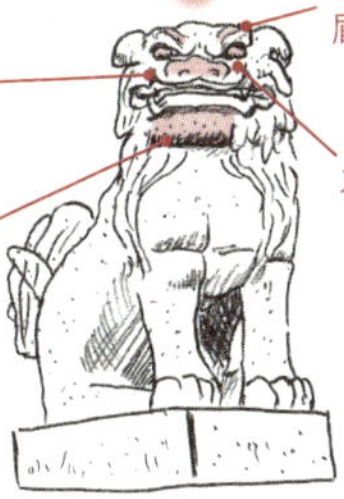
吽
前髪はなく眉毛。
立派な獅子鼻。
丸いギョロ目。
あごひげなし。

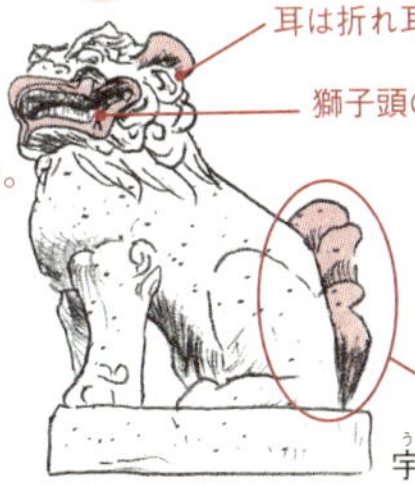
阿
耳は折れ耳。
獅子頭のような唇、歯。
うちわ形の尾。

宇治上《うじがみ》神社（京都）

山の上の狛犬

石の山の上で身構える狛犬は劇的だ。これは獅子山といわれる。

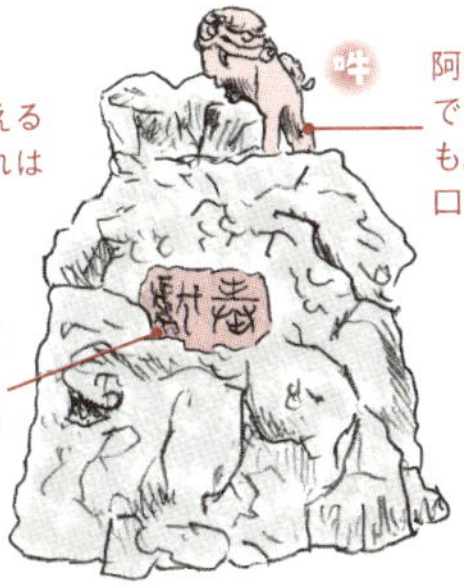
吽
山には「奉献」の文字や寄進者などを書く「額」の部分が設けられる。

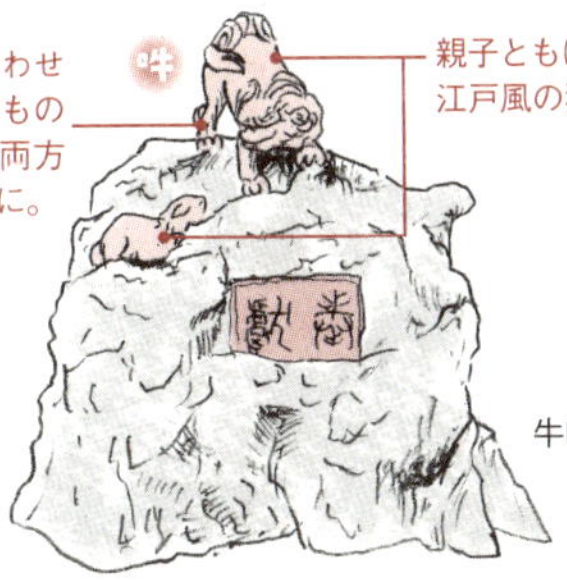
吽
阿吽の組み合わせではなくなるものも。ここでは両方口を閉じ気味に。
親子ともに江戸風の狛犬。

牛嶋神社（東京）

※1：日本の狛犬文化の直接のルーツは中国とされるが、同国では日本の狛犬と異なり左右で「阿吽」にはなっていない。 ※2：獅子・狛犬の「霊獣一対」時代は向かって右が口を開けた「阿」の獅子、左が口を閉じた「吽」の狛犬だった。 ※3：狛犬が社殿の外へ進出したのち、素材が石になったのは腐朽（ふきゅう）を防ぎ風雨に耐えるためだと考えられる。

神意を伝える動物は神使《しんし》

都久夫須麻《つくぶすま》神社【滋賀】

琵琶湖に浮かぶ聖地・竹生島《ちくぶしま》※1。ここには都久夫須麻神社（竹生島神社）と宝厳寺《ほうごんじ》がある。かつてこの二寺社は一体で、弁財天と市杵嶋《いちきしま》姫《ひめ》※2を祀る神仏習合の信仰が行われていた。弁財天の使いとされたのが白蛇。蛇は島の信仰の象徴で、境内の竜神拝所《りゅうじんはいしょ》や摂社・白巳《はくみ》社には蛇の像が安置されている。

このように神との関わりが深く、その意を伝えるとされる動物を神使という。神使は『日本書紀』にすでに見られるが、のちに祭神と神使の組み合わせが定められていった。なかには稲荷神《いなりしん》の狐のように、神使が神として祀られるケースもある。

淡海《おうみ》の社を守る白蛇の像

竜神拝所にいる神使・白蛇
もともとインドの川の神だった弁財天は水のイメージをまとっており、ここから蛇や竜がその神使とされた。

竜神の住む琵琶湖
社殿の奥に琵琶湖を望む。

吽形の白蛇像 吽

宝珠は波のなかにある。

波のなかの宝珠に巻きつく姿につくられ、阿吽の対となる吽形の像だ。

阿形の白蛇像 阿

阿、玉をくわえる。

姿は吽形と同じだが、口に玉をくわえ、巻きつく向きが逆だ。

拝所から拝む
竜神拝所の社殿は都久夫須麻神社の先端、琵琶湖の湖面に向かって建ち、さらに琵琶湖に突き出た場所には鳥居がある。拝所では素焼きの皿を販売しており、これを鳥居にうまくくぐらせるように投げると願いが叶うとされる。

所在地：滋賀県長浜市早崎町1665　創建年代：雄略天皇朝　主祭神：市杵島比売命（いちきしまひめのみこと）／宇賀福神（うがふくじん）／浅井比売命（あざいひめのみこと）　一口メモ：竹生島の宝厳寺は、宮島・大願寺（広島）、江島神社（神奈川、66頁）などと並び、日本三大弁財天とされるが、これらのなかでは最も古い歴史をもつ。本殿が国宝に指定されている。

ほ乳類に鳥、魚、は虫類、神使もいろいろ

神使はその神社の縁起や神話をもとに定められた。稲荷神の狐など神使に選ばれた動物はほ乳類が多いが、ほかにも鳥、魚、は虫類など多種多様だ。また、春日神の鹿など生きた神使を境内で飼育しているところもある。

天神は牛

菅原道真の物語に牛は欠かせず、神使も牛である。

なで牛の場合、対にはならず1体だけで置かれることが多い。

牛の像をなでると自分の体が良くなるという「なで牛」。具合の悪いところをなでると良い。

北野天満宮（京都）

大黒様は鼠《ねずみ》

大国主神（おおくにぬしのかみ）と習合した大黒天の使いは鼠。

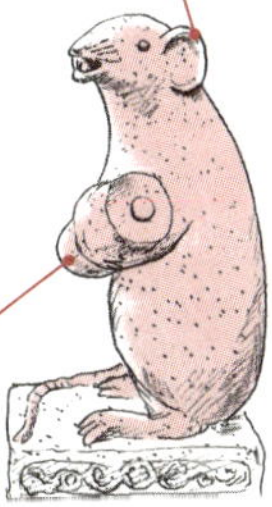

巻物をもつ。対になるほうは宝珠を抱える。

大豊《おおとよ》神社・末社 大黒社（京都）

住吉神は兎《うさぎ》

住吉神の神使は兎。創建が辛卯年、卯月卯日であったことにちなむ。

鳥居の両脇にある塀の上にある兎像。

本住吉《もとすみよし》神社（兵庫）

日本武尊《やまとたけるのみこと》は狼

日本武尊は狼を三峯神社の神使にした。

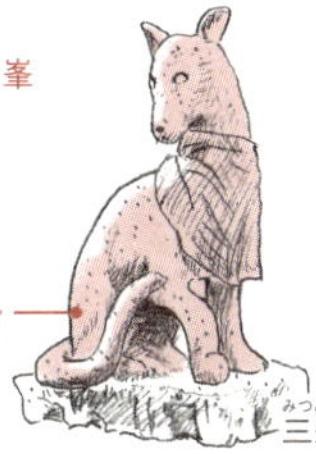

江戸時代から火事・盗難除けとして盛んに狼が信仰された。

三峯《みつみね》神社（埼玉）

日本武尊は白鷺も

日本武尊の物語（48頁）の大白鳥にちなんだ白鷺。

白鷺神社の白鷺像は翔舞殿の前に。

白鷺神社（栃木）

八幡神《はちまんしん》は鳩

八幡神（106頁）の神使は鳩。神を案内したともされる。

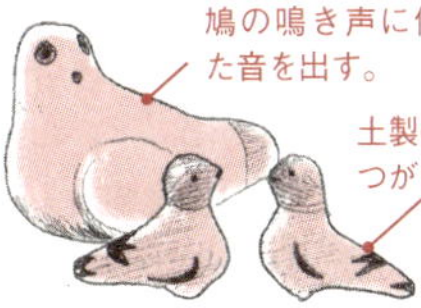

授与品の鳩笛。鳩の鳴き声に似た音を出す。

土製のつがいの鳩も。

三宅八幡宮（京都）

大山祇神《おおやまつみのかみ》は鰻《うなぎ》

三嶋神社は海蛇＝鰻を神使とする。

安産祈願で奉納された絵馬。3匹の鰻は父と母と子を描いている。

三嶋神社（京都）

武将を助けたナマズ

大森宮では当地の武将を助けたナマズを敬う。

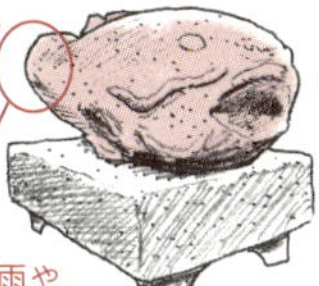

長い年月、雨や雪を受けて尾が欠けている像。

大森宮（大森神社、福岡）

速玉男命《はやたまのおのみこと》と蛸《たこ》

福岡神社は神が乗って来た蛸を神使とする。

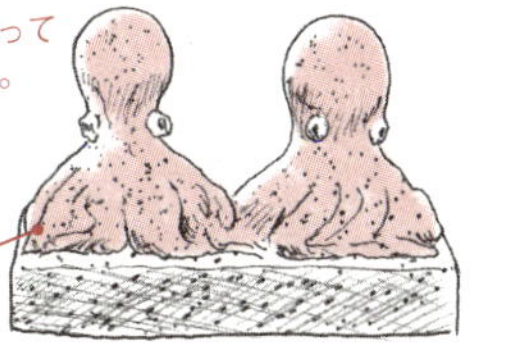

蛸像は縁起にちなんで奉納されたもの。同様の図像の絵馬も奉納されている。

福岡神社（福岡）

大山咋神《おおやまくいのかみ》と亀

大山咋神が丹波地方を開拓した時に乗ったのが亀と鯉といわれる。

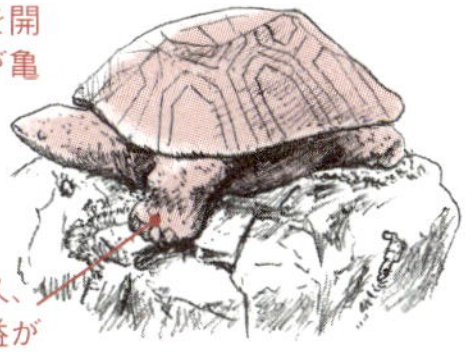

なでると寿命長久、家庭円満のご利益があるという「なで亀」。

松尾大社（京都）

※1：竹生島の名は浅井比売命（あざいひめのみこと）との争いに負け、切り落とされた多多美比古命（たたみひこのみこと）の首が湖に沈む時の「都布都布（つふつふ）」という音によるとされる。※2：弁財天のもとはヒンドゥー教のサラスヴァティー（川の神）で、水に関連する場所に多く祀られる。海の女神・市杵嶋姫（37頁）と習合したのも同じ理由から。

1

神社ってどんなところ?

神社を造る宮大工の技

春日権現験記絵《かすがごんげんげんきえ》ほか

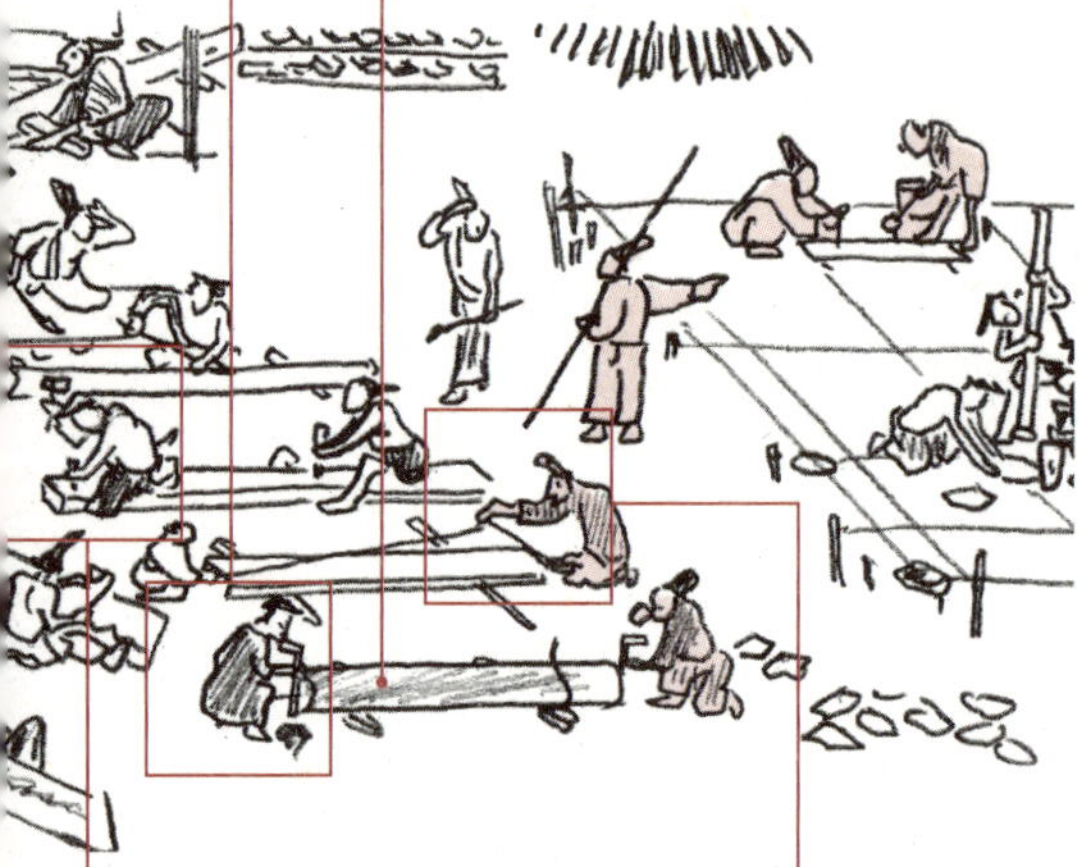

丸太から切り出す
当時、丸太を縦にひく鋸はなく、くさびなどを入れてひき割っていた。

社寺建立の由来などを絵と文で記した縁起絵巻《えんぎえまき》。その1つ、『春日権現験記絵《かすがごんげんげんきえ》』は春日神《かすがのかみ》を氏神とする藤原氏により鎌倉時代に制作され、春日大社（奈良）に奉納された。

ここに描かれているのは屋敷を建てる際の工事現場のシーンだが、神社の造営でもこうした作業が行われた。現代の道具とほぼ同様のものもあるが、台鉋《だいがんな》などはまだ登場していないなど、当時の大工（番匠《ばんしょう》）の技術などについて知ることができる。

創建時の様子や縁起を記した絵巻は、信者や氏子らに教えを説き、祭神のありがたさを知らせる際などに使われ、神社の繁栄へとつながった。

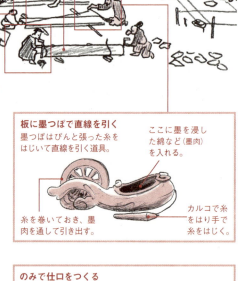

板に墨つぼで直線を引く

墨つぼはぴんと張った糸をはじいて直線を引く道具。

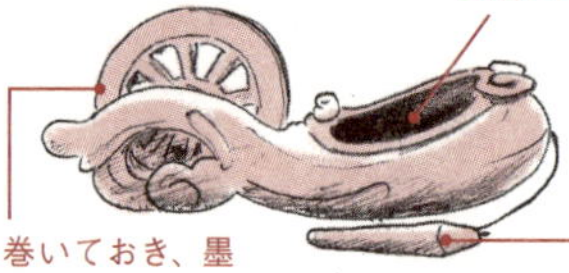

ここに墨を浸した綿など（墨肉）を入れる。
糸を巻いておき、墨肉を通して引き出す。
カルコで糸をはり手で糸をはじく。

のみで仕口をつくる

細工する箇所や材木の大きさ、加工の精密さなどによって使い分けるため、1人で何種類もののみをもっている。

のみで木材を組む仕口をつくる。また彫刻にも使う。

神社創建① 敷地造りから壁材まで神社創建の現場

図の右のほうでは敷地を水平に調整している。中央では板を造り、材木に墨つけをしている。働いている大工は鋸《のこぎり》やのみ、槍鉋《やりがんな》を使っている。

曲尺《かねじゃく》で計る

この形を使いさまざまな角度・寸法を出せる。

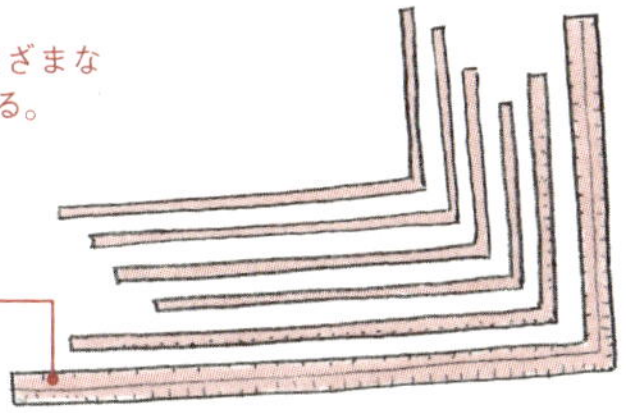

表面は通常の目盛、裏面は$\sqrt{2}$倍した値で目盛がついている。

釿《ちょうな》で整え板状にする

木材をはつって粗く形を整えるのに使うのが釿。

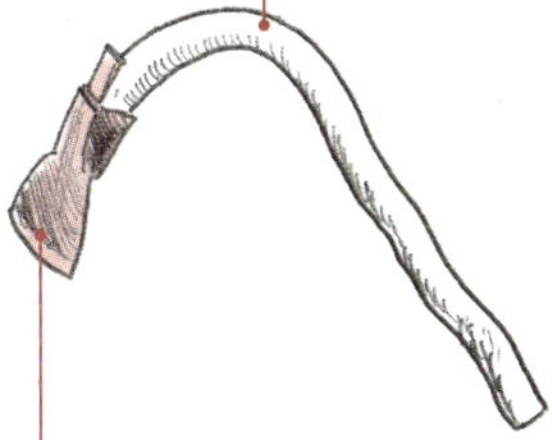

曲がった木を柄にする。

釿ではつると刃の形に跡がつく。

槍鉋で板表面を平らに

柄を両手でもって手前に引いて使う。現代の鉋(台鉋)と異なり刃の跡がわずかに残る。中国から日本へ台鉋が伝わったとされる室町時代より前の建物にはこの跡が見られる。

板のカットは鋸で

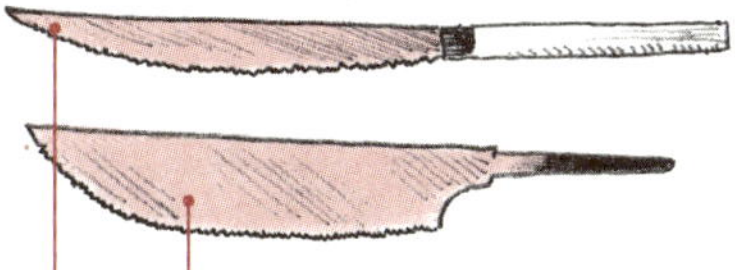

横びき用の鋸。現代のような直線形ではなく、曲線形。木の葉形鋸といわれる。

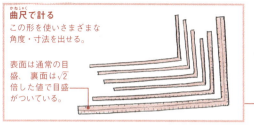

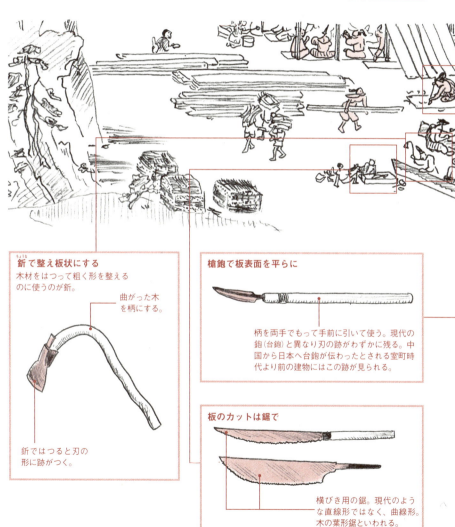

神社創建② 建て方から完成まで

建て方の様子も絵巻でわかる

『松崎天神縁起絵巻』では加工した木材を運び上げ、組み上げている現場が描かれている。皮つきの木で足場を組み、はしごを掛けて作業している。

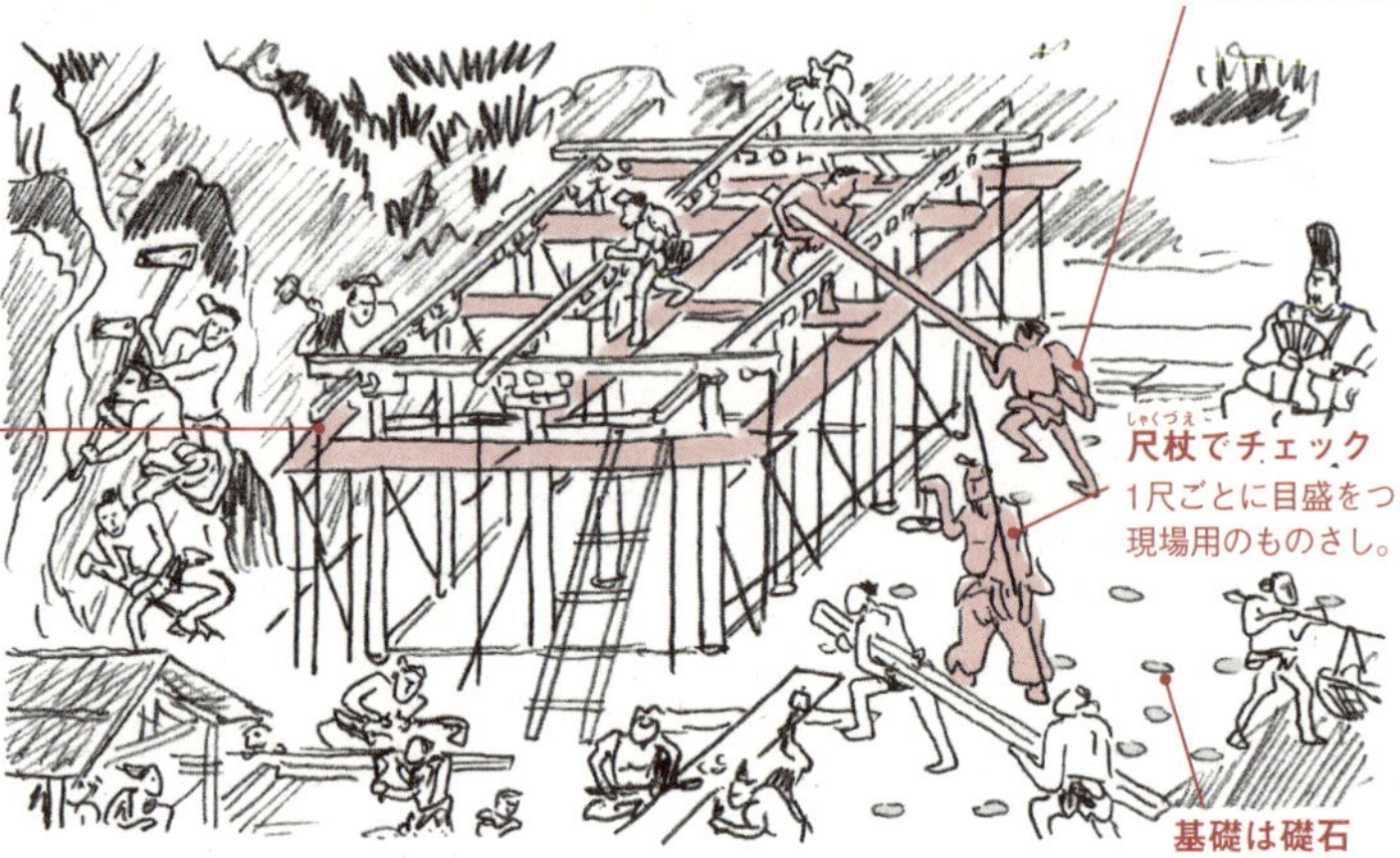

現代と同じ建て方
加工を施した材木は人力で運び、組み上げられた。

尺杖《しゃくづえ》でチェック
1尺ごとに目盛をつけた現場用のものさし。

基礎は礎石
これから柱を立てるところに石が据えられている。

足場もつくる
作業をするための足場を組んでいる。

現場に置かれた図面
『喜多院職人尽絵』では、作業場の奥に社殿の立面(側面)を描いた板(板図)が見える。今、造っている建物の側面なのだろう。

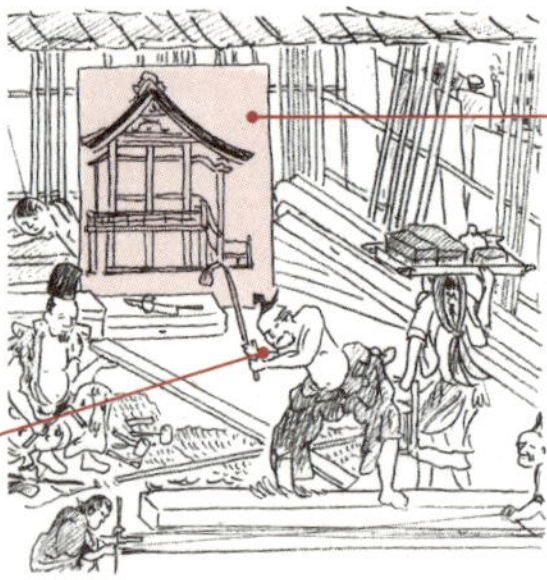

建物の側面を描いた板図。縮尺は10分の1と考えられる。

板図を確認しつつ釿で製材する。

絵巻に描かれた完成図

『松崎天神縁起絵巻』に描かれた完成後の社殿。本殿の前に楼門が建ち、そこから幣殿の屋根がついた立派なもの。社殿は回廊と塀に囲われていた。

入母屋造の本殿
本殿
幣殿
楼門
回廊
塔
摂・末社

2章

神話と神社の深い関係

神社で祀られている神様にもそれぞれ性格やエピソードがある。それらは『古事記』『日本書紀』などの神話に描かれている。ここでは神話で活躍した神たちを祀る神社を紹介する。淡路島周辺から山陰、九州など今も神話の足跡が残る神社に足を運び、古代の日本に思いを馳せてみるのもよいだろう。

2

国生み神話の舞台はどこ？

自凝島《おのころじま》神社［兵庫］

淡《あわ》路《じ》島《しま》にある自凝島神社は伊弉諾尊《いざなぎのみこと》と伊弉冉尊《いざなみのみこと》が日本の島々や神を生んだ場所とされる。日本誕生の神話で、2柱の神は天浮橋《あめのうきはし》に立ち、天之瓊矛《あめのぬぼこ》で大地をかき混ぜた。その矛先から滴り落ちた滴が固まってできたのがおのころ島※1だ。そこに彼らは八尋殿《やひろどの》※2を建て、日本の国土を生み、次いで神々を生むが、火の神を生んだ際に伊弉冉尊はやけどし、絶命。伊弉諾尊は後を追って黄泉《よみ》の国※3へ着くが、伴侶はもはや昔の姿ではなかった。戻った伊弉諾尊は黄泉の穢れを祓う禊《みそ》ぎを行い、その際に天照大神《あまてらすおおみかみ》、月読尊《つくよみのみこと》、素戔嗚尊《すさのおのみこと》※4（三貴子《みはしらのうずのみこ》）らが生まれた。

天浮橋からおのころ島へ

伊弉諾尊と伊弉冉尊が天之瓊矛で渾沌とした大地をかき混ぜた天浮橋は高天原（たかまがはら、神々のいる天上界）と地上との境にあるとされる。この矛は『日本書紀』に神聖性を宿したものと記述される。天浮橋やおのころ島など、神話に登場する場所がどこかは、古くから多くの説がとなえられている。

天之瓊矛（天沼矛とも）で海をかき混ぜ、おのころ島ができた。

伊弉諾尊が余生を過ごした地

淡路島にある伊弉諾神宮は伊弉諾尊が余生を過ごした幽宮の跡で、陵を祀ったことに始まるという。

本殿床下には伊弉諾尊の陵の石とされる聖石が置かれている。

図は拝殿。後方に中門、幣殿、本殿がある。本殿は流造。現在の社殿は明治時代に造られたもの。

伊弉諾神宮（兵庫）

所在地：兵庫県南あわじ市榎列下幡多415　創建年代：不明　主祭神：伊弉諾命／伊弉冉命／菊理媛命（くくりひめのかみ）　一口メモ：「国生み神話」は淡路の先住民・海人族（あまぞく）の「島生み神話」がもとだとする説も。大和朝廷が淡路島に屯倉（みやけ、朝廷が直轄の地に置いた機関）を配置したことで奈良時代、その神話を古事記や日本書紀に組み込んだといわれる。

2 滴の落ちた場所　自凝島神社

国生みに関わる自凝島神社は縁結び・安産の神としても知られ、伊弉諾尊と伊弉冉尊を祀る。

奥に続く社殿

自凝島神社の社殿は神話の舞台と伝わる丘の上に建つ。切妻造平入の拝所の後ろに神楽殿、さらに背後に神明造（切妻・平入）の本殿が並ぶ。

拝所の奥に見えるのは神楽殿。切妻造、妻入。

拝所後方の本殿

拝所と同じく、本殿の鰹木は8本、千木は内削ぎとなっている。

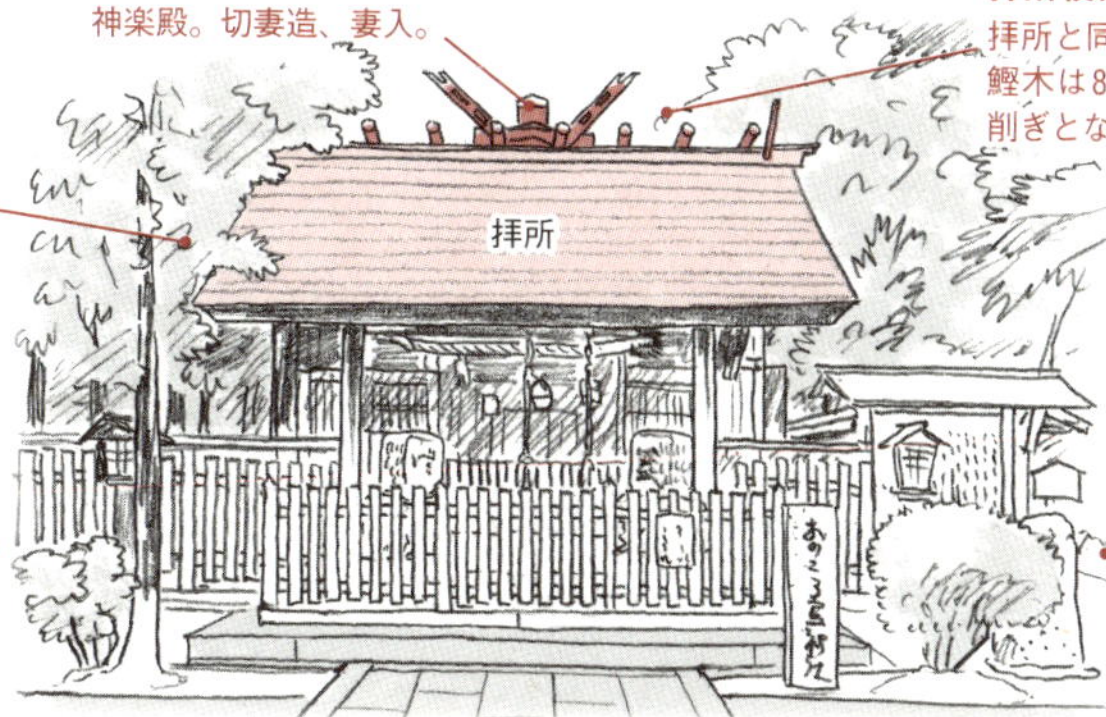

重要な舞台・天浮橋

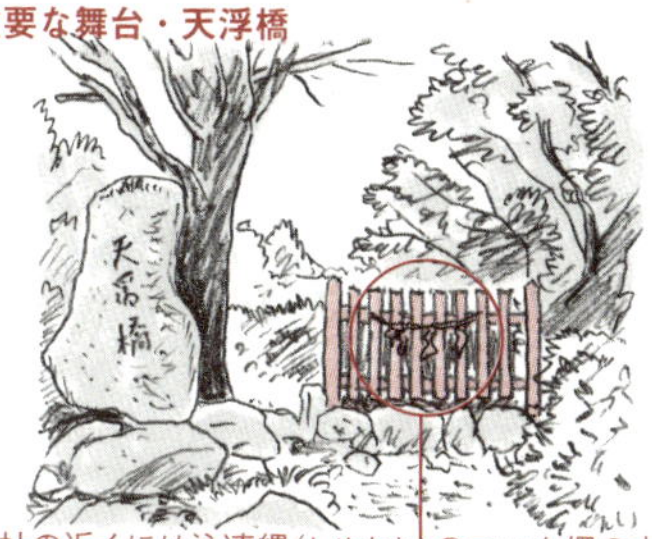

神社の近くには注連縄（しめなわ）のついた柵の中には天浮橋とされる石がある。

安産の神・産宮《うぶみや》神社（お砂所）

自凝島神社のそばにある産宮神社の砂には塩が混じる。これが天之瓊矛から滴り落ちた塩と伝えられ、安産祈願に人々が訪れる。

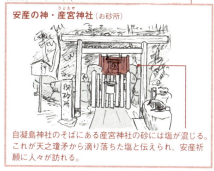

伊弉諾尊の足跡を巡る

伊弉諾尊、伊弉冉尊を祀った伊弉諾神宮など、国生み神話にまつわる場所は淡路島に多い。また、伊弉諾尊が穢れを落としたとされるみそぎ池は宮崎市にある。

伊弉諾尊が穢れを祓った池

みそぎ池（宮崎）

伊弉諾尊が黄泉の国でついた穢れを落としたとされる池。水で穢れを祓うことは古くから行われていた。

三貴子をはじめ、海の神・少童（わたつみ）三神や住吉三神（100頁）がこの禊ぎによって生まれた。ここは神々誕生の地でもある。

みそぎ池のある江田神社

伊弉諾尊・伊弉冉尊を祀る江田神社は古代の文献にも現れる古社。現在の社殿は流造の本殿と幣殿、拝殿からなる。

江田神社（宮崎）

※1：天之瓊矛から滴り落ちた最初の大地「おのころ島」がどこかは諸説ある。 ※2：八尋殿は広い屋敷をさす。淡路島の南の離島・沼島にはそのモデルだと伝わる岩礁「平（ひら）バエ」がある。 ※3：「よみ」の漢字表記は漢語から来たもので、もとは地下の泉をさす。 ※4：伊弉諾尊はこの3神の誕生を特に喜び、彼らを三貴子と呼ぶことにした。

アマテラスとスサノオの誓約《うけい》

英《ひ》彦《こ》山《さん》神宮【福岡】

九州北部の山中にたたずむ英彦山神宮は修験の一大道場として知られる。「ヒコ（日子）」の名は太陽の象徴である天照大神《あまてらすおおみかみ》※1の子、天忍穂耳尊《あめのおしほほみのみこと》を祀っていることからつけられたものだという。

この天忍穂耳尊は天照大神と素戔嗚尊《すさのおのみこと》の姉弟が行った「誓約《うけい》」で誕生した。誓約とは弟の来訪を襲撃と誤解した姉に素戔嗚尊が潔白を示すために行った、正邪を確かめる占いのこと。姉弟は互いのもち物（珠と剣）を交換してかみ砕き、その後吹き出した天照大神の息からは宗像《むなかた》三女神《さんじょしん》※2、素戔嗚尊の息からは天忍穂耳尊ら5柱の男神が生まれた。

天照大神の珠から生まれた日の子

山頂にある本殿
英彦山中岳山頂にある英彦山神宮の御本社（上宮）。本殿と拝殿が建つ。ともに入母屋造。天忍穂耳尊が降臨した地と伝わる。

神の山・英彦山
上宮の中岳は標高1,188.2m。英彦山は中岳と北岳（1,192m）、南岳（1,199.6m）の3つの峰からなり、山中には修験の修行場が何カ所もある。

神仏習合の名残
神仏習合時代を今に伝える英彦山神宮・奉幣殿。かつては修験道の修行場であった英彦山の中心寺院・霊仙寺の大講堂だった。

入母屋造の屋根をもつ。もとは寺の大講堂であったため、仏教建築の形をしている。

誓約で生まれた5男神
埼玉の鷲宮神社は、天照大神の珠をかみ砕いた素戔嗚尊の息吹から生まれた5柱のうち、天穂日命（あめのほひのみこと）を祀る。

神楽殿で行われる鷲宮催馬楽神楽は関東神楽の源流といわれる。
鷲宮神社（埼玉）

所在地：福岡県田川郡添田町英彦山1　創建年代：531年　主祭神：正勝吾勝勝速日天之忍穂耳命（まさかつあかつかちはやひあめのおしほみみのみこと）　一口メモ：「ひこさん」の字はかつて「彦山」だったが、1729（享保14）年、当時の霊元天皇から「天下に抜きん出た霊山」として「英」の字が認められた。奉幣殿と境内入口に立つ銅鳥居が重要文化財に指定。

天照大神の息吹から生まれた宗像三女神降臨の地

素戔嗚尊の剣をかみ砕いた天照大神の息吹は宗像三女神となった。その降臨の地とされる宗像大社（福岡、116頁）の高宮祭場《たかみやさいじょう》は、全国でも数少ない古式祭場である。ここでは毎年秋、宗像三女神を祀る神奈備祭《かんなびさい》が行われている。

パワースポット・高宮祭場

高宮は社殿より後方の小高い場所にある。社殿などを設けない古式の祭場で、一説にはここに神が初めて降り立ったとされる。

祭場に社殿はなく、祭りの時に神籬（ひもろぎ）へ神を降ろして神事を行う。

高宮祭場（福岡）

高宮祭場での祭祀・神奈備祭

高宮神奈備祭のうち、「悠久の舞」は鎌倉時代の僧・東巌慧安（とうがんえあん）が詠んだ歌を神楽にしたもの。宗像三女神に祭りの無事齋行（さいこう）を感謝するものだ。

夕闇の迫る午後6時から始められ、幽玄な雰囲気に包まれる。

誓約で生まれた神

素戔嗚尊の剣 → 天照大神の息

- 田心姫（たごりひめ）
- 湍津姫（たぎつひめ）
- 市杵嶋姫（いちきしまひめ）

→ 宗像三女神

3柱の女神を合わせ「宗像三女神」と呼ぶ。日本書紀では天照大神に「道中（玄界灘）に降臨して天孫を守護し、天孫に祀られよ」といわれている。これが海上安全、交通安全のご利益のもととなっている。

天照大神の珠 → 素戔嗚尊の息

- 天忍穂耳尊（あめのおしほほみのみこと）
- 天穂日命（あめのほひのみこと）
- 天津彦根命（あまつひこねのみこと）
- 活津彦根命（いくつひこねのみこと）
- 熊野櫲樟日命（くまのくすびのみこと）

5柱の男神のうち最初に生まれたとされる天忍穂耳尊は、瓊瓊杵尊（ににぎのみこと、42頁）の父親。また、2番目の天穂日命は瓊瓊杵尊より先に地上の平定を申しつけられたが、大国主神（おおくにぬしのかみ、素戔嗚尊の子孫、42頁）に心を許して任務を遂行せず、3年間何も報告しなかったとされる。

素戔嗚尊の剣をかみ砕き、吹き出した。
宗像三女神
息吹から生じた女神。
天照大神
天安河《あめのやすかわ》
手にするのは天照大神の珠。
素戔嗚尊

素戔嗚尊の潔白を示した誓約

『古事記』、『日本書紀』本文では素戔嗚尊の剣からたおやかな女神が生まれたため、素戔嗚尊の勝ちとする。ただし、男神を得たほうを勝ちとするものや、もち物を交換しないなど異なる話もある。

※1：皇室の氏神でもある天照大神は伊勢神宮（108頁）などに祀られる。 ※2：宗像三女神は厳島神社（広島）、江島神社（神奈川、66頁）など全国各地の神社で祀られている。また、全国にある宗像神社の総本宮が九州・宗像大社の辺津宮、中津宮、沖津宮である。

アマテラスの天岩戸《あまのいわと》隠れ

天岩戸《あまのいわと》神社［宮崎］

天岩戸隠れの舞台とされる天岩戸神社の西本宮《にしほんぐう》は、本殿をもたず、洞窟（天岩戸《あまのいわと》）をご神体とする。

この洞窟に天照大神《あまてらすおおみかみ》がこもったのは素戔嗚尊《すさのおのみこと》が高天原《たかまがはら》※1で暴れたため。太陽の神・天照大神が隠れたことで、世界は闇に包まれた。怒りがおさまらず何をしても外へ出てこない天照大神に対し、神々は天安河原《あまのやすがわら》で方法を考えた。芸能の女神・天鈿女命《あめのうずめのみこと》が服をはだけて踊り、神々は楽しそうに笑い声を上げた。それを聞いた天照大神が天岩戸をわずかに開く。すかさず手力雄神《たぢからおのかみ》がその手を引いた。こうして、世界に光が戻ったのである※2。

天岩戸隠れ

天照大神を岩戸の外に出すために、知恵の神・思兼神（おもいかねのかみ）が鶏を集めて鳴かせ、天児屋命（あめのこやねのみこと）と太玉命（ふとだまのみこと）は榊に珠と鏡、青と白の布帛（ふはく）を掛けて祈り、天鈿女命が神がかりして見事な踊りを見せ、手力雄神が機をうかがい岩戸の脇で待っていた。なお、天岩戸隠れは日蝕や冬至などの現象を表すともいわれる。

手力雄神は岩戸のわずかな隙間を逃がさず、これを開けて天照大神を引っぱり出した。
天照大神は楽しげな様子が気になり、その様子をうかがう。
天照大神
手力雄神
天鈿女命
鶏に朝を告げるように鳴かせた。
踊りを見て大いに楽しむ神々。
天鈿女命は伏せた桶の上で服をはだけて踊った。

伊勢神宮の天岩戸は古墳

伊勢神宮外宮の中にあり、江戸時代まで天岩戸として参拝された。6世紀中頃に造られたと考えられる円墳（高倉山古墳）。盗掘されていたが、戦後の調査で玉や鉄刀、陶器などが出土している。

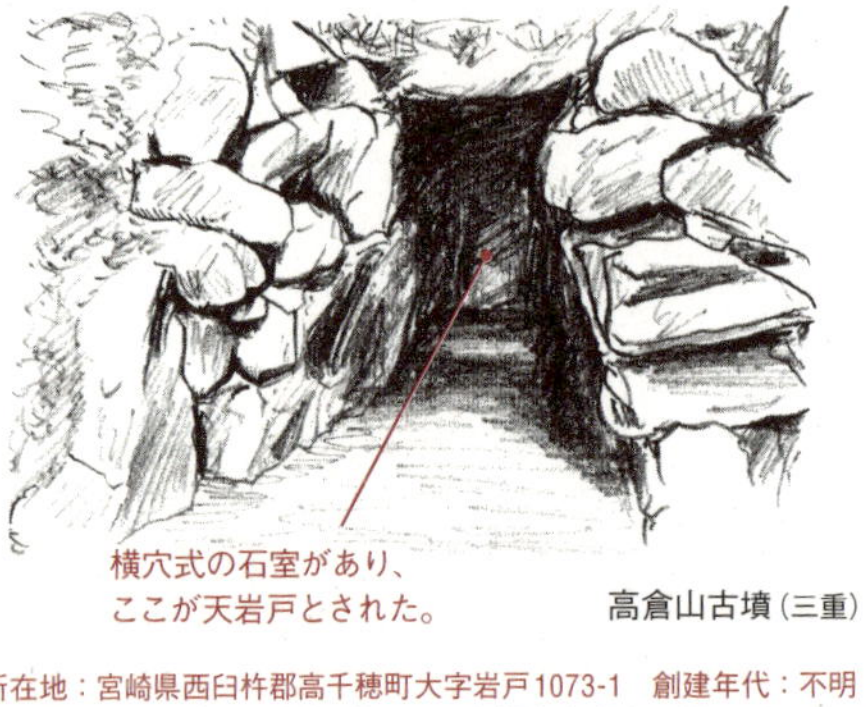
横穴式の石室があり、ここが天岩戸とされた。
高倉山古墳（三重）

所在地：宮崎県西臼杵郡高千穂町大字岩戸1073-1　創建年代：不明　主祭神：天照大神　一口メモ：天岩戸神社東本宮には神職が常駐しておらず、西本宮と比べると参拝客も多くはない。しかし、天鈿女命が枝を手にもって踊ったという招霊（おがたま）の木や樹齢600年を越すといわれる七本杉など、天岩戸隠れの神話にまつわるものがたくさんある。

「天岩戸隠れ」の地 天岩戸神社

拝殿だけで本殿はなし

西本宮は神体である天岩戸を拝殿・遥拝殿から礼拝する。東本宮は天岩戸を出た天照大神を鎮めた社という。

天岩戸は川の向こう

西本宮・拝殿の後方、川を挟んだ向こう側に天岩戸がある。遥拝殿は拝殿と川の間にある。

拝殿は切妻造、平入。

神が集まった天安河原

天岩戸とされる場所から少し上流の河原にある天安河原。神々が天照大神に出てきてもらう方法を相談した場所と伝わる。

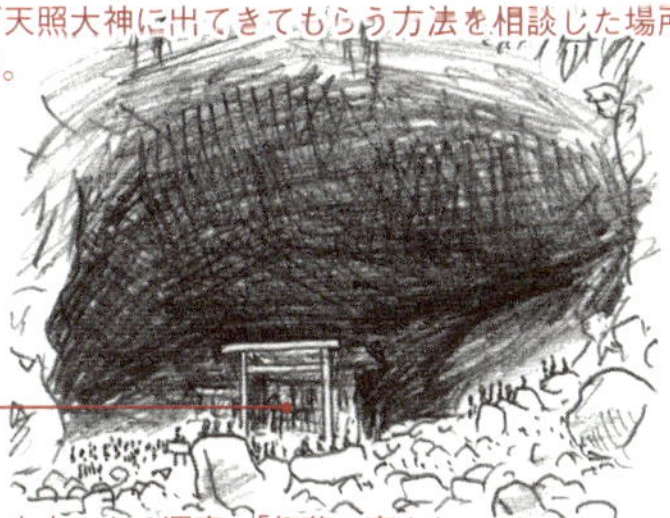

河原の中央にある洞窟。「仰慕ヶ窟（ぎょうぼがいわや）」には天安河原宮があり思兼神を主祭神として八百万神を祀っている。

天岩戸の前で踊る天鈿女命

西本宮にある神楽殿では神社に伝わる岩戸神楽が催される。各集落でも舞い、高千穂の夜神楽として有名。

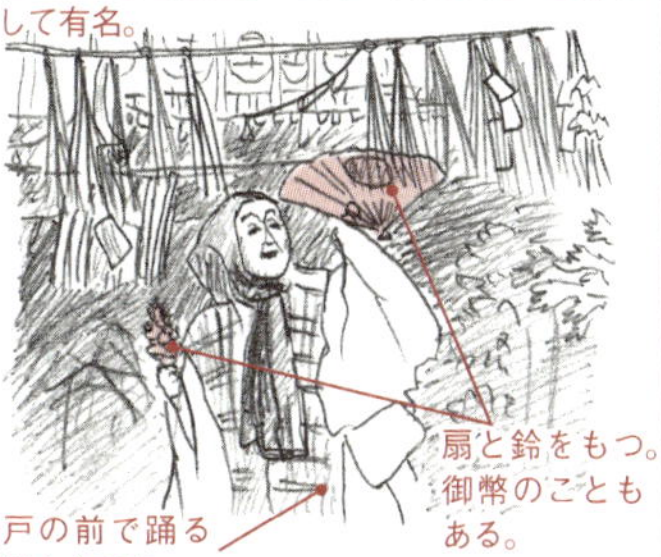

扇と鈴をもつ。御幣のこともある。

岩戸の前で踊る天鈿女命の舞。

「天岩戸隠れ」にまつわる各地の神社・洞窟

渓谷が天岩戸

福知山市の天岩戸神社では岩戸渓谷を天岩戸とし、形の良い岩戸山を神体山としている。

参拝のために岩を登る人のための鎖。こうした鎖は修験の山などでもよく見られる。

社殿は岩の形に合わせて柱と貫を組み合わせる懸造（かけづくり）という造り方。

天岩戸神社（京都）

水が湧き出す天岩戸

志摩市にある天岩戸と伝わる洞窟。湧き出す水が良いことでも有名。

恵利原の水穴（三重）

※1：天照大神が治める天上界。 ※2：『古事記』と『日本書紀』では、内容が異なる部分が多々ある。また、『日本書紀』にはいくつかの異伝が載せられている。

オオクニヌシが助けた白兎《しろうさぎ》

白兎《はくと》神社【鳥取】

高《たか》天原《まがはら》から追放された素戔嗚尊《すさのおのみこと》は出雲に降り立ち、そこで活躍する。その子孫、大国主神《おおくにぬしのかみ》※1が助けた「因幡《いなば》の白兎」を祀る※2のが、鳥取市にある白兎神社だ。この神社周辺には、今も神話の舞台となった場所が数多く残されている。

神話に登場する兎は、海を渡る橋になってもらおうとだましたサメ（ワニとする説も）に皮をむかれ、苦しんでいたところを大国主神に助けられる。この時、大国主神は八上比売《やがみひめ》へ求婚に向かう途中だった。

兎の予言通り大国主神は八上比売と結ばれ葦原中国《あしはらのなかつくに》※3を開き、治める神となった。

大国主神の未来を予言した兎

白兎神を祀る本殿
白兎神社本殿は切妻造妻入で正面に唐破風屋根をつける変わった形をしている。その創建は不明だが、慶長年間（1596－1615）に再興したとされる。現本殿は1896（明治29）年に再建されたもの。

出雲大社との相違
切妻造の本殿に妻入の向拝がつくのは出雲大社（42頁）と同じだが、唐破風造であること、社殿の中央につくことが異なる。

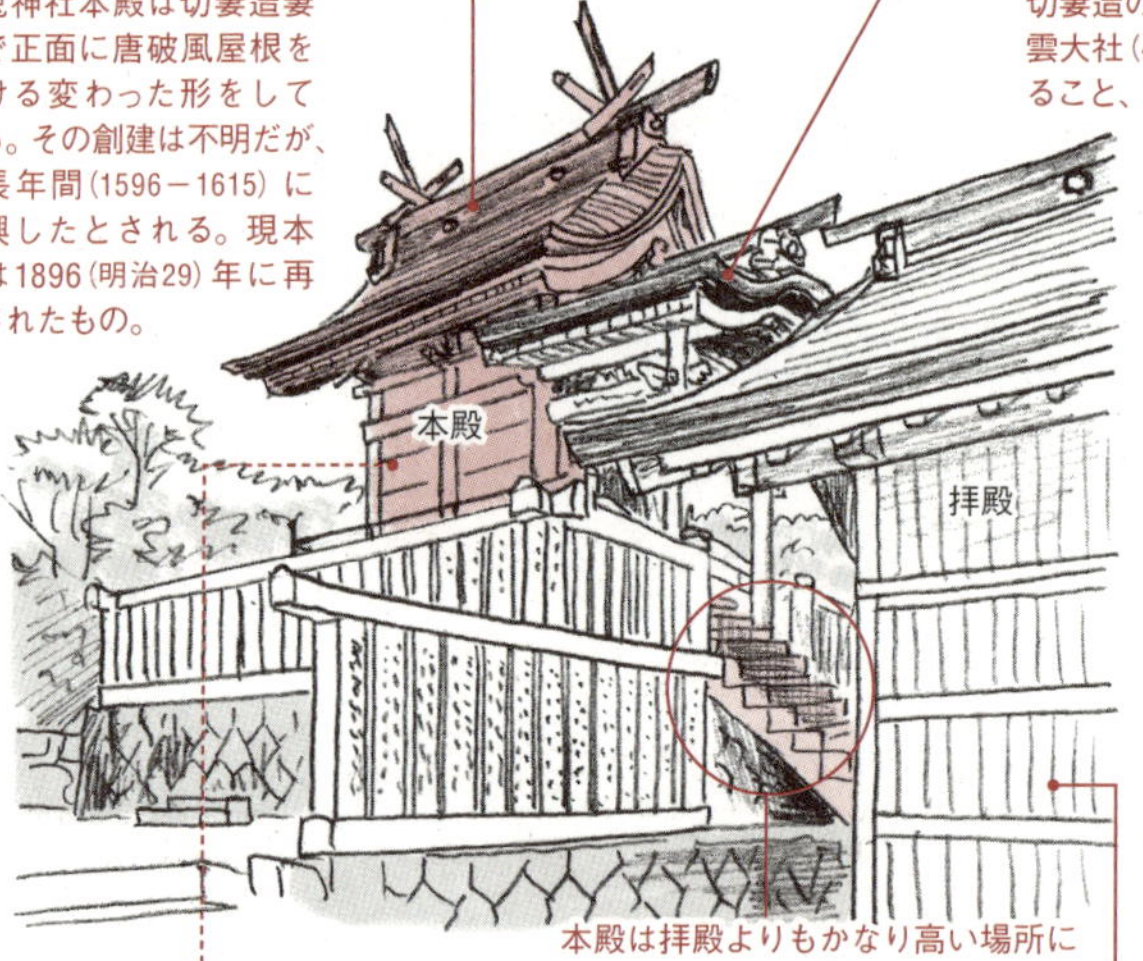
本殿
拝殿

みたらし池の伝説
参道脇には兎が体を洗ったという池がある。どんな日照りでも豪雨でも池の水位が変わらないと伝わる。

御身洗池

本殿は拝殿よりもかなり高い場所に建つ。そのため、階段がついている。

菊座石
白兎神社本殿の柱石は菊紋になっている。

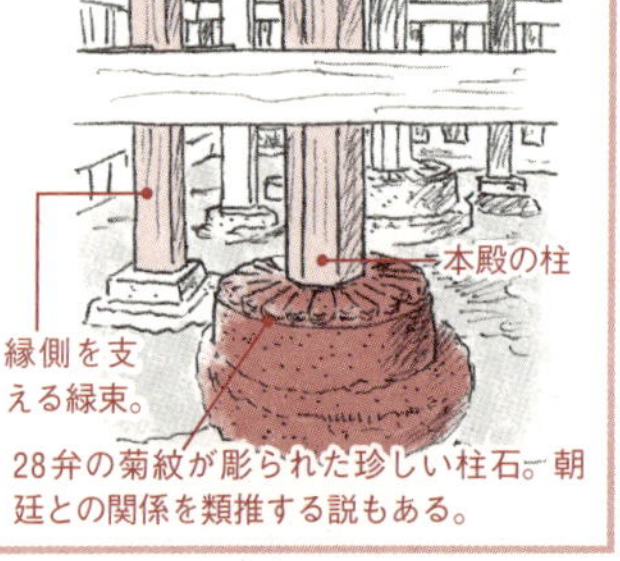
本殿の柱
縁側を支える縁束。
28弁の菊紋が彫られた珍しい柱石。朝廷との関係を類推する説もある。

向拝つきの拝殿
拝殿も切妻造で、前に向拝、背面に幣殿がつきどちらも切妻造。

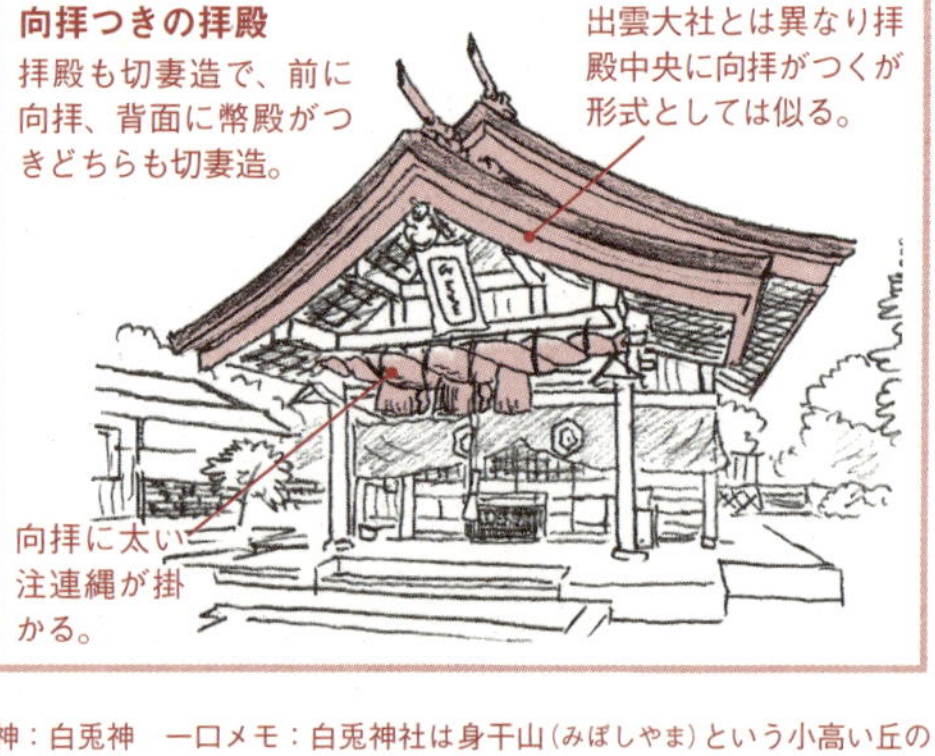
出雲大社とは異なり拝殿中央に向拝がつくが形式としては似る。
向拝に太い注連縄が掛かる。

所在地：鳥取県鳥取市白兎603　創建年代：不明　主祭神：白兎神　一口メモ：白兎神社は身干山（みぼしやま）という小高い丘の上に建っている。ここは白兎が蒲（がま）の穂にくるまって身体を乾かした場所と伝わり、この由来からつけられた地名とされている。

「因幡の白兎」に登場する各所

兎がサメをだましたのは、淤岐島《おきのしま》から海を渡ろうとしたためだった。鳥取県内には淤岐島とされる島が複数ある。また因幡(鳥取県東部)の中心地・八頭町には、複数の白兎神社がある。

白兎海岸から見える淤岐島

白兎がいた島がどこかについては隠岐諸島などいくつかの説があり、そのうちの1つが白兎海岸の沖にある小島だ。

兎の彫刻があった白兎神社

福本の白兎神社は他神社に合祀され、今は鳥居と祠のみが残る。

祠

八頭町福本の白兎神社(鳥取)

兎と波

かつての社殿は八頭町の青龍寺に移され、旧本殿にある兎の彫刻もそこで見られる。蟇股に彫られた「兎に波」。この組み合わせは謡曲・竹生島に由来するといわれるが、白兎神社ゆえに採用された図案だろう。

灯籠《とうろう》に刻まれる白兎神社

慈住寺境内に建ち、社殿は覆屋(おおいや)の中にある。灯籠に刻まれているのは白兎神社の名。

切妻造、妻入の覆屋。手前に切妻造の庇がつく。

八頭町・土師百井の白兎神社(鳥取)

白兎はサメを利用し、「気多(けた)の岬」まで海を渡ろうとした。
荷物の入った袋。兄神たちにもたされた。
サメ
サメの仕返しにより皮をむかれた。
白兎
大国主神

皮をむかれた白兎

淤岐島から因幡へ渡りたい白兎はサメにお互いの一族の数比べを持ちかけ、島から岸まで並んだサメの背を数えるふりをして渡った。しかし白兎はだまされたことに気づいたサメに毛皮をむかれ、さらに大国主神の兄たち(八十神、やそがみ)が教えた嘘の治療法により苦しんでいた。その白兎に体を真水で洗い蒲の穂の花粉をつける治療法を教えたのが大国主神だった。

※1:素戔嗚尊の娘・須勢理毘売命(すせりびめ)は大国主神の正妻。つまり素戔嗚尊は大国主神の義理の父親でもある。 ※2:「因幡の白兎」の話が記されているのは『古事記』のみ。 ※3:日本神話に登場する大地をさす。

オオクニヌシの国譲りの舞台

出雲大社【島根】

毎年10月に八百万《やおよろず》の神が集う出雲大社は、かつてその高さが約96mもあったといわれる（現在は約24m）。古《いにしえ》の建築様式をとどめる社殿は、国譲り神話にも登場する。そのいきさつはこうである。

葦原中国《あしはらのなかつくに》※1は天照大神《あまてらすおおみかみ》の系譜に連なる者が統治するべきだと考えた神々は、大国主神《おおくにぬしのかみ》に国を譲るよう伝える。これに対し、大国主神は息子の事代主神《ことしろぬしのかみ》と建御名方神《たけみなかたのかみ》が同意するならば、と答えた※2。結局、息子らが国譲りを認め、葦原中国は天照大神の孫・瓊瓊杵尊《ににぎのみこと》※3が治めることになった。この時、大国主神のために建てられた宮殿が出雲大社である※4。

国譲りの条件が出雲大社

国譲りを迫られた大国主神は、息子たちに意見を求めた。釣りに出ていた事代主神は受け入れるべきと答えて青柴垣（あおふしがき）の中に隠れ、反対した建御名方神は天照大神の使者・武甕槌神（たけみかづちのかみ）に力比べを挑んで敗れた。こうして、葦原中国は引き渡された。この見返りとして造られたのが、巨大な宮殿であり、出雲大社の始まりだ※5。

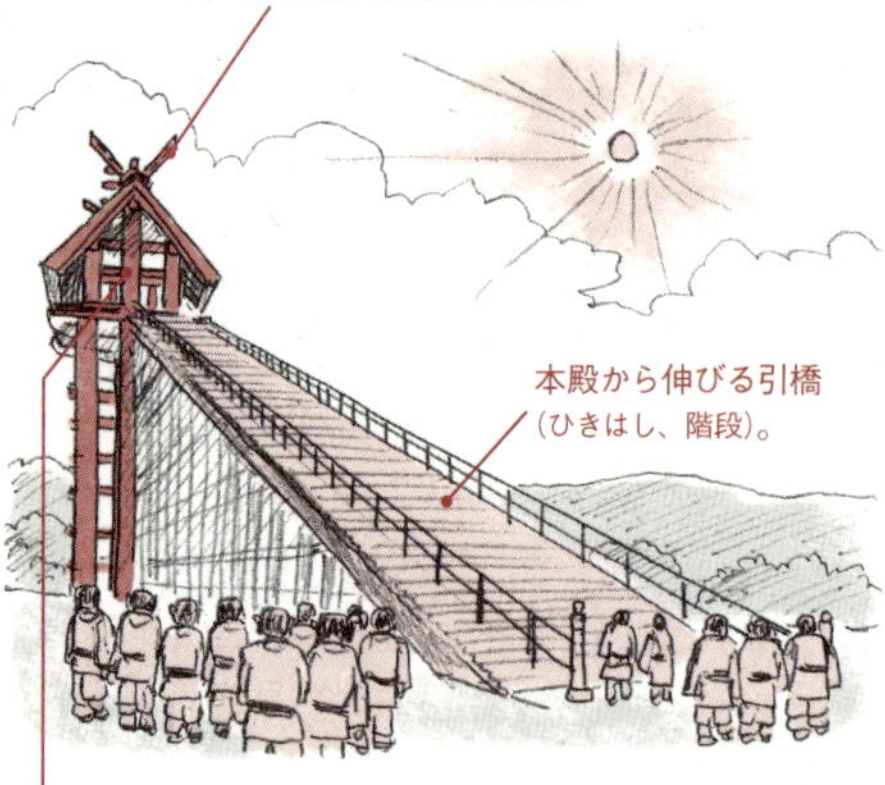
出雲大社の社伝では約96mと伝わる本殿。切妻造、妻入。
本殿から伸びる引橋（ひきはし、階段）。
巨大な柱、宇豆柱（うづばしら）。

美保《みほ》の関にいた事代主神（③）

稲佐の浜から約70km東にある岬。美保の関の美保神社（86頁）は平和に国を譲ることを進言した事代主神を祀る。

美保神社

美保神社（島根）

諸手船神事《もろたぶねしんじ》

国譲り神話にちなんだ美保神社の神事。諸手船というモミの木をくり抜き、つなぎ合わせて造られた船は、古代の船の造り方を伝える。

大櫂（おおがい）は船の舵取り役で大国主神が遣わした使者の役。

所在地：島根県出雲市大社町杵築東195　創建年代：神代　主祭神：大国主大神　一口メモ：1丈を3mとすると、古代、出雲大社の社殿の高さは100mに迫るほどだった（32丈）。1744（延享元）年に造営された現在の本殿は高さ24mだが、現在も全国最大の大きさを誇る。その本殿は国宝に指定されている。

国譲りを行った大国主神を祀る出雲大社

大社造の本殿
切妻造、妻入。平面は約10.9m四方、高さは千木まで約24mの巨大な建物。昔はさらに大きかったと伝わる。

天井には7つの雲が描かれている。

本殿床上へは15段の階（きざはし）で上がり、この上に切妻造の屋根が掛かる。

本殿を囲む瑞垣の外、八足門の前に大きな拝殿が建つ。

瑞垣。この内側に玉垣がもう一重回る。

縁束（えんづか）の礎石から約4.2mの高さがある。

神の座は西向き
建物は正面を南に向けるが、神の座は西向き、稲佐の浜の方向を向く。

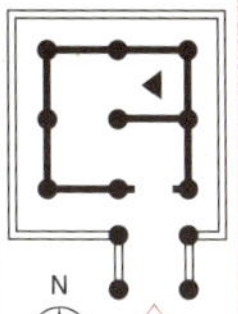

巨大注連縄！ 神楽殿
長さ13.5m、重さ4.4tもある注連縄（しめなわ）は、拝殿の注連縄（長さ6.5m、重さ1t）よりさらに巨大。

出雲大社の注連縄は結い始めが左で、ほかの神社とは逆。これは通常、向かって右を上位とするのに対し、出雲大社では伝統的に左を上位とするため。

神無月に神が集う上宮《かみのみや》
毎年10月に神々が集まるとされる出雲大社の境外摂社。

拝殿は切妻造、妻入。

本殿は切妻造、平入。屋根には反りがある。

神在月に集まった神々は農業などの産業や男女の縁結びについて話し合う「神はかり」をするという。

出雲大社周囲に残る国譲りの場

天照大神の使者・武甕槌神と経津《ふつ》主神《ぬしのかみ》は地上に降り、大国主神に国譲りを要求した。その神話の舞台を巡ろう。

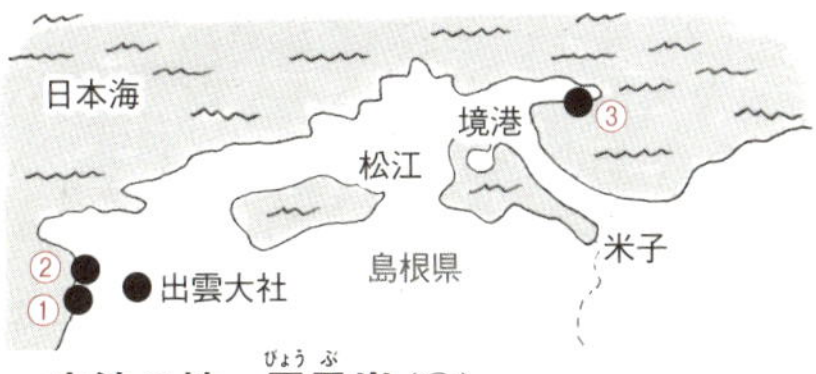

武甕槌神が降り立った稲佐《いなさ》の浜（①）

国譲り、国引きなど神話の舞台となった浜。出雲大社の西にある。

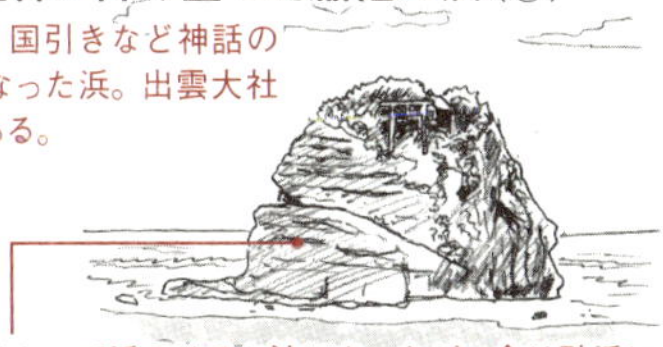

弁天島はかつて浜のはるか沖にあったが、今は砂浜にある。島の上には鳥居があり、海神（わたつみ）の娘・豊玉姫（とよたまびめ、46頁）を祀るが、神仏分離以前は弁財天が祀られていた。

稲佐の浜（島根）

交渉の地・屏風《びょうぶ》岩（②）

ここで大国主神との国譲りの交渉が行われたと伝わる。稲佐の浜から少し内陸に入ったところにある。

屏風岩（島根）

※1：葦原中国は高天原と黄泉の国との中間にあるとされる地上の国。 ※2：『日本書紀』では事代主神のみが登場、建御名方神は出てこない。 ※3：誓約（36頁）で誕生した天忍穂耳尊の息子で天照大神の孫。 ※4：「国譲り」は出雲大社の創建神話であり、出雲と大和の関係を示す話ともいわれる。 ※5：大国主神が巨大な宮殿を要求したという部分は『古事記』による。

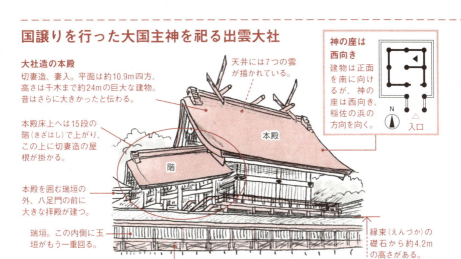

天から地上へ天孫降臨

高千穂神社【宮崎】

天孫降臨は神話の中で高天原《たかまがはら》※1の神々が地上の葦原中国《あしはらのなかつくに》※2へ降り立つ物語である。この天孫降臨にちなむ場所が宮崎県高千穂町にある高千穂神社だ。

天孫降臨の主役は天照大神《あまてらすおおみかみ》の孫・瓊瓊杵尊《ににぎのみこと》である。本来は息子の天忍穂耳尊《あめのおしほほみのみこと》（36頁）に葦原中国を治めさせたかった天照大神だが、息子の進言に従い、孫の瓊瓊杵尊に天児屋命《あめのこやねのみこと》や天鈿女命《あめのうずめのみこと》ら※3を従わせ地上へ向かわせた。

この時、案内に立ったのが、国津《くにつ》神《かみ》※4の猿田彦神《さるたひこのかみ》だ。猿田彦神に先導されてたどり着いた「高千穂」の地に瓊瓊杵尊は壮麗な宮殿を建てた。

高天原の神が降り立った山中の聖地

天孫を祀る

高千穂神社は、高千穂宮のあった地とされ、瓊瓊杵尊をはじめ日向三代の神々と各々の妻神を合わせた高千穂皇神、およびこの地に伝説を残す三毛入野命（みけぬのみこと）らを祀る。

本殿の脇にも注目

縁側にある衝立のような仕切り板（脇障子）には祭神の1柱・三毛入野命がこの地で暴れていた鬼を退治した伝説を題材にした彫刻がある。

流造で平側に柱間が5つある五間社流造。1778（安永7）年の建造。

拝殿はT字形に2つの入母屋造の建物が組み合わさったようにできている。正面に唐破風の向拝がある。左右の廊が後方の本殿を隠すように伸びている。

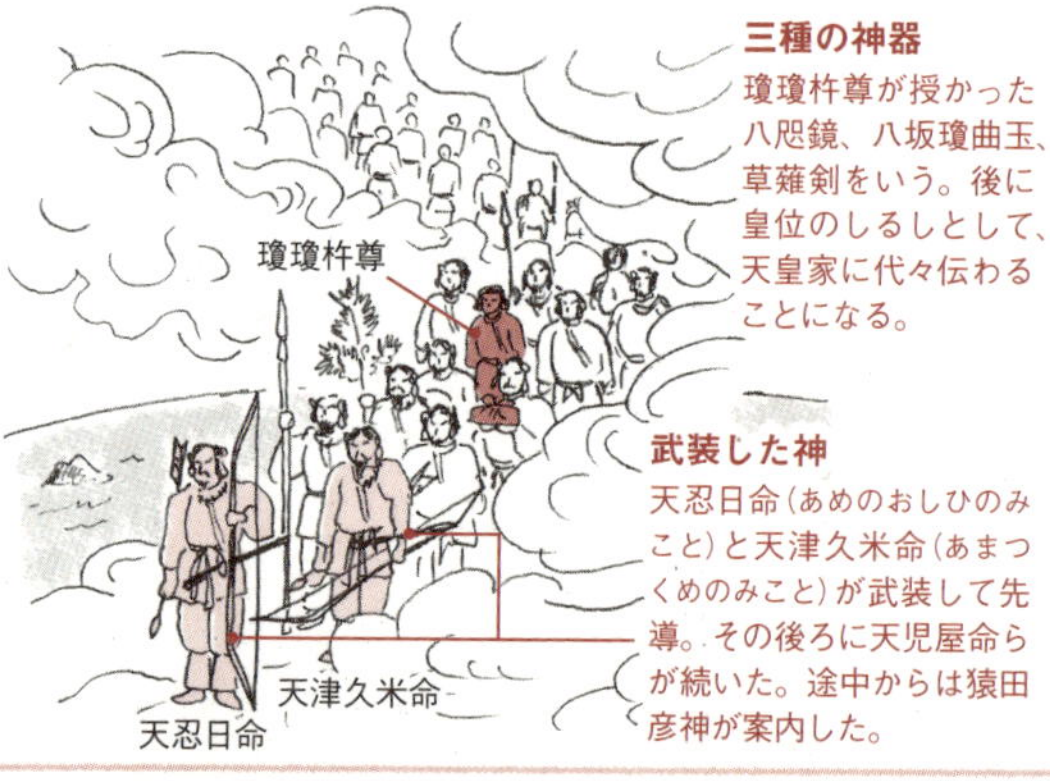

三種の神器

瓊瓊杵尊が授かった八咫鏡、八坂瓊曲玉、草薙剣をいう。後に皇位のしるしとして、天皇家に代々伝わることになる。

武装した神

天忍日命（あめのおしひのみこと）と天津久米命（あまつくめのみこと）が武装して先導。その後ろに天児屋命らが続いた。途中からは猿田彦神が案内した。

現世と関わりをもつ神話

天照大神は瓊瓊杵尊に三種の神器を授け、一行は猿田彦神の道案内で葦原中国に降りた。同行した神々は各氏族の祖先とされ、豪族間の関係性が反映されているともいわれるなど、当時の世情を反映している。また、このシーンは天皇家が天照大神の系譜にあり、神から統治を任されたことを示す。日本書紀の本文では瓊瓊杵尊が1人で地上へ降（くだ）る。

所在地：宮崎県西臼杵郡高千穂町大字三田井字神殿1037　創建年代：不明　主祭神：高千穂皇神／十社大明神　一口メモ：平安時代の歴史書『三代実録』などにも記載のある古い神社で、創建年代の詳細は不明だが、およそ1,900年前の垂仁天皇の時代と伝わる。神社本殿と鉄製の狛犬一対が重要文化財に指定されている。

神々が地上に降り立った場所は……？

瓊瓊杵尊ら神々が地上に降り立ったという場所は、宮崎県の高千穂町や霧島連峰の高千穂峰（宮崎と鹿児島の県境）などいくつかの説が伝えられる。

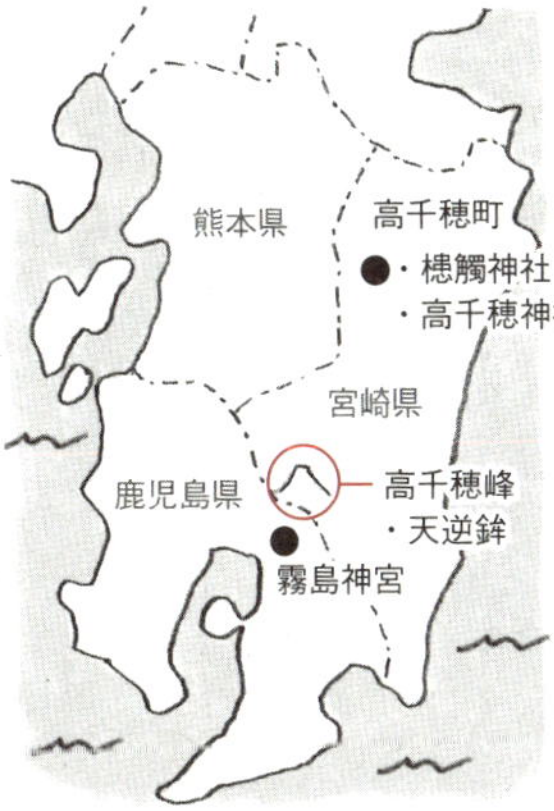

高千穂町にある槵觸《くしふる》神社

槵觸神社のある槵觸山は天孫降臨の地とされ、崇められてきた。瓊瓊杵尊ほか、4神を祀る。

境内にある遥拝所は葦原中国に降りた神々が高天原を遥拝した場所と伝わる。

古くは槵觸山を神体山として崇めていた。本殿は流造で、江戸時代に建てられたもの。

槵觸神社（宮崎）

高千穂峰山頂

この山頂に瓊瓊杵尊が降臨したと伝えられる。

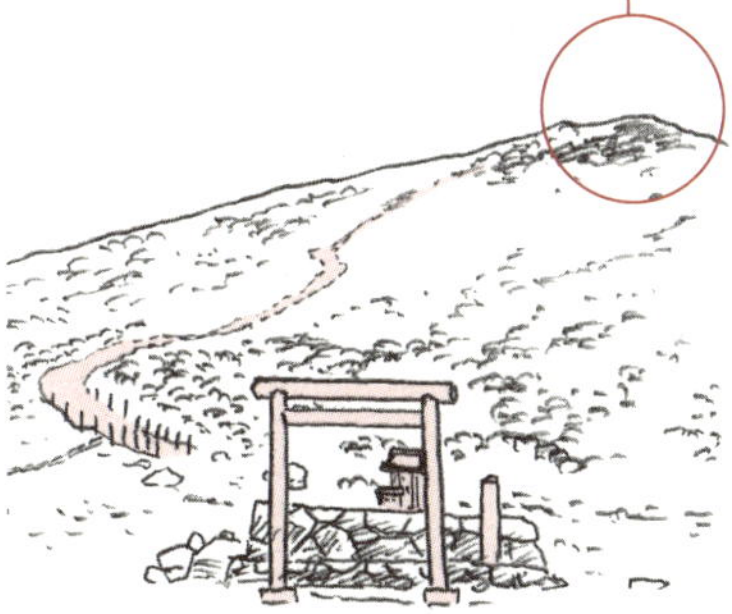

山頂にある天逆鉾《あまのさかほこ》

国生みの矛（天之瓊矛、34頁）とも天孫・瓊瓊杵尊の矛ともいう。山頂は霧島東神社の飛地境内。天逆鉾は同社の社宝。

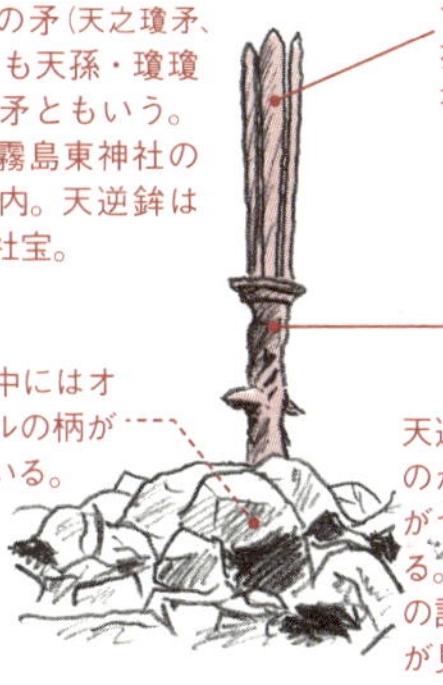

地上に出ている部分は霧島の噴火で折れてしまい、現在のものはレプリカ。

地面の中にはオリジナルの柄が残っている。

天逆鉾がいつからあるのかは不明だが、山伏がつくったとの説がある。また、約300年前の記録に天逆鉾の記述が見られる。

高千穂峰に鎮座・霧島神宮

もとは高千穂峰に社地があったが、噴火により現在地へ移された。瓊瓊杵尊を主祭神として祀る。

勅使殿、拝殿、幣殿、本殿が斜面に一直線に並ぶ。社殿には絢爛豪華な彩色、彫刻が施されている。

入母屋造。拝殿との間に幣殿がある。

入母屋造。ここから登廊下で拝殿とつながる。

境内社の門守（かどもり）神社は流造。

霧島神社（鹿児島）

※1：高天原は神々の住む天界をさすという説が一般的だが、地上の場所をさすという説も。 ※2：高天原から地上に降り立った場所は「日向の高千穂」と伝わるが、それがどこかには諸説ある。 ※3：天照大神のいいつけにより天岩戸隠れ（38頁）で活躍した神をはじめ多くの神が瓊瓊杵尊について地上へ降りた。 ※4：天上の神「天津神（あまつかみ）」に対し、地上（土着）の神は国津神（くにつかみ）と呼ばれる。

山幸彦と海幸彦の物語

和《わ》多《た》都《つ》美《み》神社【長崎】

対馬の和多都美神社は瓊瓊杵尊《ににぎのみこと》（44頁）の息子・火折尊《ほおりのみこと》（山幸彦）と豊玉姫《とよたまびめ》の夫婦神が出会った「海宮」の旧跡と伝えられる。海辺に立つ鳥居や満潮時に海水で満たされる境内など、海宮にふさわしい場所だ。

夫婦神の出会いは、火折尊が兄の火闌降命《ほすそりのみこと》（海幸彦）と道具を交換したことに始まる。兄の釣り針をなくした火折尊は海宮に赴き、歓待される。3年の後、故郷に戻る際に海神《わたつみ》の娘・豊玉姫から手渡されたのが兄の釣り針と潮を自在に操れる2つの珠。後に兄を服従させるのに役立った[※1]。なお、火折尊と豊玉姫の孫は後に神武天皇となる。

兄の釣り針を探してたどり着いた海宮

海中に並ぶ鳥居
2基の明神鳥居は満潮時には海水につかる。干潮時は陸地となる。

海から陸へと続く参道
鳥居は陸地のものもあわせて1列に並ぶ。

珍しい三柱《みはしら》鳥居
3つの鳥居を組み合わせた三柱鳥居の中心には磯良（いそら）エベスという奇岩がある。

磯良エベスは鱗状の石。海の神・安曇磯良の墳墓とも伝えられ、古い神体ともいわれる。

海を望む社殿
海神の宮を思い起こさせる和多都美神社。火折尊と豊玉姫の夫婦神を祀る。

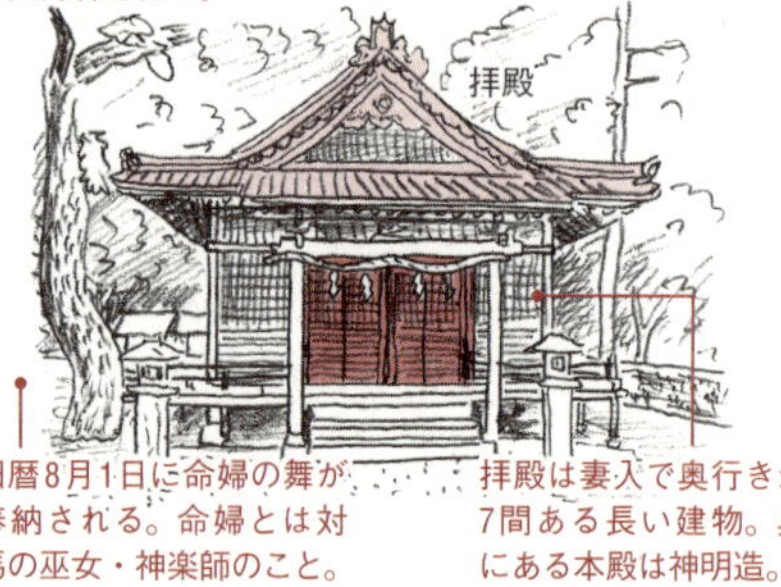

旧暦8月1日に命婦の舞が奉納される。命婦とは対馬の巫女・神楽師のこと。

拝殿は妻入で奥行きが7間ある長い建物。奥にある本殿は神明造。

所在地：長崎県対馬市豊玉町仁位和宮55　創建年代：不明　主祭神：火折尊／豊玉姫　一口メモ：かつて和多都美神社は「渡海宮（わたつみのみや）」と呼ばれていた。海幸彦・山幸彦の神話に加え、潮の干満により海中に沈む境内・鳥居の姿などから名づけられたものだと考えられる。1872（明治5）年、大島神社と改称、その2年後に現在の「和多都美神社」とされた。

夫婦神と兄神、その後のストーリー

対馬には海宮だけでなく夫婦神が出会った場や出産の場※2、墳墓など神話にまつわる場所が多く残る。

出会いの井戸・玉ノ井

豊玉姫が火折尊と出会った所という。

和多都美神社より西に海沿いを進んだ先にある。

玉ノ井（長崎）

海宮の奥にある墓

和多都美神社の奥に伝・豊玉姫墳墓がある。

古くは後ろの岩とともに祭祀のための磐座であったと考えられる。

豊玉姫墳墓（長崎）

海辺の産屋

海中からやって来た豊玉姫が御子を生んだと伝わる場所に建つ鴨居瀬住吉神社。

本殿は流造。
拝殿は入母屋造。
鴨居瀬は釣り針を探しに出た火折尊が最初に着いた場所だとされる。

鴨居瀬住吉神社（長崎）

海に面して建つ鳥居

海に向かって延びた参道の先に鳥居が建つ。海に向かって降りる階段は、正式な参道が海からであることを推測させる。

兄を祀る神社は遠く

覆屋
拝殿
本殿は流造。覆屋の中に建つ。
拝殿はかやの木でできているという。

潮嶽《うしおだけ》神社（宮崎）

宮崎にある潮嶽神社は全国でも珍しい火折尊の兄・火闌降命（海幸彦）を主祭神とする神社。火折尊と争った火闌降命が磐船に乗ってやって来たと伝えられ、その磐船が埋まっているという場所もある。

侍女が井戸に来た際に見た火折尊のことを豊玉姫に伝えたとも、自身が水を汲みに来たともいわれる※3。
火折尊
玉ノ井
豊玉姫

夫婦・兄弟の行く先は

釣り針を探すため海神の宮殿を訪れた火折尊は井戸の側で豊玉姫に会い結婚する。2人の子が鸕鷀草葺不合尊（うがやふきあえずのみこと）で、初代・神武天皇の父である。出産後、豊玉姫は海神のもとに帰った。なお、山幸彦・海幸彦の神話は朝廷の儀礼を示しているといわれる。具体的には、天皇即位の際に行う祭祀儀礼「大嘗祭」と一致する部分が指摘されている。また、他界を訪れ、妻と宝を手に入れた後に対立者を倒し、王位につく場面が新王誕生の儀礼だとされている。

※1：弟から服従させられた兄・火闌降命は古代、南九州に住んでいた隼人（はやと）族の先祖とされる。 ※2：火折尊の妻・豊玉姫の産屋は、鵜戸神宮（59頁）の建つ場所だとする説もある。 ※3：「火折尊が豊玉姫と井戸端で直接出会う」という表記は『日本書紀』による。『古事記』では「豊玉姫の使いが火折尊を見つけて報告する」としている。

2 ヤマトタケル 西へ東へ

大鳥《おおとり》神社【大阪】

大《おお》鳥造《とりづくり》と呼ばれる古い社殿形式を伝える大鳥神社は日本武尊《やまとたけるのみこと》[※1]が死後白鳥となって飛来したと伝わる地である。

日本武尊は16歳で九州討伐に向かい、女装して宴に潜入する知略で、熊襲《くまそ》[※2]の首領を討ち取って平定した。次いで東国へと向かい、荒ぶる神や反抗する蝦夷[※3]を平定した。その途中、伊勢神宮（108頁）で姉の倭姫命《やまとひめのみこと》から草薙剣《くさなぎのつるぎ》（三種の神器の1つ、44頁）を授けられている。負け知らずの日本武尊だったが、伊吹山《いぶきやま》の神が降らせた氷雨に当たって没した。葬られた日本武尊は白い鳥となって飛び立ち、最後には天に昇ったという。

白鳥となった日本武尊

日本武尊の物語は大和朝廷による各地の征服を示すとされる。その日本武尊は東征の帰路、伊吹山の神の降らせた氷雨に当たり瀕死となり、大和の手前、伊勢の能褒野（のぼの）で亡くなり、埋葬された。その魂は白鳥と化して西の空へ飛んでいったという。

『古事記』では大和から后や御子らが来て日本武尊の御陵を造ったとある。
日本武尊の魂は大きな白い鳥になって飛び去った。
陵墓は明治時代に三重県亀山市の能褒野王塚古墳に比定された。

熊襲《くまそ》平定の証

熊襲の穴は日本武尊が九州に住んでいた勇敢な民・熊襲の長（熊襲建［くまそたける］[※5]）を殺した所という。日本武尊は女装して宴会に潜入した。

唐破風鳥居
熊襲の穴（鹿児島）

后が身を捧げた地

弟橘媛（おとたちばなひめ）は日本武尊の后でともに走水神社の祭神。この地から上総（今の千葉県）に海を渡る時、海の神の怒りで荒れた海を鎮めるため、身を投げた。

拝殿は入母屋造。その後方、覆屋の中に流造の本殿がある。村人が日本武尊の冠を石櫃に納めて埋め、社を建てたという。
走水神社（神奈川）

所在地：大阪府堺市西区鳳北町1-1-2　創建年代：不明　主祭神：日本武尊／大鳥連祖神　一口メモ：白鳥が飛来した地が大鳥神社である、という記述は社伝によるものであり、『日本書紀』、『古事記』ともに具体的な記述はない。ただし、日本武尊が河内国へ行くという記述はどちらにも見られるものだ。

鳥になった日本武尊を祀る

大鳥信仰の総本社

大鳥神社をはじめとした大鳥信仰の神社は、日本武尊の東征にゆかりのある地に建てられている。また、毎年11月の酉(とり)の日※4に「酉の市」と呼ばれる例祭を行うところが多いのも大鳥信仰の特徴の1つ。

祭神・日本武尊

江戸時代まで主祭神だったが、明治時代に1度外された。しかし、1957(昭和32)年から再び祭神に。

本殿
大鳥神社(大阪)

大鳥造の本殿

大鳥造は切妻造、妻入で内部が2室に分かれるなど住吉造と似る。しかし、正方形の平面であること、正面に切妻造の向拝がつく点などが異なる。江戸時代に造営された社殿は落雷で焼失、現本殿は1909(明治42)年に再建されたもの。

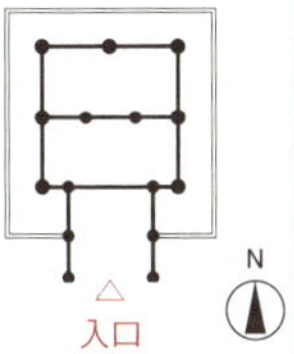
入口
N

日本武尊像

大鳥神社に立つ像は古墳時代の男性の姿。筒袖の衣を着て、ズボンのような褌は膝下で結ぶ足結をする。首には珠を掛け、髪は美豆良に結っている。

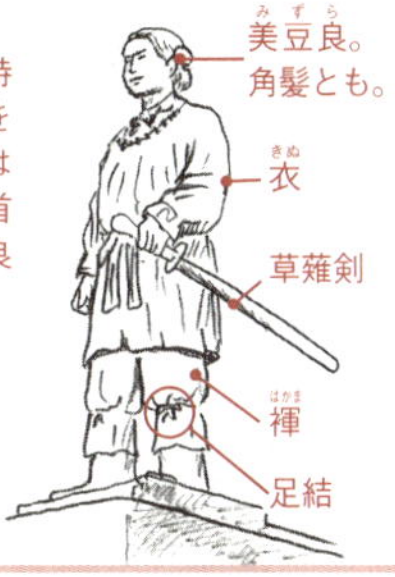
美豆良《みずら》。
角髪とも。
衣《きぬ》
草薙剣
褌《はかま》
足結

各地を治めた日本武尊

各地の平定に奔走した日本武尊にまつわる神社は各地にある。三種の神器「草薙剣」にゆかりのある草薙神社(静岡)や、妻である弟橘媛《おとたちばなひめ》を祀った走水神社(神奈川県)などである。

久佐奈岐神社
走水神社
伊吹山
熱田
草薙神社
大和
伊勢神宮
大鳥神社
熊襲の穴

熱田神宮(愛知)は草薙剣を祀る(88頁)。

日本武尊を祀るクサナギ神社

草薙神社

景行天皇が息子・日本武尊にゆかりのある地に行幸した時の創建という。一説には、景行天皇が草薙剣を神体とし、後に勅命で熱田神宮に移されたという。

本殿は流造。この前に入母屋造の拝殿が建つ。

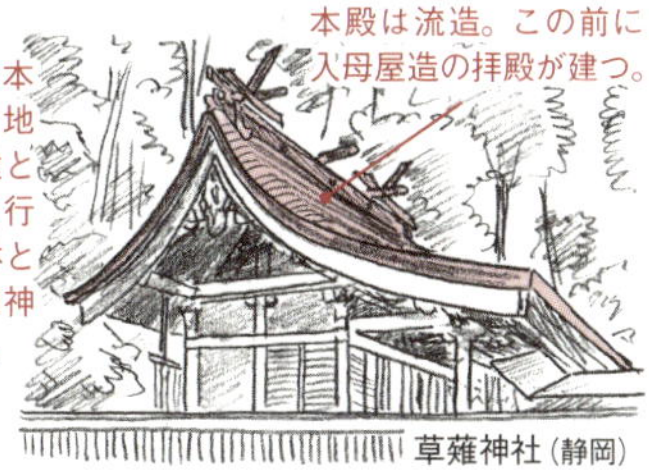
草薙神社(静岡)

久佐奈岐《くさなぎ》神社

日本武尊の東征で副将軍を務めた吉備武彦が創建したと伝えられる。

本殿は小高い所に建ち、流造。この下に切妻造で建具や壁のない吹き放ちの拝殿が建つ。

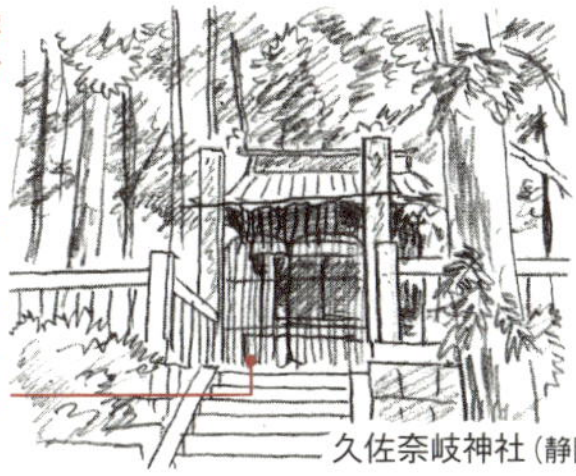
久佐奈岐神社(静岡)

※1：日本武尊は12代・景行天皇の子。 ※2：古代、南九州に住んでいた先住民で、非常に武力に長けていたといわれる。 ※3：蝦夷は本州東部や現在の北海道などに住んでいた先住民。※4：十二支で年を表す干支(えと)と同じく、日にも十二支を配する。酉の日は12日ごとに来る。11月の酉の日に行う例祭が酉の市。 ※5：『日本書紀』では川上梟帥(かわかみたける)と記される。

column｜神社の数が激減した ―― 明治時代の神社合祀

神社に祀られた神のなかには、かつて別の場所に祀られていたが、ほかの神社に移され、合祀されたものがある。その理由はさまざまだが、明治時代には政府や地方官庁が神社合祀を推進し、地方によってはこれが大々的に行われた。この明治の神社合祀は、経営困難な神社を統廃合して神社の維持を狙ったもので、一町村一社を目標に進められた。そして、これにより多くの神社が廃止へと追い込まれたのである。

神社合祀は反対者も多く、なかでも生物学者・民俗学者として知られる南方熊楠《みなかたくまぐす》は積極的に反対運動を行い、「神社合祀は地元に根づいた信仰・文化を廃絶し、『鎮守の森』という自然環境を破壊する行為だ」と、強く批判した。南方はとりわけ和歌山県にある田辺湾・神島《かしま》の保護には熱心で、古くからの信仰や貴重な自然環境を保つ島を、合祀によって破壊される危機から救った。この反対運動はエコロジー活動の先駆として、今も高く評価されている。

熊野古道に残された8本の巨樹

熊野古道（62頁）にある巨樹「野中の一方杉」はかつて40本もあったという。しかし、神社合祀によりその多くが伐採された。現在残る杉はわずか8本だけである。これらが残されたのは南方熊楠らの運動による。

「一方杉」と呼ばれたわけは？

日当りの良い南の方向にだけ枝を伸ばすところからこの名がつけられたという。なお、南は熊野那智大社（76頁）の方向でもある。

再興、独立した継桜王子《つぎざくらおうじ》

一方杉のある神社・継桜王子は神社合祀で近野神社に合祀された。しかし1950（昭和25）年、ご神体を社殿に戻し、再興している。継桜王子は熊野九十九王子社の1つ。

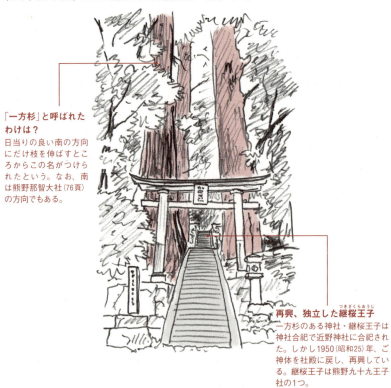

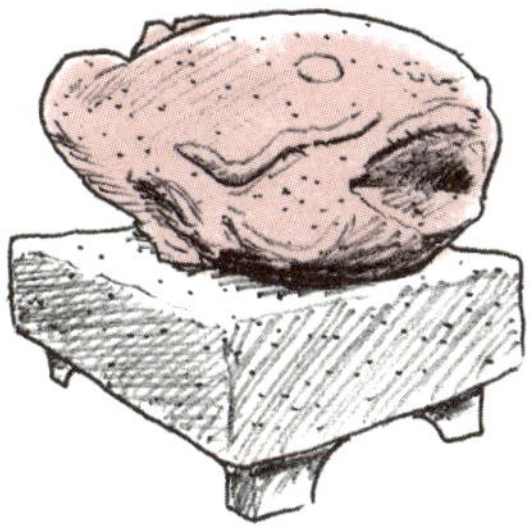

3章

神社の歴史をたどる

自然崇拝から始まった八百万の神への信仰。仏教が伝来し広まっていくにつれ、神と仏（神社と寺）の関係は少しずつ変化していく。神は仏教の守護神となり、仏と一体化するがまた分離する。時とともにその立場は変わり、境内の様子や建物の形態もその影響を受けて変化している。

3 神と神社のルーツをたどる

大神《おおみわ》神社【奈良】

大《おお》物主神《ものぬしのかみ》を祀る大神神社は本殿をもたない。本殿がないのは神社の後方にある三輪山《みわやま》そのものをご神体として祀っているため。拝殿奥の三ツ鳥居（三輪鳥居）から先は禁足地※となっている。

この様子は神社の古い形態を残したものだ。ほかに巨石などの自然物や、天体、自然現象の神を祀る神社がある。神社の始まりは、共通する信仰の形をもつものではなく、アニミズムや自然崇拝などさまざまな信仰にもとづいたものだったのだろう。こうした古い信仰では、祭りのたびに仮設の祭壇を造って神を呼び、終わると神を送り返していた。

古い信仰形態を伝える「本殿なし」の大神神社

三輪山がご神体
現在も形の良い稜線を見られる。三輪山の美しい形に古代の人々が神聖さを見たことは想像に難くない。こうした感覚から神が生まれ、信仰が育っていったのだろう。
車道をまたぐ大鳥居
鉄でできた明神鳥居（12頁）。高さは約32m。すぐそばに一の鳥居、ずっと先に二の鳥居が建ち、拝殿や三ツ鳥居がある。三ツ鳥居を通し、神体山を拝する。
神が鎮まる山
三輪山に鎮座するのは祭神・大物主神
三輪山

所在地：奈良県桜井市三輪1422　創建年代：不明　主祭神：大物主大神　一口メモ：毎年6月、「茅の輪くぐり」（茅［ちがや］を束ねて大きな輪とし、これをくぐり、無病息災を祈願する）が行われている。多くの神社では茅の輪は1つだが、大神神社では3つの輪を並べる。大神神社では拝殿、三ツ鳥居が重要文化財に指定されている。

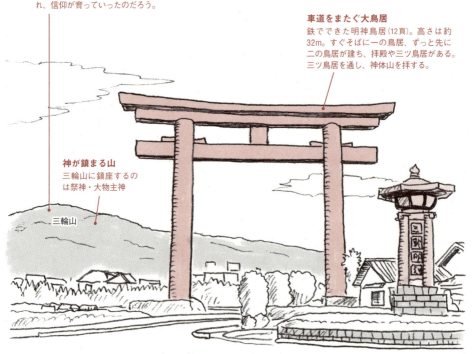

遥かにそびえる三輪山が神のいる場所

鳥居の向こうにそびえる三輪山が大神神社のご神体である。本殿の周囲が禁足地として立ち入れないのと同じく、三輪山への登頂が禁じられていた時代もあった。

拝殿を通して拝む

本殿のない大神神社にあって拝殿は神社の形を示す重要な建物。

切妻造の拝殿前方には入母屋造で唐破風をつけた向拝があり、古社にふさわしい格を見せる。

拝殿は鎌倉時代に造られ、現在の建物は1664（寛文4）年に再建されたもの。

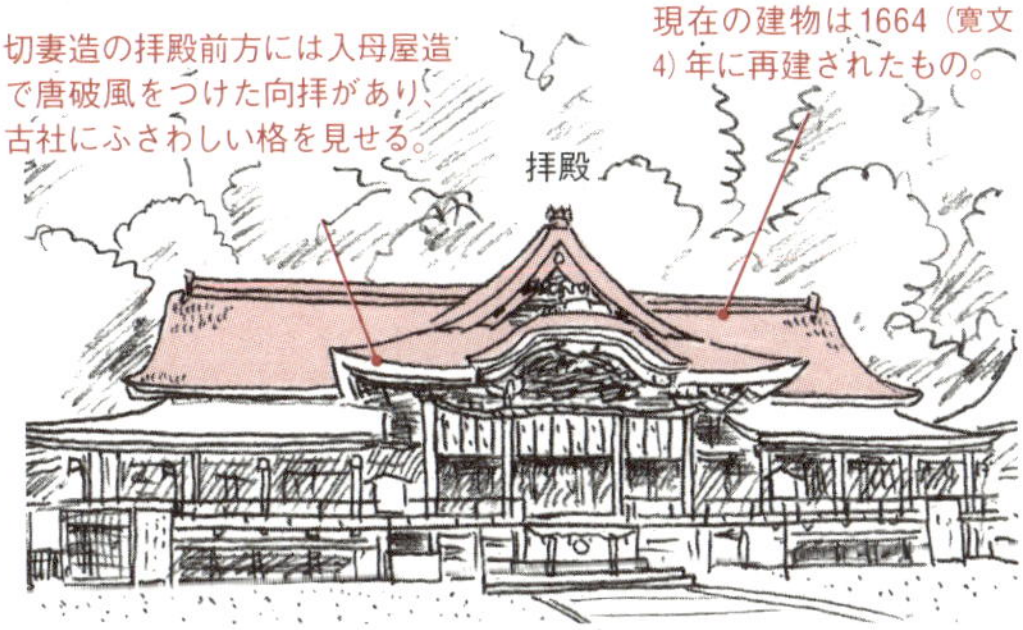

出土品も多い

子持勾玉

土でつくられた酒造の道具の模造品

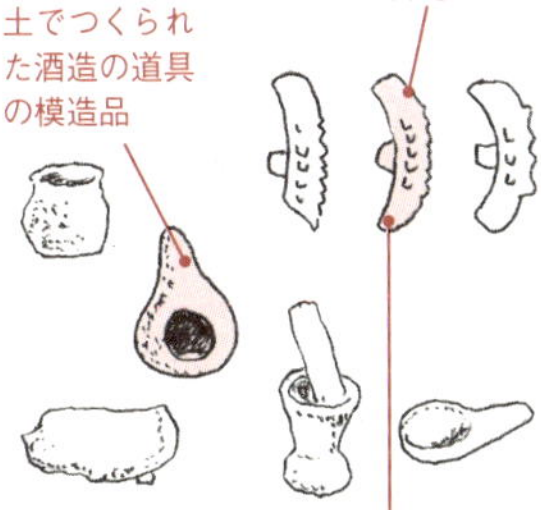

三輪山から出土した王などは古代祭祀の遺物だ。酒造の神徳にちなんだ道具の模造品も捧げられていた。

神聖な三ツ鳥居

特殊な形のこの鳥居は本殿に代わる神聖なものとされてきた。

鳥居の向こう側は神体山で禁足地とされている。

三ツ鳥居の名のとおり、明神鳥居の両脇に小さな鳥居がついた形。

中央の鳥居には扉がつく。

酒神のしるし・杉玉

大神神社は酒造業者からの信仰もあつい。

毎年11月に新しくつくられた杉玉と交換される。

大物主神は酒造の神でもあり、大神神社の神木の杉の葉でつくられた杉玉は神威を宿すとされている。これを看板としている酒造業者もいる。

三輪山に登拝できる

神体山は禁足地としてかつては入山が厳しく制限されていたが、現在希望者は山に登り参拝できる。

登り口には2本の柱に注連縄(しめなわ)が渡されており、ここから先が神聖であることを示している。

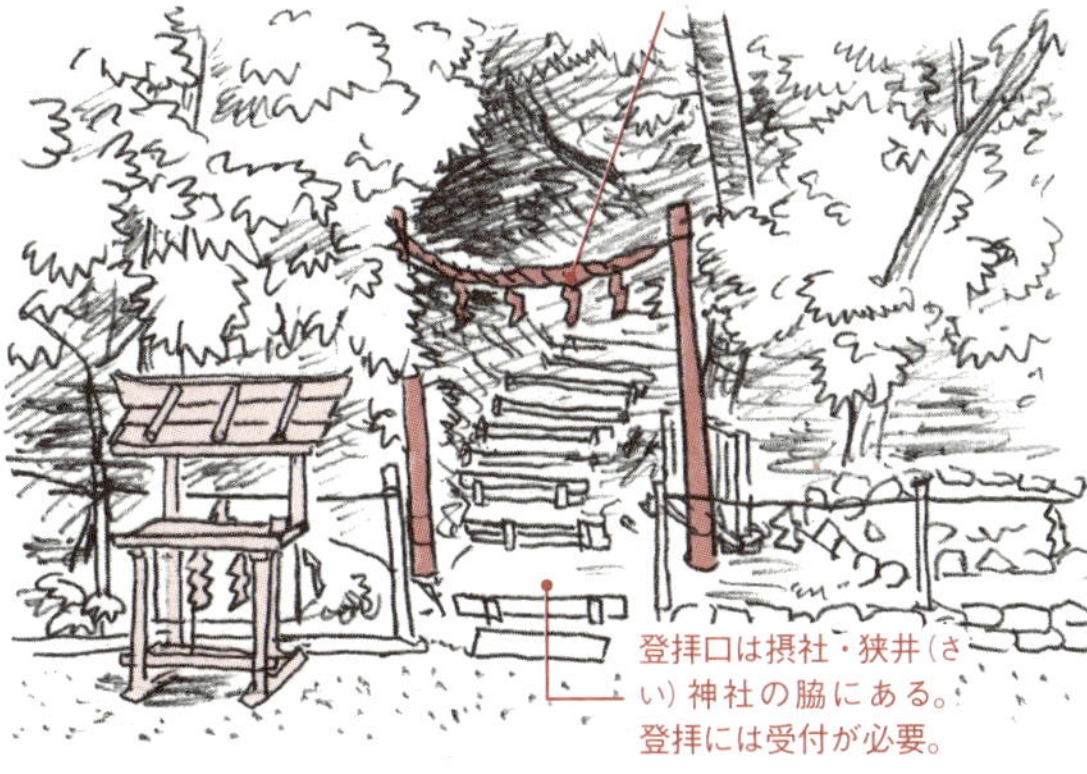

登拝口は摂社・狭井（さい）神社の脇にある。登拝には受付が必要。

※：現在、社殿右手に三輪山への登拝口を設け、山頂を目指す道にだけは（希望者のみ、社務所で申請することで）立ち入りが許されている。もちろん、この道をはずれて三輪山の山中に立ち入ることなどは許されていない。

海を越えて来た中国・朝鮮の神

高麗《こま》神社［埼玉］

高麗神社では高句麗《こうくり》の王・高麗《こまの》若光《じゃっこう》を祀っている。古代、高句麗から渡ってきた人々を朝廷はこの地に住まわせ、若光はその長と伝わる。神社のなかには外国の神々を祀るところもあるのだ。

具体的には新羅《しらぎ》の天日槍《あめのひほこ》やその妻・阿加流比売神《あかるひめのかみ》など神話※1に見られる神や、渡来氏族の祖先を祀った神社などがある。また園城寺《おんじょうじ》の守護神である新羅明神《しんらみょうじん》なども外国から渡来した神といえるだろう。

これらの神社は特別扱いされていたわけではなく、朝廷から日本の神々を祀る神社と同じように、奉《ほう》幣《へい》を受けるものもあった※2。

大陸から来た神々を祀る高麗神社

神域を囲む
扁額を掲げる神門は透塀（すきべい）とともに社殿のある神域を囲んでいる。

扁額の字に注目
扁額には「句」が小さく加えられている。

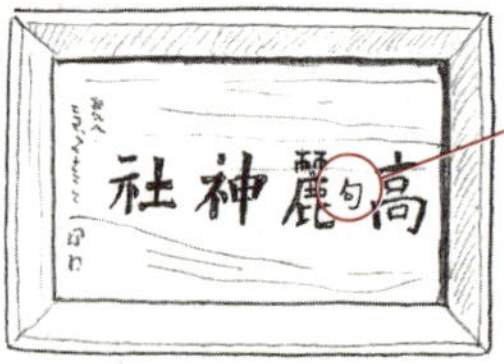

扁額は朝鮮王朝の貴族・趙重応（1860-1919）の筆。小さな「句」の字は神社の由来となる高句麗と後の王朝・高麗とを混同しないように、との意図だ。

神門
唐破風屋根が特徴的。
両脇から透塀が延びる。

神門の奥にある社殿
拝殿は東京・築地本願寺の設計で知られる伊東忠太による。本殿は覆屋の中に奉安される。拝殿は昭和初期、流造の本殿は室町時代後期の建造。

所在地：埼玉県日高市大字新堀833　創建年代：不明　主祭神：高麗王若光／猿田彦命／武内宿禰命　一口メモ：高麗若光がこの地へ入植したのは716（霊亀2）年という。当時、現在の社地は荒地だったが、若光は各地から集まった高句麗人とともに土地を開墾した。なお高麗神社の宮司は代々、高麗若光の子孫が務めている。本殿が県指定文化財に指定されている。

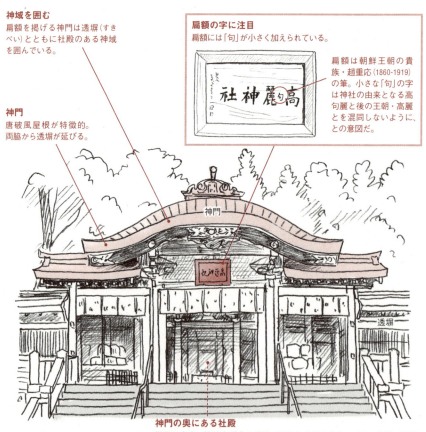

高句麗人・高麗若光と新羅の王子・天日槍

若光の祖国・高句麗は唐・新羅の連合軍に滅ぼされ、結果日本に住むことになったという。また、出石《いずし》神社(兵庫)に祀られる天日槍は古代朝鮮・新羅の王子とされている。

高麗神社に見る「渡来」

将軍標とは朝鮮で見られる集落の境界を示す神像のこと。高麗神社では車祓所(くるまはらえしょ)の前に建つ。男の天下大将軍と女の地下女将軍の対で祀り、境界を守る。

人面が彫られている。

男・天下大将軍　　女・地下女将軍

高麗王の廟

高麗神社の近く、聖天院(しょうてんいん、高麗一族の菩提寺)には若光の墓とされる高麗王廟がある。

額には高麗王廟とある。若光は王(こしき)の姓(かばね)を朝廷から与えられている。

石を重ねた石塔。

高麗王廟(埼玉)

出石神社に見る「渡来」

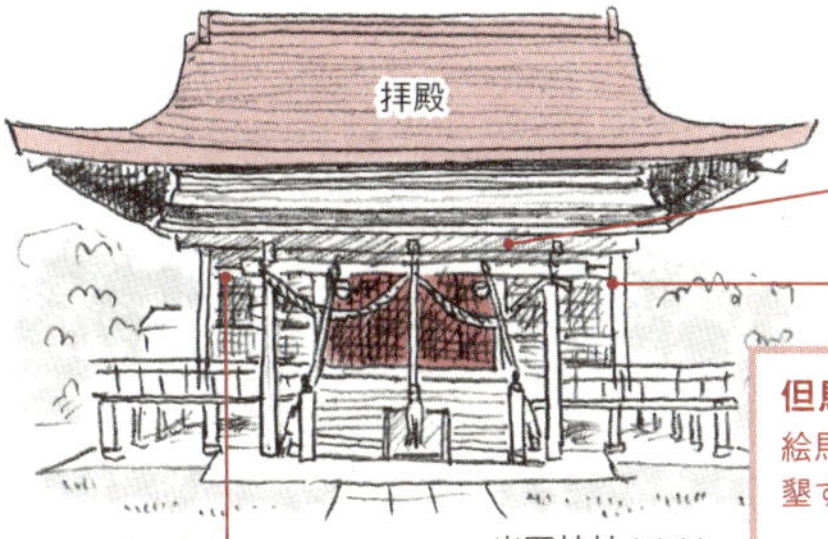

舞台のような造りの拝殿。この後ろに幣殿、本殿が建つ。

出石神社(兵庫)

祭神の天日槍は新羅の王子で、「八種の神宝」をもって渡来し、土地を開き、定住したという。その時の神宝も神として祀られている。

但馬を開いた渡来の神

絵馬には天日槍が土地を開墾する様子が描かれる。

力を合わせて土地を開く人々

切り開かれているのは瀬戸の岩戸。

※1：天日槍は『日本書紀』、『古事記』に登場し、古代朝鮮から渡来した新羅の王子とされる。 ※2：927(延長5)年に編纂された『古語拾遺』で「蕃神」「今来神」と記載されているように、古くは外国から来た神として日本の神と区別されていた。しかし、平安初期の官社(国から奉幣を受ける神社)の帳簿である『延喜式』神名帳には日本の神を祀る神社と区別なく記載されている。

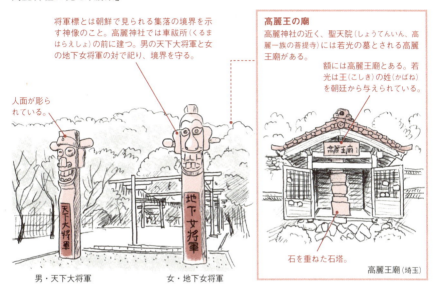

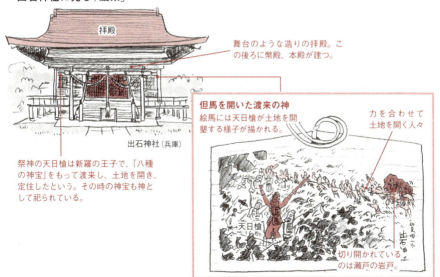

神仏の交わり 神宮寺《じんぐうじ》・鎮守社《ちんじゅしゃ》

手向山八幡宮《たむけやまはちまんぐう》【奈良】

奈良時代の東大寺大仏建立は、国家の一大事業であった。この時、宇佐神宮《うさじんぐう》（大分）※1の八幡神《はちまんしん》がこれを助けるとの託宣※2を下し、遠路奈良へ。その八幡神を祀るのが手向山八幡宮で、明治の神仏分離まで東大寺の鎮守（守護神）とされた。日本の仏教伝来はそれより前の6世紀。神仏が出会った初期には神も仏に救いを求める存在とされ、功徳《くどく》を積むために神宮寺※3が建てられた。しかしやがて神は仏教を加護する存在へと変わっていき、寺院には鎮守社※4ができていった。この変化には仏教と神道の勢力関係などが絡んでいたものと思われる。

正倉院とゆかりのある宝庫《ほうこ》

東大寺正倉院の倉の1つを移築したもの。ここにも東大寺との強いつながりが見て取れる。

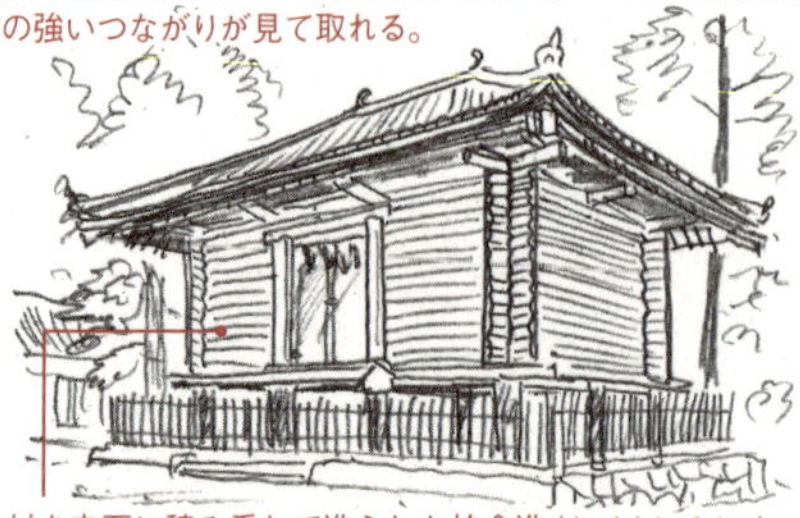

木材を交互に積み重ねて造られた校倉造（あぜくらづくり）。倉庫に使われることが多い。

仏教の守護神・八幡神

八幡神自身が僧の姿として表現されている。快慶作の『僧形八幡神坐像』（国宝）は、手向山八幡宮のご神体だったが、現在は東大寺に祀られている。

日本の神が仏教の僧の姿をすることは仏教と神との接近を示している。

四天王寺にある鳥居

四天王寺の西門の鳥居は仏教でいう西方浄土へつながると信じられてきた。

山門は楼門で、下層は仁王を祀る部屋を左右に張り出す珍しい形式。

石鳥居は1294（永仁2）年に造られ、後世の補修を受けている。

扁額には「釈迦如来、転法輪処、当極楽土、東門中心」と書かれ、仏教教義によるものだ。

四天王寺（大阪）

所在地：奈良県奈良市雑司町434　創建年代：749年　主祭神：応神天皇／姫大神／仲哀天皇／神功皇后／仁徳天皇　一口メモ：宝庫のほか、境内社である住吉社の本殿が重要文化財に指定されている。なお、手向山八幡宮は寺院の敷地に造られた「鎮守社」。一方、神宮寺には社僧と呼ばれる僧侶が常駐、仏教の儀礼に従って神に奉仕していた。

仏教との融合「鎮守社」から独立した手向山八幡宮

東大寺から分離・独立

手向山八幡宮は創建以来、明治の神仏分離まで東大寺の鎮守として崇拝されてきた。現在地（東大寺境内のすぐ脇）に移ったのは鎌倉時代のこと。

開放的な拝殿

入母屋造の拝殿は四方に壁はなく吹き放ち。

本殿

瑞垣に囲まれて本殿が建つ。本殿などの社殿は江戸時代の建築。

切っても切れない神社×寺

781（天応元）年、宇佐神宮は朝廷から「八幡大菩薩」の神号を贈られる。「菩薩」は仏教との深いつながりを示す。こうした神仏の関係は明治の神仏分離まで各地で見られた。

お経も宝・厳島神社

厳島の名の通り神を「いつき祀る島」は、後に寺社が建ち並び神仏習合の様相を強めていった。

祭神の市杵嶋姫（いちきしまひめ、37頁）は神仏習合時代、弁財天と同一視されていた。

複数の社殿を結ぶ構成は平安時代貴族の住宅・寝殿造の影響を受けているといわれる。

平清盛による平家納経など、仏教にまつわる宝物も多く奉納されてきた。

厳島神社（広島）

弁天様は隣接の寺へ

厳島には寺院も複数建っている。大願寺は真言宗の寺で厳島神社とも関係が深い。かつて厳島神社に祀られていた弁天像は現在ここに祀られている。

※1：宇佐神宮（106頁）は八幡神を祀る社の総本宮。 ※2：東大寺の大仏建立には銅499.0t、錫（すず）8.5t、金0.4t、水銀2.5tという大量の金属が必要だった。宇佐の八幡神は「必ず大仏建立を成功させる」との託宣（お告げ）を出した。 ※3：神宮寺は神仏習合の思想にもとづき、神社に付随して造られた寺。 ※4：鎮守社は寺を守る神・鎮守神のために建てられた神社。

修験道《しゅげんどう》の神社もある

出羽《いでは》神社［山形］

羽《は》黒山《ぐろさん》中に建つ大きな茅葺《かやぶき》屋根のお堂が出羽神社の三神合祭殿《さんじんごうさいでん》で、羽黒山、月山《がっさん》、湯殿山《ゆどのさん》という出羽三山《でわさんざん》の神を祀っている。

出羽三山は古来より修験道の一大拠点として知られてきた。修験道とは、険しい山地などで修行を積む宗教で、平安末期に日本古来の山岳信仰、自然信仰と仏教（特に密教）、道教などが影響しあって成立したものだ。

こうした経緯からもわかる通り、修験道が祀る対象はさまざまである。また、熊野詣[※1]が流行するなど、各地の山が修行道場として整備され、明治時代の禁止令[※2]まで隆盛を誇ることとなる。

修験道の拠点・出羽三山の神を祀る出羽神社

三神合祭殿は本殿＋拝殿
修験は山岳信仰や密教などさまざまな信仰の影響を受けて成立した。この社殿は本殿と拝殿を一体とする特異な建物で珍しい修験建築だ。

豪壮な建築
2.1mもの分厚い茅葺屋根は存在感十分。建物の高さは28mもある。

内外とも朱塗り
以前は赤松脂塗りであったが、修理時に朱塗りになった。1970～72年、開山1380年を記念した奉賀事業のなかで修復が行われ、鮮やかな朱塗りの社殿へと生まれ変わった。

3社を合祀
中央に月山神社、向かって右に出羽神社、左に湯殿山神社を祀る。月山と湯殿山は冬期、豪雪のために登拝ができないことがある。そのため、年間を通じて登拝が可能な羽黒山に3つの神社が合祀されているというわけだ。

所在地：山形県鶴岡市羽黒町手向字羽黒山33　創建年代：593年　主祭神：伊氐波神（いではのかみ）／倉稲魂命（うかのみたまのみこと）　一口メモ：日本最古の仏教説話集（因果応報のしくみや高僧のいい伝えなどを記したもの）『日本霊異記（にほんりょういき）』には修験道の祖・役小角が登場する。羽黒山三神合祭殿は重要文化財に指定されている。

多種多様なしきたりをもつ修験道の神社

土着信仰と仏教が融合して生まれた修験道。特に密教とも強く結びつき、そのしきたりは各神社でさまざまだ。共通するのは厳しい修行を行い、不思議な力「験力《げんりき》」を得ようという点である。

修験道に関わる人たち

開祖は役行者《えんのぎょうじゃ》

優れた神通力をもつ修験道の開祖・役行者は役小角（えんのおづの）とも。大阪と奈良の境にある葛城山（かつらぎさん）で修行し、神通力を得たとされる。

役行者に従っていた夫婦の鬼。向かって左の「前鬼」が夫、右の「後鬼」が妻。

特殊な装束《しょうぞく》を着た修験者

修験者の装束は神官とも僧侶とも異なる。

白頭巾（しろずきん）

鈴懸（すずかけ）

脚絆（きゃはん）

出羽三山のしきたり

卒業禊

出羽三山神職養成所では卒業時に行う卒業禊が恒例だ。御幣を掲げ、川の中で祝詞、大祓を唱える。

3月の川の水は非常に冷たい。

秋の峰入《みねいり》

山での厳しい修行を通して即身成仏、擬死再生をはかる重要な行。

7日間、山に籠もり、9月1日に満行を迎える。

修験の聖地・鵜戸《うど》神宮

本殿は洞窟の中にあり、そこまで階段を下りて参拝する。鵜戸神宮は日向灘に面した奇怪な地形から修験の聖地とされた。

本殿へ続く参道は長い下り階段。

鵜戸神宮（宮崎）

洞窟にある社殿

海の波の作用で削られてできた洞窟（海食洞［かいしょくどう］）。断崖に口を開けており、約300坪の広さがある。

朱塗りで権現造の本殿。正面には唐破風がつく。

※1：1090（寛治4）年、白河上皇の9回もの熊野御幸をきっかけに熊野信仰が全国に知れ渡り、身分の上下を問わず多くの人が熊野三山を訪れるようになった（62頁）。 ※2：1872（明治5）年、明治政府は修験道を禁止。これによりおよそ17万人もいたという山伏（修験者）は活動禁止を余儀なくされた。

3 恨みを鎮める御《ご》霊《りょう》信《しん》仰《こう》

上《かみ》御《ご》霊《りょう》神社【京都】

京都市内には上御霊神社、下御霊神社と2つの御霊神社があるが、どちらも崇道天皇《すどうてんのう》（早良親王《さわらしんのう》）をはじめとした御霊神《ごりょうしん》を祀ったものだ。

御霊神とは、謀反の疑いで流刑《るけい》になり無実を訴えて絶食死した早良親王をはじめ、不遇な死を遂げた皇族や貴族らを神として祀ったもの。その怨念から疫病などの災厄をもたらす存在として人々に恐れられた。

その御霊を慰めて平穏を得ようとする祭礼が御霊祭（御霊会《ごりょうえ》）で、祭神として祀ったのが御霊神社だ。当初は鎮魂を目的に創祀されたが、時を経て人々が加護を願う守護神へと変わっていった。

怨念を鎮める御霊信仰の拠点

御霊神を祀る
桓武天皇の代に早良親王のたたりを恐れ、崇道天皇の諡号（しごう）を贈りこの地に祀ったのが始まりとされる。この地の産土神（うぶすながみ、鎮守神）でもある。

奥にあるのが本殿
現本殿は戦後の再建だが、その前の建物は内裏から寄進された内侍所仮殿だった。

所在地：京都府京都市上京区上御霊前通烏丸東入上御霊竪町495　創建年代：863年　主祭神：崇道天皇ほか　一口メモ：御霊神には要人の暗殺や謀反の首謀者の疑いをかけられたものが多い。その1人、早良親王（崇道天皇）は藤原種嗣（長岡京遷都を強行したとされる官使）暗殺の首謀者とされるが無罪を主張。淡路国へ流罪をいい渡されるが、その道中で死亡している。

今に続く「御霊会」のはじまりは――

御霊信仰の勃興は平安期で、863（貞観5）年に最初の御霊会（神泉苑御霊会）が行われた。祀られたのは崇道天皇ら6人※。下御霊《しもごりょう》神社はこの御霊会を起源としている。

最初の御霊会が起源・下御霊神社

社殿は本殿、幣殿、拝所が前後に並び、その前方に拝殿が建つ特徴的な構成をしている。現在地へは1590（天正18）年の豊臣秀吉による京都の都市整理によって移転してきた。

幣殿
幣殿の奥に本殿が建つ。
拝所
唐破風の建物は拝所と呼ばれる。

下御霊神社（京都）

御霊会・還幸祭

拝殿
壁のない吹放ちの拝殿には御霊祭（還幸祭）に合わせて提灯がつけられる。

災いを祓う神輿（みこし）。若宮と大宮、子供神輿がある。大宮神輿は全国でも最大級という。現在は若宮神輿が巡行する。
若宮神輿

まだある御霊神を祀る社

京都の崇道神社は御霊神・早良親王を祀る。この地の鎮守でもある。

扁額には「崇導神社」とある。
都の鬼門に位置し、若狭街道の要衝でもあったため、御霊を祀って加護を得ようとしたといわれる。

崇道《すどう》神社（京都）

※：御霊神とされたのは崇道天皇のほか伊予親王（いよしんのう）、藤原吉子（ふじわらのよしこ）、橘逸勢（たちばなのはやなり）、文室宮田麻呂（ふんやのみやたまろ）、藤原広嗣（ふじわらのひろつぐ）または藤原仲成（ふじわらのなかなり）。

蘇《よみがえ》りの古道をたどる熊《くま》野《の》詣《もうで》

熊《くま》野《の》本《ほん》宮《ぐう》大社【和歌山】

熊野本宮大社、熊《くま》野《の》那《な》智《ち》大社、熊《くま》野《の》速玉《はやたま》大社は熊《くま》野《の》三山《さんざん》と呼ばれ[※1]、そのなかで最古とされるのが熊野本宮大社だ。現在の社殿は熊野川を見下ろす位置に建つが、かつては川の中洲（大斎原《おおゆのはら》）にあり、上《かみ》社《しゃ》・中社《なかしゃ》・下社《しもしゃ》に分かれていた。明治時代に社殿が流され、現在の社殿には上社を祀り、旧社地にそれ以外の社の石祠《せきし》を祀っている[※2]。

熊野三山を参拝する熊野詣は院政期[※3]以降、上皇の参詣が相次ぎ、民衆もこぞって参詣した。また熊野は他界への入口であり、「蘇り」の地とされるなど、多様な信仰を抱えた聖地として発展した。

全国熊野神社の総本宮である熊野三山の1つ・本宮

本殿は4つある

本殿は第一殿・第二殿と第三殿・第四殿で形式が異なる。現社殿は明治の洪水で流出しなかった上社の社殿を移築したもの。流された中社、下社とも第四殿まであった。

水害で遷座した社地

旧社地の大斎原を見下ろす北側の高台にある。

横1列に並ぶ

第一殿から第四殿までが横1列に並ぶのは旧社地にあった時から同じ。かつてはさらに中四社、下四社の建物が並んでいた。

第一殿・第二殿は入母屋造、平入。
第三殿・第四殿は前方切妻造に庇付、後方入母屋造。この社殿形式は熊野造といわれる。
第一殿・第二殿
第三殿
第四殿
瑞垣

社殿への入口「鈴門」

祭神それぞれの前に設けられた門。ここから神を拝み、さらにここから瑞垣内に入って奉幣、参拝することもある。

一段高く造られた社殿

透塀形式の瑞垣の中、社殿の立つ場所は石垣によって一段高く造られている。

第三殿、第二殿、第一殿、第四殿の順で参拝するとされる。

所在地：和歌山県田辺市本宮町本宮1100　創建年代：不明　主祭神：家都美御子大神（けつみみこのおおかみ、素戔嗚尊［すさのおのみこと］）　一口メモ：熊野本宮大社の旧社殿があった「大斎原」は1889（明治22）年の大水害で社殿が流出した。本殿が重要文化財に指定されている。また、熊野三山一帯は2004（平成16）年、ユネスコ世界遺産に登録された。

神話世界にも登場する熊野信仰

大阪、奈良、和歌山、三重と4つの県にまたがり、熊野へとつながる道が熊野古道である。聖地・熊野の由緒は古く、『日本書紀』にも記述がある。また熊野三山で配布される神札である熊野牛王符《くまのごおうふ》の絵柄は神社それぞれで異なる。

平安時代に流行した熊野詣

平安時代の貴族・女官たちの熊野詣は、自分の足で歩いて参詣することが原則だった。

壺装束という着物を着て、頭には「虫の垂れ衣」をつけた市女笠（いちめがさ）をかぶるのが当時の女性の旅行姿だった。
貴族や皇族の女性、女官も歩いて参詣した。
石畳の道

熊野古道で熊野三山へ

熊野へは中辺路（なかへち）、大辺路、伊勢路などいく通りかのルートがある。

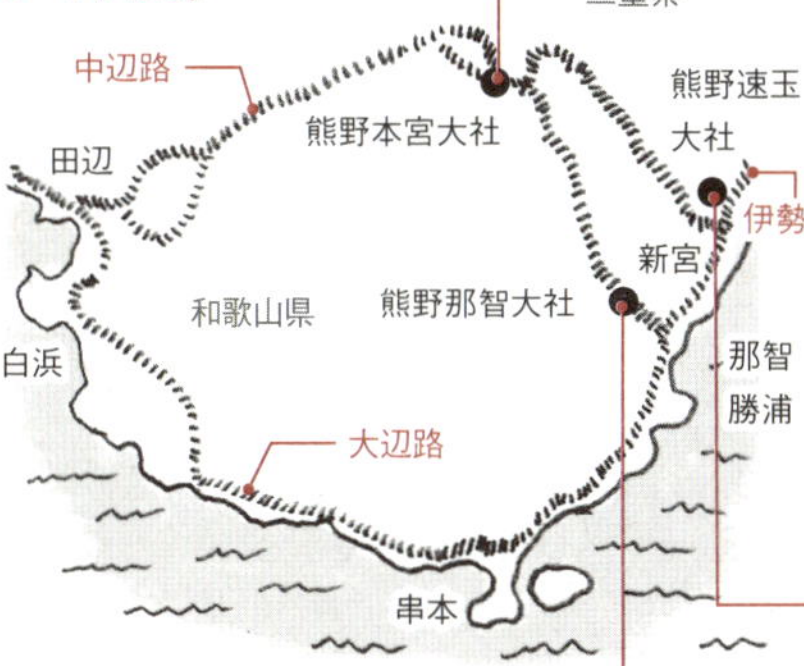
三重県
中辺路
熊野速玉大社
田辺
熊野本宮大社
伊勢路
新宮
和歌山県
熊野那智大社
白浜
那智勝浦
大辺路
串本

本宮で牛王符をもらう

大きな紙に八咫烏（やたがらす、23頁）や宝珠などの意匠を刷った札。お守りや起請文の用紙にした。現在でも手で刷られている。

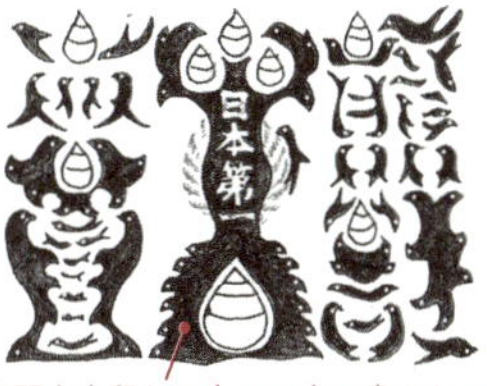
日本第一
熊野山宝印と八十八の烏で書かれる。

熊野那智大社（那智）へ

瑞垣内に建つ6棟の建物に上・中・下計12社を祀る。

第三殿
第四殿
鈴門（すずもん）
熊野那智大社（和歌山）

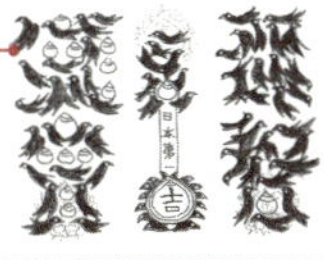
牛王符には那智瀧宝印と書かれる。

熊野速玉大社（新宮）へ

瑞垣内には5棟の建物。そこに合計12社を祀る。

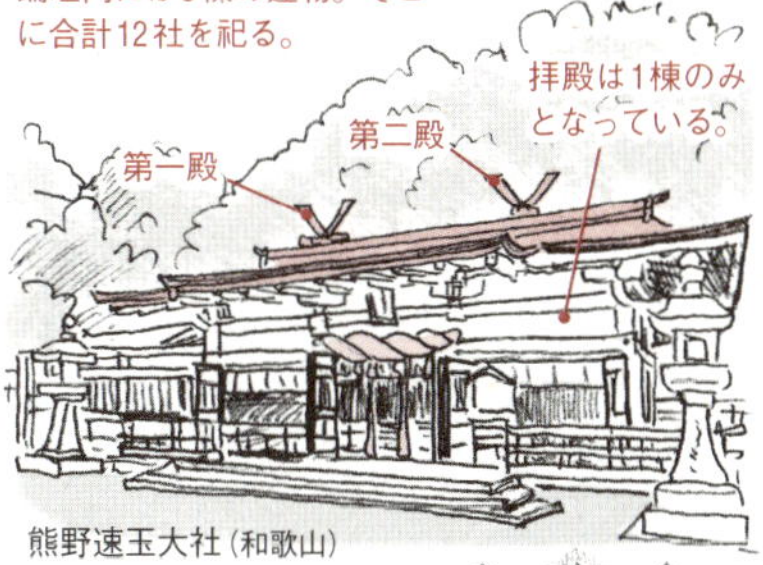
拝殿は1棟のみとなっている。
第二殿
第一殿
熊野速玉大社（和歌山）

牛王符には熊野山宝印とある。

※1：熊野三山では同じ12柱の神を祀る。 ※2：近年、旧社地・大斎原の入口には、高さ33.9m、幅42mもの日本一の大鳥居が建てられた。 ※3：この院政期以降、白河上皇は9度、熊野御幸しているが、そこには「反藤原」の意思があったとも考えられる。藤原系ではない神社として熊野三山が選ばれたのである。とはいえ、藤原氏の参詣者も多くいた。

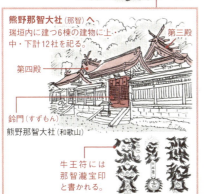

神は仏の化身 本地垂迹《ほんじすいじゃく》

北野天満宮【京都】

菅《すが》原道真《わらのみちざね》を祀る北野天満宮の創建は947（天慶10）年で、現社殿は1607（慶長11）年に再建されたもの。

北野天満宮の祭神については「十一面観音が本地仏《ほんじぶつ》」と伝わる。本地仏とは、神の正体とされる仏をさす。これは日本の神は仏が衆生を救うために仮の姿で現れたとする「本地垂迹」の考え方によるもの。この「本地仏」と「仮の姿である神」は同体とされ、「仏が権《か》りに現れた」を意味する権現の神号が生まれた。

本地仏は神ごと、神社ごとに定められ、そうした仏を社殿内や境内の仏堂に祀るようになった※1。

神の真の姿「本地仏」を祀っていた北野天満宮

社殿内に祀られていた本地仏
祭神・菅原道真の本地仏とされた十一面観音の掛仏（かけぼとけ）※2が本殿内陣にあった。これは神仏分離に際して社殿から撤去された。

壮麗な桃山建築
現在の本殿は豊臣秀吉の寵愛を受けた嫡男秀頼により造営されたもの。それまで火災により何度も造営がくり返されてきた。

国宝の社殿
本殿と拝殿を石の間でつないだ権現造の社殿は、さらに楽の間がつく複雑な構造となっている。

梅と道真公
梅は北野天満宮の神木。左遷された道真公を追いかけ、京都から九州まで飛んでいったという飛梅（とびうめ）伝説も伝わる。

学問の神
道真公が幼少期から勤勉だったことから「学問の神」という信仰が定着した。

十一面観音を祀る神宮寺
北野天満宮の「神宮寺」とされた北野東向観音寺。天神の本地仏・十一面観音を祀る。

北野東向《ひがしむき》観音寺（京都）

本尊は菅原道真作と伝わる十一面観音像。25年に1度しか見られない秘仏。

北野天満宮の参道に面し、お堂は参道のある東を向いている。東向観音の名はここからきている。

所在地：京都府京都市上京区馬喰町　創建年代：947年　主祭神：菅原道真公　一口メモ：本殿、石の間、拝殿、これに付属した楽の間が国宝に指定されている。京都・下京区にある文子天満宮は道真公の乳母・多治比文子（たじひのあやこ）を祀っており、北野天満宮の前身とされる。

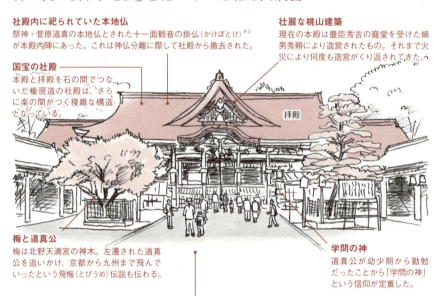

仏教との結びつきで信仰が多様化

本地仏の考えが生じたことで、神と仏の関係はより密接に、多様化していった。また、その影響を受け、飯縄権現《いづなごんげん》のような山岳信仰、修験道独自の神も生まれた。

山王権現《さんのうごんげん》×日吉大社

日吉大社は比叡山の地主神（じぬしがみ）として尊崇され、天台宗の影響を受けた神・山王権現を祀る山王神道が生じた。

西本宮には大己貴神（おおなむちのかみ）を祀る。

東西本宮の各本殿は国宝。

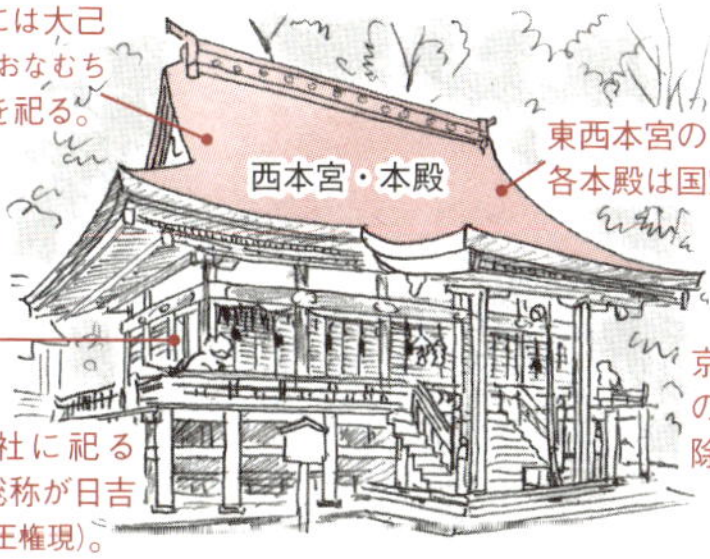

日吉大社に祀る神々の総称が日吉大神（山王権現）。

大山咋神（おおやまくいのかみ）を祀る東本宮。

京の鬼門にあるので方除け、魔除けの神とも。

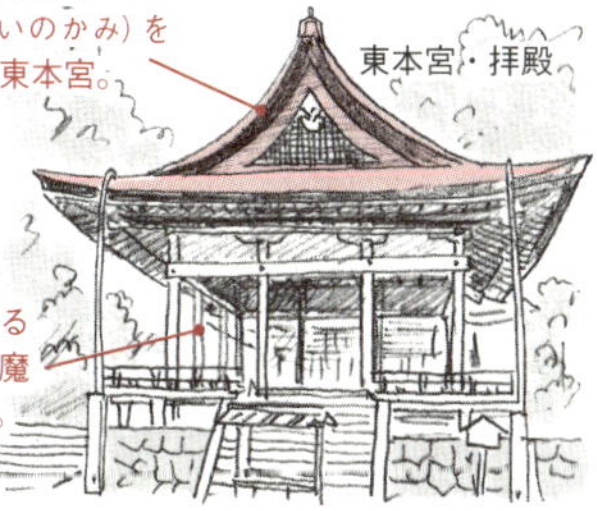

日吉大社（滋賀）

白山権現《はくさんごんげん》×白山比咩《ひめ》神社

霊山・白山への山岳信仰と修験・仏教の影響を受けた白山信仰の総本社。

1920（大正9）年建造の拝殿を改築した外拝殿。この後ろに直会殿、幣拝殿、本殿がある。

白山比咩《ひめ》神社（石川）

神社では、白山比咩大神（白山妙理権現）、伊弉諾尊（いざなぎのみこと）、伊弉冉尊（いざなみのみこと）を祀る。特に白山比咩大神は山岳信仰と修験道から生まれた神で日本神話の神・菊理媛神（くくりひめのかみ）と同一視された習合神だ。

白山権現の姿

白山妙理権現ら3神と本地仏を描いた『絹本著色白山三社神像』（重文）。宝物館で見られる。

密教において仏・菩薩などを梵字で表すことがある。これを種子（しゅじ）といい、本地仏を示すときにも用いられた。1番左は千手観音を表す。

飯縄権現×飯縄神社

山岳信仰と修験に由来する習合神である飯縄大明神を祀る。標高1,917mの飯縄山山頂にある。

飯縄山山頂奥社の本殿。

飯縄大明神は飯縄権現とも。白狐に乗った烏天狗の姿で表される。

飯縄神社（長野）

※1：その後、長らく続いた神社における神と仏の関係だったが、明治の神仏分離令で社殿内にある本地仏の像や仏具などは撤去するよう通達された。それにともない、これらは売却されたりほかの寺に移動、または廃棄されたりした。 ※2：掛仏とは神の依り代である鏡に本地となる仏を表現したもの。仏は線描、浮彫、彫刻などで表される。

行楽だった神社参り

江島《えのしま》神社【神奈川】

湘 南の海に浮かぶ江ノ島には弁財天で有名な江島神社がある。奥津宮《おくつみや》、中津宮《なかつみや》、辺津宮《へつみや》からなり、それぞれ田心姫《たごりひめ》、市杵嶋姫《いちきしまひめ》、湍《たぎ》津姫《つひめ》※を祀る。島内には摂・末社、江ノ島弁財天信仰の祖である岩屋(洞窟)などもあり、これらを回る参詣は江戸時代から人気を集めていた。

参詣の本来の目的は神仏の加護やご利益を得ることだが、各地の名所旧跡を巡る旅の楽しみも含まれている。江戸時代には世の中が安定し、街道の整備が進んだ。それにともない庶民も「講」という仲間を組んでお金を積み立て、各地の寺社へお参りすることを楽しみにしていた。

江ノ島中を回る神社参り

上之宮「中津宮」
境内には寄進された石灯籠が立ち並ぶ。辺津宮より高い所にあり、上之宮と呼ばれた。

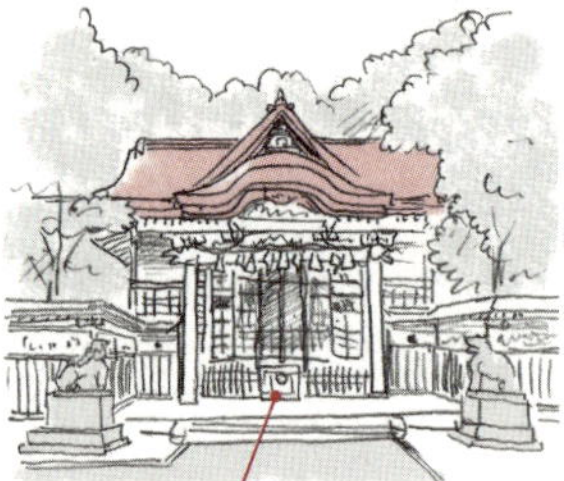

1689(元禄2)年再建の社殿を1996(平成8)年に改修したもの。権現造で鮮やかな朱塗り。

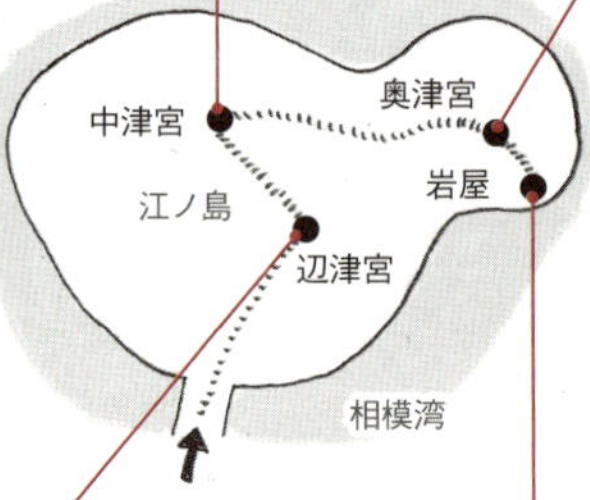

本宮「奥津宮」
三宮の1番奥に位置し、岩屋に最も近い。かつては岩屋に水が入る季節にはここに神を移座したため、御旅所、本宮と呼ばれた。

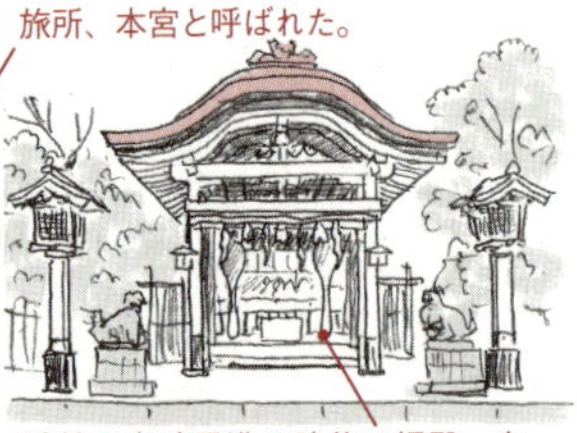

手前の唐破風造の建物は拝殿。奥に入母屋造の本殿(1842[天保13]年再建)が建つ。拝殿天井には酒井抱一画の『八方睨みの亀』が描かれる。実物は奉安殿に置かれ、拝殿のものは模写。

下之宮「辺津宮」
弁財天を祀る弁天堂(奉安殿)も建つ。三社の中では最も低い所にあり、かつては下之宮と呼ばれた。

現在の社殿は権現造で1976(昭和51)年に完成。

岩屋にも必ず参拝
江ノ島の信仰発祥の地である岩屋は参詣に欠かせない名所だった。

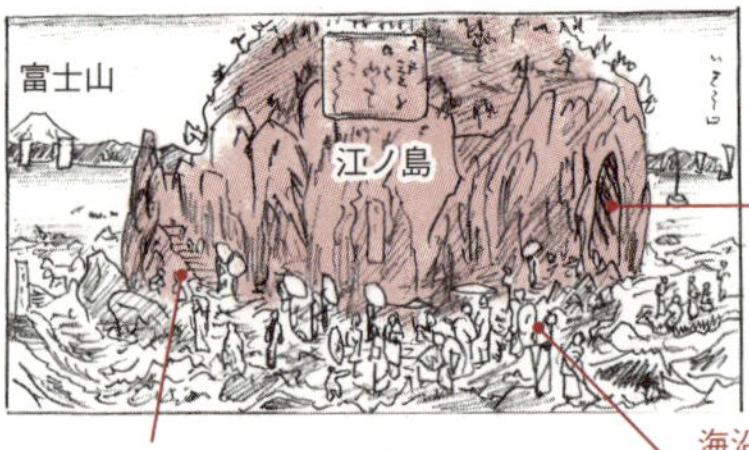

岩屋は江ノ島竜神信仰、弁財天信仰の発祥の地。

白菊という稚児が身を投げた伝説の舞台・稚児ヶ淵も名所の1つ。

海沿いの険しい道を進む体験も神仏に詣でた実感を抱かせた。

相州《そうしゅう》江《え》乃《の》嶋《しま》辨才天《べんざいてん》開帳《かいちょう》詣《もうで》本宮《ほんぐう》岩《いわ》屋《や》之《の》図《ず》(歌川広重)

所在地:神奈川県藤沢市江の島2-3-8　創建年代:552年　主祭神:田心姫、市杵嶋姫命、湍津姫　一口メモ:江ノ島弁財天こと妙音弁財天は「裸弁財天」とも呼ばれ、琵琶を抱えた全裸体の女性として表現される。江島神社にある坐像は鎌倉中期の作と考えられており、常時、辺津宮にある奉安殿で一般公開されている。

神社参詣が娯楽の1つだった

江戸時代、江ノ島（江島神社）は比較的気軽に行けた参詣地。一方、伊勢神宮（108頁）や金刀比羅宮《ことひらぐう》（119頁）、太宰府天満宮（16頁）など遠方にいく月もかけて参拝の旅に出る人も少なくなかった。

江戸から近い手ごろな行楽地・江ノ島

江ノ島は江戸の庶民にとって比較的手軽に行ける参詣地で、鎌倉や大山（いずれも神奈川）などと一緒に巡るコースが人気だった。6年に1度だけ、普段は見られない弁財天を拝観できるご開帳があり、その時には大勢の参詣者が訪れた。

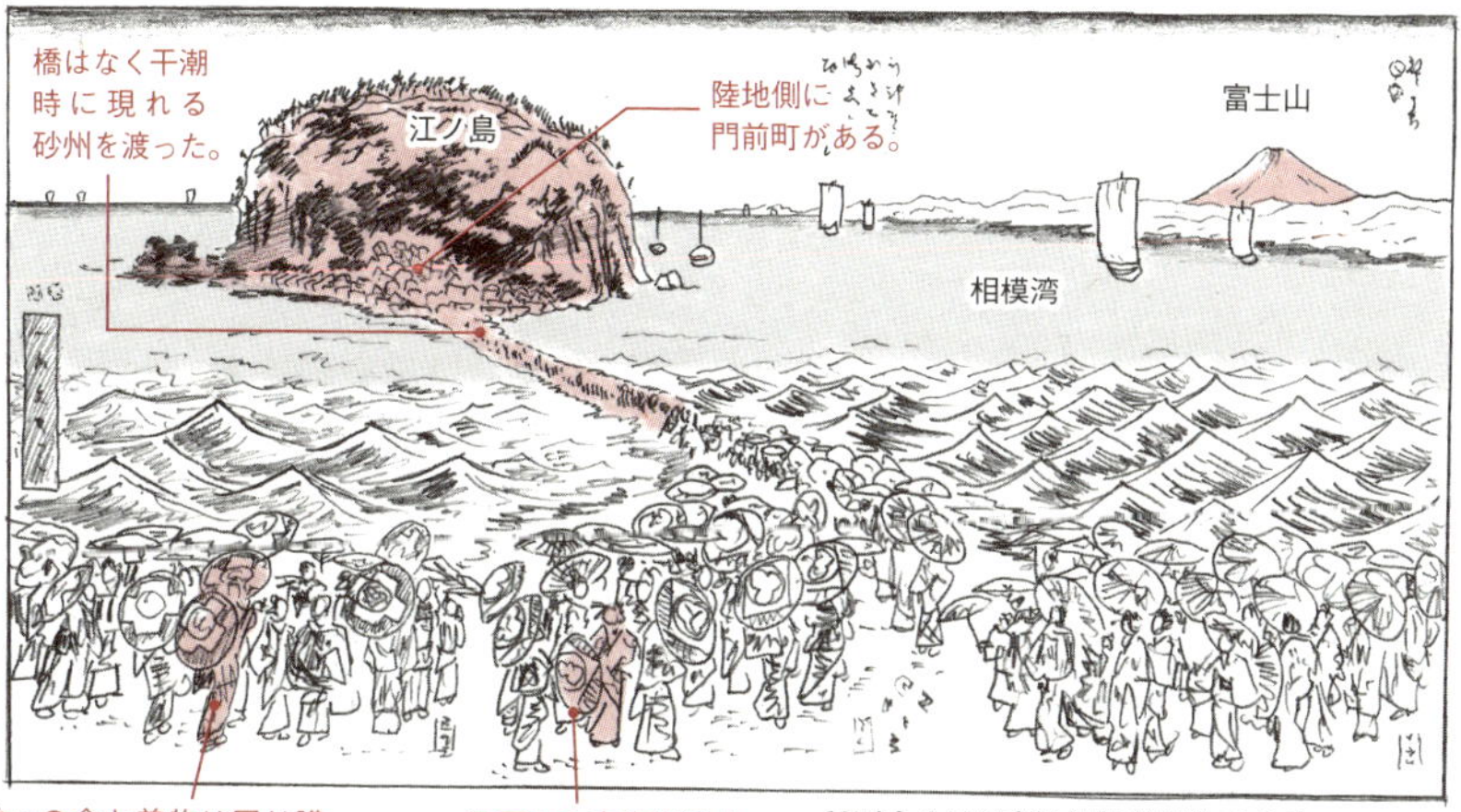
橋はなく干潮時に現れる砂州を渡った。
江ノ島
陸地側に門前町がある。
富士山
相模湾

揃いの傘と着物は同じ講の仲間。技芸の神・弁財天へは長唄などの芸能者達の参詣も盛んだった。

江戸から東海道経由で鎌倉・江ノ島を巡るとおよそ3、4日の旅になったという。

相州江之島弁財天開帳参詣群衆之図《そうしゅうえのしまべんざいてんかいちょうさんけいぐんしゅうのず》（歌川広重）

一生に1度は伊勢参り

遠方からも講を組んで多くの人が伊勢神宮を目指した。
道中は名所に寄って旅を楽しんだ。

「おかげまいり」と書かれたのぼりを立てお参りする人々。おかげ参りとは約60年周期で訪れる「おかげ年」に行われた伊勢参拝のこと。

宮川を渡ると「神の土地」だと感じたという。橋がなく渡し船で渡った。

宮川

伊勢参宮 宮川の渡し（歌川広重）

おかげ参りの人の印ともいえるひしゃく。もっていれば道中手助けを受け、伊勢に向かえたといわれる。ひしゃくは外宮到着後、北御門橋のたもとに置くのが習わしだった。

自分の代わりに犬にお参りしてもらうこともあった。「おかげ犬」として道中助けられながら往復したという。

ガイドブック・定宿帳《じょうやどちょう》

旅が盛んになるとガイドブック（定宿帳）もつくられた。図は浪花講（なにわこう）定宿帳。浪花講とは安心して泊まれる宿の組合。加盟宿はその看板を出し、旅人は宿に鑑札を提示した。

定宿帳には講に加盟する宿の紹介と道中案内などの情報が書かれている。

※：奥津宮の田心姫、中津宮の市杵嶋姫、辺津宮の湍津姫の三女神は江島大神と称される。三女神はかつて江島明神と呼ばれていたが、神仏習合により江島弁財天となった。またこの時、海の神、水の神としての信仰のほか、芸能の神としての神徳も生まれた。

変革の大波 神仏分離せよ

鶴岡八幡宮【神奈川】

源氏と武士の守り神・鶴岡八幡宮は、源頼朝が先祖の勧請《かんじょう》した神社を現在地に移し、幕府の神社として整えたもの。その当時から鶴岡八幡宮寺と称して僧侶が神に奉仕し、境内に仏堂が建つ神仏習合の神社だった。江戸時代には幕府からの尊崇《そんすう》を受け、本社や摂・末社、大塔《だいとう》※1や愛染堂《あいぜんどう》※2などが造営された。

神仏の混淆《こんこう》※3は各地で見られたが、明治の神仏分離令により禁止。神仏分離は明治政府が通達し、進めたもので「神社を本来の姿に戻すべき」との考えにもとづく。これを廃仏毀釈ととらえた人も多く、各地で貴重な仏教建築や文化財が破壊された。

楼門にもあった「寺」

本宮は本殿・幣殿・拝殿を楼門のある回廊が囲む。

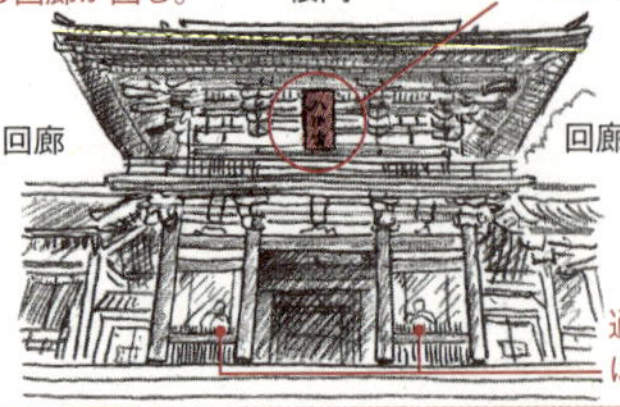

神仏分離までは「八幡宮寺」の扁額が掲げられていた。

通路の両脇には随身を祀る。

破却された大塔

大塔は密教寺院で多く見られる多宝塔形式の塔でその大きさを誇ったが、1870（明治3）年にほかの仏教施設とともに壊された。大塔ほか境内を写した当時の写真が複数残っており、破却されていく過程がわかる。

多宝塔とは、下層を正方形、上層を円形平面とした二重塔のこと。特に下層を5間四方以上とした規模の大きいものを大塔と呼ぶ。

柏原《かいばら》八幡宮の三重塔

社殿の後方に三重塔が建つ構成は習合の様子をよく伝えている。

1815（文化12）年に再建された三重塔は社殿より高い位置に立つ。廃仏毀釈では「八幡文庫」と称して取り壊しを免れた。

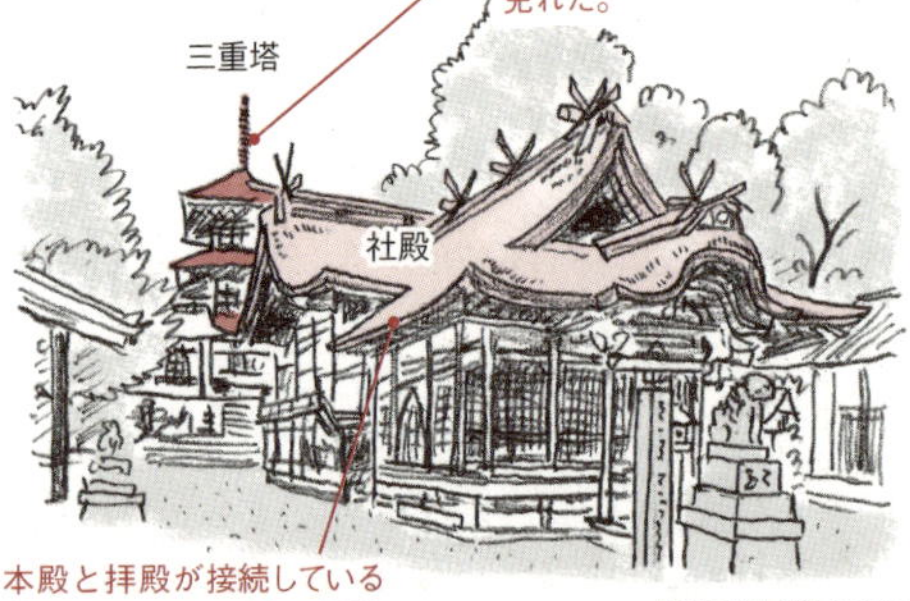

本殿と拝殿が接続している社殿。1585（天正13）年の建造。

柏原八幡宮（兵庫）

所在地：神奈川県鎌倉市雪ノ下2-1-31　創建年代：1063年　主祭神：応神天皇／比売神／神功皇后　一口メモ：源頼義が奥州での戦の途中、鎌倉に立ち寄った際に石清水八幡宮（京都）の祭神を移し、祀ったのが由比若宮（鎌倉市）で、これを頼朝が現在地に移し鶴岡八幡宮とした。上宮本殿、拝殿のほか、摂社の若宮（下宮）などが重要文化財に指定されている。

神社の景観を変えた「神仏分離」・「廃仏毀釈」

明治以前、鶴岡八幡宮（宮寺）の境内にはさまざまな建物が並んでいた。しかし、神仏分離によって境内すべての仏教建築が失われた。

過去の境内図

図は1626（寛永3）年に完了した「寛永の造営」後の境内を描いたもの。本宮と若宮を除くと境内には仏教施設が多いことがわかる。×印が今はない建物。現在の境内とは景観が異なる。

本宮（上宮）
藍染堂（×）
輪蔵（×）
若宮（下宮）
薬師堂（×）
護摩堂（×）
舞殿
鐘楼（×）
仁王門（×）
大塔（×）
源平池

3柱の神を祀る若宮

若宮（下宮）は社殿であったため残っている。

上宮の祭神・応神天王の子である仁徳天皇を含む3神を祀る。

上宮が1828（文政11）年の再建なのに対し、この若宮は1626（寛永3）年の建造。国指定重文。

今は亡き「神」と「仏」の交わる姿

若一王子《にゃくいちおうじ》神社の観音堂

若一王子神社には観音堂や三重塔が残り習合の雰囲気を伝える。

中の宮殿（厨子）とともに1706（宝永3）年に造られた観音堂。その名の通り、若一王子の本地仏、十一面観音を祀る。

若一王子神社（長野）

焼かれた十一面観音像

神仏分離の際、特に仏像は破壊、売却などの被害を受けた。観音堂の仏像は焼かれ、残った部分が現在本堂に祀られている。

観音堂にあった旧本尊・十一面観音像。

※1：源頼朝が造営時に建てた塔は五重塔といわれる。中世の境内には塔がなかったが、江戸時代の再建・整備時に大塔が建てられた。※2：愛染堂には檜で造られた愛染明王像が安置されていた。神仏分離による破壊から逃れ、現在は五島美術館（東京）にある。※3：この結果、各地の神社に神宮寺や本地堂が建てられた。

帝《みかど》を祀る明治の神社

橿原《かしはら》神宮【奈良】

初代・神武天皇と皇后を祀る橿原神宮がその宮殿跡に創建されたのは、1890（明治23）年。

明治以降、このように天皇や皇族、功績を残した人物を祭神とする神社が創建された。近代国家建設を目ざす明治政府にとって、天皇の可視化や功績者の表彰は大きな意義をもっていたのだ。

さらにこの動きは国が神社を保護・管理する制度とも結びつく。明治から昭和、太平洋戦争終結まで国は各神社の社格※1を制定、戦没者を祀る靖国神社や護国神社※2を創建した。また神道《しんとう》は国家の宗祀、事実上の「国教」だったともいわれる。

橿原神宮は日本国家創建の記念碑

本殿は御所からの移築

1855（安政2）年建造の本殿は、京都御所・賢所（内侍所）を移築したもの。

本殿
幣殿

幣殿は切妻造、妻入で正面側に吹放ちの舞台状の部分を設ける。

近代神社の典型

整然とした社殿配置や大規模な拝殿などは近代の神社にふさわしい形を求めた設計だ。

畝傍山《うねびやま》
外拝殿

大和三山の1つ。古代の人々にも親しまれた山。

外拝殿は1939（昭和14）年に完成。入母屋造。両脇から回廊が延びる。

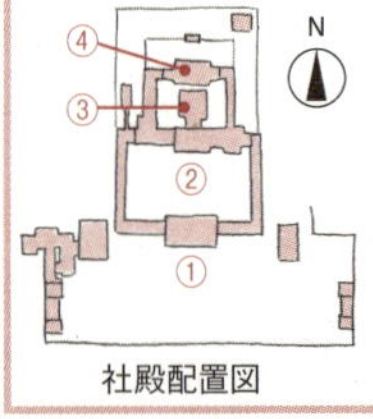
④
③
②
①
N

社殿配置図

社殿配置

①外拝殿、②内拝殿、③幣殿、④本殿が一直線に並び、回廊で外拝殿と内拝殿をつなぎ、幣殿、本殿を回廊で囲む計画的な配置になっている。

紀元祭

神武天皇が即位した2月11日（建国記念日）に行われる。祭りには勅使が派遣され、御幣物を奉納する。

御幣物
勅使

所在地：奈良県橿原市久米町934　創建年代：1890年　主祭神：神武天皇　一口メモ：橿原神宮は初代・神武天皇が天孫降臨（44頁）の地である九州・日向国から東遷し、橿原の地に宮を建てて即位の礼を行ったという『日本書紀』の記録にもとづき創建された。本殿が重要文化財に指定されている。

近代国家に生まれた新しい神社の形

明治以降、実在の功績者を祀った神社が誕生。平安遷都で知られる桓武天皇を祭神とする平安神宮（京都）や、戊辰戦争以来の戦没者らを祀る靖国神社（東京）・護国神社などである。

平安遷都1,100年記念！ 平安神宮

明治28年に創建

平安神宮は平安遷都1,100年記念の博覧会で内裏の一部を復元し、桓武天皇と孝明天皇を祀った神社。

平安京の大極殿（正殿）の8分の5の大きさで復元された。

廊の先には白虎楼。

外拝殿は内裏の大極殿を模して造られた。

廊は途中でL字に折れ、先端に蒼龍楼がつく。

神門「応天門」

かつての平安京大内裏の応天門をモデルとしてつくられた二重門。

平安神宮（京都）

丹塗りの部材と白壁、緑釉瓦が調和を見せる。

時代祭

1895（明治28）年平安神宮の創建とともに始まった新しい祭り。時代をさかのぼって京都の様子を再現した行列が京都市内の中心部を練り歩く。

祭神・桓武天皇、孝明天皇の神霊を載せる鳳輦（ほうれん）。

弘法も筆の誤り

モデルとなった平安京・応天門の扁額は空海筆だという。空海が点を書き忘れ、額を掲げた後に筆を投げて点を書き足したという話が残る。

明治2年創建・靖国神社

1869（明治2）年に東京招魂社として創建され、1879（明治12）年に靖国神社と改称した。靖国神社は偉人だけでなく、一般兵士も神として鎮魂・顕彰し、神社の意義を広げた。

拝殿は1901（明治34）年完成。入母屋造平入の正面に入母屋造の向拝をつけ、さらに軒先を唐破風にしている。

靖国神社（東京）

みたままつり

盆にちなんだ祭。境内には提灯が掲げられる。

盆は仏教の行事と祖先信仰とが合わさって先祖を祀る年中行事となった。

各地にある護国神社

各県に戦死者や公務員の殉職者を祀るために造られた。

高さ10.3mで大阪最大の鳥居。

大阪護国神社の創建は1940（昭和15）年で比較的新しい。

大阪護国神社（大阪）

※1：「社格」は神社の格式を示すもので、ここでは近代社格制度（明治維新の後につくられた）を示す。太平洋戦争終結後は、国家神道を廃止したGHQの神道指令にともない、社格制度も廃止された。 ※2：いずれも戦死者を祀った神社だが、靖国神社が出身地と無関係に要人を祀るのに対し、護国神社はその県出身の戦死者を祀る。

column ｜非日常に住む神を祀って ── 人里離れた秘境の神社

　高山の頂や海上の孤島など、人を寄せつけないような地に祀られた神社がある。こうした場所には人智を超えた存在＝神がいると信じられてきた。到達が困難な場所への参拝・修行を通じ、神のご加護やその力を得ようとしたのである。

　山岳信仰の代表・富士山の麓にも変わった神社がある。噴火でできた樹型洞窟の中に祀られた胎内神社である。全長155mにもおよぶ洞窟を人体になぞらえ、「父の胎内・母の胎内」と呼んで洞窟内に社《やしろ》が造られている。

　離島に祀られた神社では、潮の干満で陸続きとなる際にのみ参拝ができるというところも多い。瀬戸内に浮かぶ手影島の長島神社などはその好例といえるだろう。生活に沿ったご利益を授かる身近な神社とは別に、こうした秘境の神社は超自然的な力を感じさせる場所として我々を迎えてくれる。

九州対馬・白銀島の白銀《しろがね》神社
この島へは定期便がなく、カヤックで渡るか船をチャーターしなければ参拝ができない辺境の神社だ。こうした小島の神社では交易や漁、港を守っているところが多い。

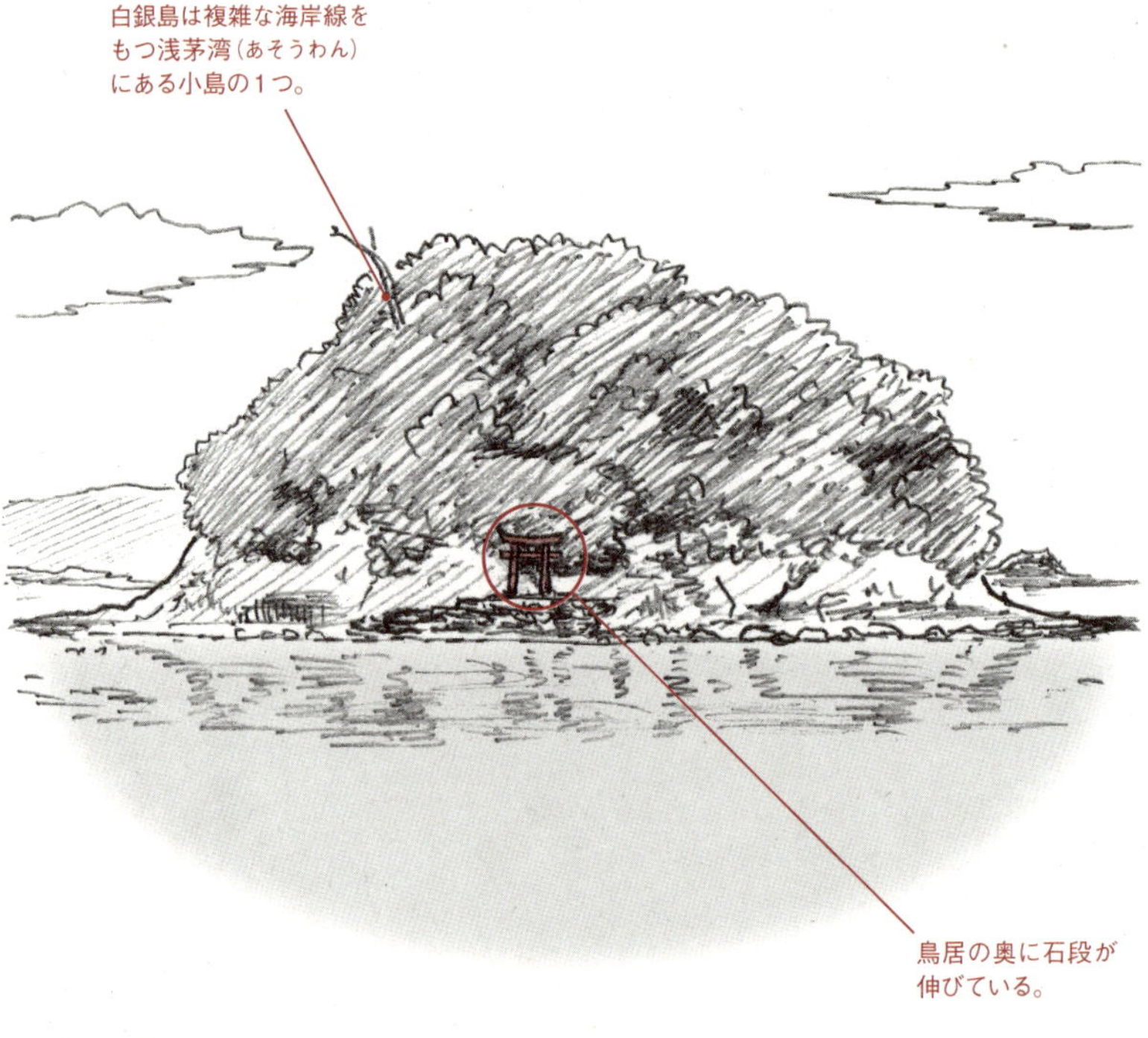
白銀島は複雑な海岸線をもつ浅茅湾（あそうわん）にある小島の1つ。
鳥居の奥に石段が伸びている。

4章

神社は何を祀るのか

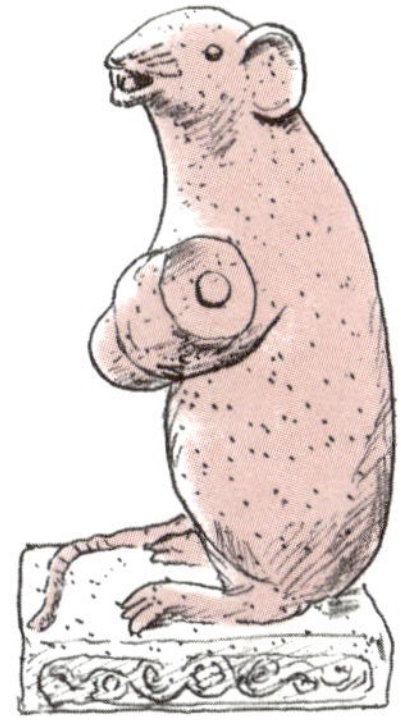

山や岩、滝などの自然崇拝から、異形のもの、軍人や権力者まで、さまざまなモノと人が神となり神社に祀られている。今も多くの日本人の心の中に息づく八百万の神に触れるとともに、神と権力者との関係もさまざまな神社から見えてくるだろう。

神様は山岳信仰の姿

金鑽《かなさな》神社［埼玉］

埼玉県の金鑽神社は本殿をもたない神社として知られる。そのご神体は拝殿の後ろにそびえる御《み》室ヶ嶽《むろがだけ》で、門と瑞垣《みずがき》（透塀）によって結界されている。

このようにご神体として崇められた山は「神体山」と呼ばれる。奈良・三輪山《みわやま》（52頁）や青森・岩木山《いわきさん》、日光の男体山《なんたいさん》、そして富士山などはよく知られた神体山である。これらの山々の美しい姿や鉱脈などが感じさせる神聖さや力を人々は崇めてきた。なかには、禁足地とされた山もある※1。そうした山の麓や里には遥拝所《ようはいじょ》が設けられ、後に神社へ発展するものもあった※2。

本殿のない金鑽神社

神の領域への入口・中門《ちゅうもん》
本殿のない金鑽神社では神体山の前に設けられた中門がこれより奥が神聖な場所であることを示している。
原始信仰の姿を今に伝える
原始的な神信仰では社殿を設けなかったと考えられている。山をご神体とする神社ではこうした古い信仰形態を残すところがある。
神体山
御室ヶ嶽をご神体とする。
奥は立ち入り禁止
切妻造・妻入の中門。参詣者は中門の前までは行けるがその奥に立ち入ることはできない。神職も同じで、祭事の時などでもこの先には行かないという。
透塀
神体山を囲うようにめぐらされている。
礼拝は拝殿から
神体山を礼拝し、祈願などを行う建物。中門はすぐ背後にある。
拝殿

所在地：埼玉県児玉郡神川町字二ノ宮750　創建年代：不明　主祭神：天照大神／素戔嗚尊　一口メモ：社殿によれば日本武尊（48頁）が東征の際に姉の倭姫命（やまとひめのみこと）から賜った火鑽金（ひきりがね、火打石）を御室ヶ嶽に祀ったのが金鑽神社の創祀という。金鑽神社という神社名もこれに由来するとされるが、このほかに金鑽を金砂とする説もある。

原始信仰の姿を今に伝える山岳信仰

山岳信仰は密教との結びつきが強い。また、ご神体たる山の頂に奥宮・別宮を祀る神社も多い。

金鑚神社に残る神仏習合の姿

仏塔・多宝塔

境内には神仏習合時代の遺構も残る。室町時代の建立。

一重は正方形、二重は円形平面をした二重塔である「多宝塔」。密教寺院に多く見られる。

奥宮の近くに護摩壇

ご神体・御室ヶ嶽の隣の御嶽山山頂には奥宮があり、そばに密教などで行う護摩焚き用の壇があった。

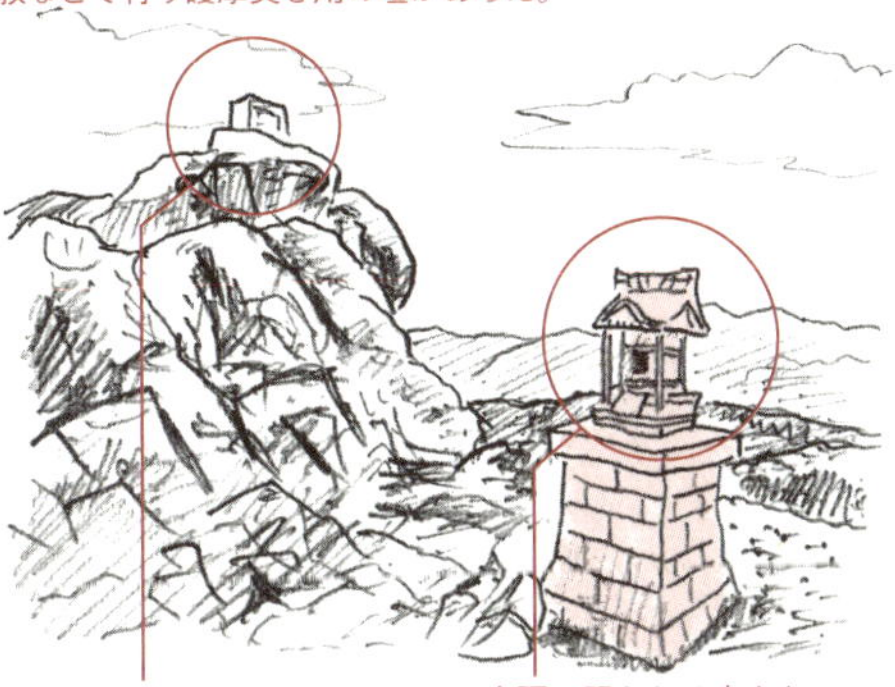

神仏習合時代の護摩壇跡がある。

山頂に祀られる小さな石祠が金鑚神社奥宮。

津軽の「お山」・岩木山

津軽地方で昔から霊山として崇められてきた岩木山（お山）。旧暦8月1日には五穀豊穣、家内安全を祈り、神体山・岩木山に登る（お山参詣）。

のぼりや御幣を掲げながら進む。

参詣者は白装束に身を包む。

岩木山神社（青森）

岩木山大神を祀る岩木山神社

奥にある本殿は黒漆塗りの三間社流造。

向拝柱の竜の彫刻など豊かな装飾がつく。

岩木山大神[※3]と総称される5神の祭神は岩木山に鎮座する。

奥宮のある岩木山山頂

コンクリートと石でできた社が祀られる。

お山参詣ではご来光を山頂で見られるように登る。

山頂には岩木山神社の奥宮の社、鳥居と石標がある。

※1：神体山でも禁足地とされず、登頂が可能なところも。富士山はその代表。 ※2：神籬（ひもろぎ）や磐座（いわくら）などをご神体として本殿をもたない神社もある。 ※3：顕国玉神（うつしくにたまのかみ）、湍津姫（たぎつひめ）、豊受大神（とようけのおおかみ）、大山祇神（おおやまつみのかみ）、坂上刈田麻呂（さかのうえかりたまろ）の5神。

神々《こうごう》しい滝を神と崇める

飛瀧《ひろう》神社【和歌山】

熊野那智大社（62頁）の社伝には、神武天皇が滝をさぐり当て神を祀ったとある。13神※1を祀る社殿は第六殿まであり、このうち第一殿の滝宮で飛瀧権現《ひろうごんげん》（大己貴神《おおなむちのかみ》）※2を祀る。熊野那智大社の別宮・飛瀧神社は今も滝の下に鎮座し※3、本殿も拝殿もなく、滝壺近くから直接、主祭神・大己貴神のご神体である滝を参拝する。この滝は修験道により「飛瀧権現」と名づけられ、本地仏である千手観音を祀ったという※4。

古代より水は穢れを洗い流す神聖なものとされた。滝の水が流れ落ちるさまは、荒々しさや美しさを強く感じさせるものだったに違いない。

滝の水を被るかのような参拝

御滝《おたき》拝所への道
滝の間近で参拝できる拝所へ続く道。御滝拝所ではさらに近くから滝を拝むことができる。
コンクリート造で露天の拝所。
那智の大滝
飛瀧神社の神体である滝は、那智の滝のなかでもひと際大きな「一の滝」。古くから那智熊野大社の信仰の中心地でもあった。那智山には60を越す滝があるというが、このうち48の滝で滝行が行われていた。なお滝行のルーツは、修行の前に身を清める「禊ぎ」だとされる。
滝の高さは133m、
滝壺の深さは約10m
社務所
ここで参拝料を払うと御滝拝所に立ち入ることができる。
鳥居
滝の正面にあり、ここから滝を礼拝する。

所在地：和歌山県那智勝浦町那智山　創建年代：不明　主祭神：大己貴神　一口メモ：花山天皇（968-1008）が大滝で滝行をした際、延命長寿の薬（九穴の貝）を滝壺に沈めたといういい伝えがあり、飛瀧神社の水は「延命長寿の霊水」とされている。参拝者は「神盃（しんぱい）」で滝の水を飲むことができる。

神である滝と祭

熊野那智大社で行われる扇祭《おうぎまつり》では、滝の姿を模した扇神輿《おうぎみこし》が神の依《よ》り代となる。この神輿を迎える12本の松明《たいまつ》の火と滝の水とは、万物の生成化育※5を願うものだ。本殿に祀られた神々はこの神輿で滝まで進み、新たな力を得て再生復活、再び社殿へと戻る。

滝に里帰りする熊野の神々

本社で祀る熊野の神々は1年に1度、飛瀧神社に里帰りする（那智の扇祭）。これは神々がもともと那智の滝付近で祀られていたため。松明で扇神輿を迎えるため「那智の火祭り」ともいう。

12柱の熊野の神を表す12本の扇神輿。高さ6mもあり、通常の神輿とは異なる形をしている。

飛瀧神社まで下る階段。

12本の松明で神（扇神輿）を迎える。松明は重さ50kgにもなる。

那智の扇祭は国の重要無形民俗文化財に指定されている。

神輿をご神体の滝に入れる

徳島県・轟神社の摂社・本滝神社は水の神である罔象女神（みつはのめのかみ）を祀り、滝をご神体とする。

「轟本瀧神社」と書かれた扁額。

この奥に神体である滝がある。

本滝神社（徳島）

お滝入り

例大祭では、祭神・罔象女神の神輿を滝壺に入れて神威を増すお滝入りを行う。

暴れ神輿といわれる。

※1：熊野十二所権現と呼ばれる神に加え大滝の神・飛瀧権現を祀るため、「熊野十三所権現」と称することも。 ※2：大己貴神は国譲りの神・大国主神（おおくにぬしのかみ）の別名。 ※3：滝には今も大己貴神が祀られている。 ※4：かつては滝のそばに千手堂が建っていたが、明治の神仏分離令にともない取り壊された。※5：神がものを生み出し、健全に育てて世界を運行すること。

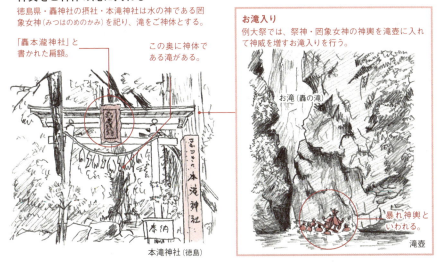

存在感抜群！巨大な岩が神

花窟《はなのいわや》神社【三重】

熊野灘※に面した浜に高さおよそ45mの巨石（花の窟《いわや》）がある。これが花窟神社のご神体で、伊弉冉尊《いざなみのみこと》の墳墓と伝えられる。この巨石の向かいには火の神・軻遇突智《かぐつち》を祀る石もある。

花窟神社のある場所は長い間墓所と認識されており、正式に神社となったのは明治に入ってから。こうした巨石や奇岩をご神体とする信仰は古代から各地で行われていたと思われる。縄文・弥生時代の遺跡には、環状列石や石製祭祀具などの出土品があり、石への信仰が見られるからだ。石や岩をご神体とする神社は、こうした古い信仰の系譜を継いでいる。

巨岩の前に造られた花窟神社

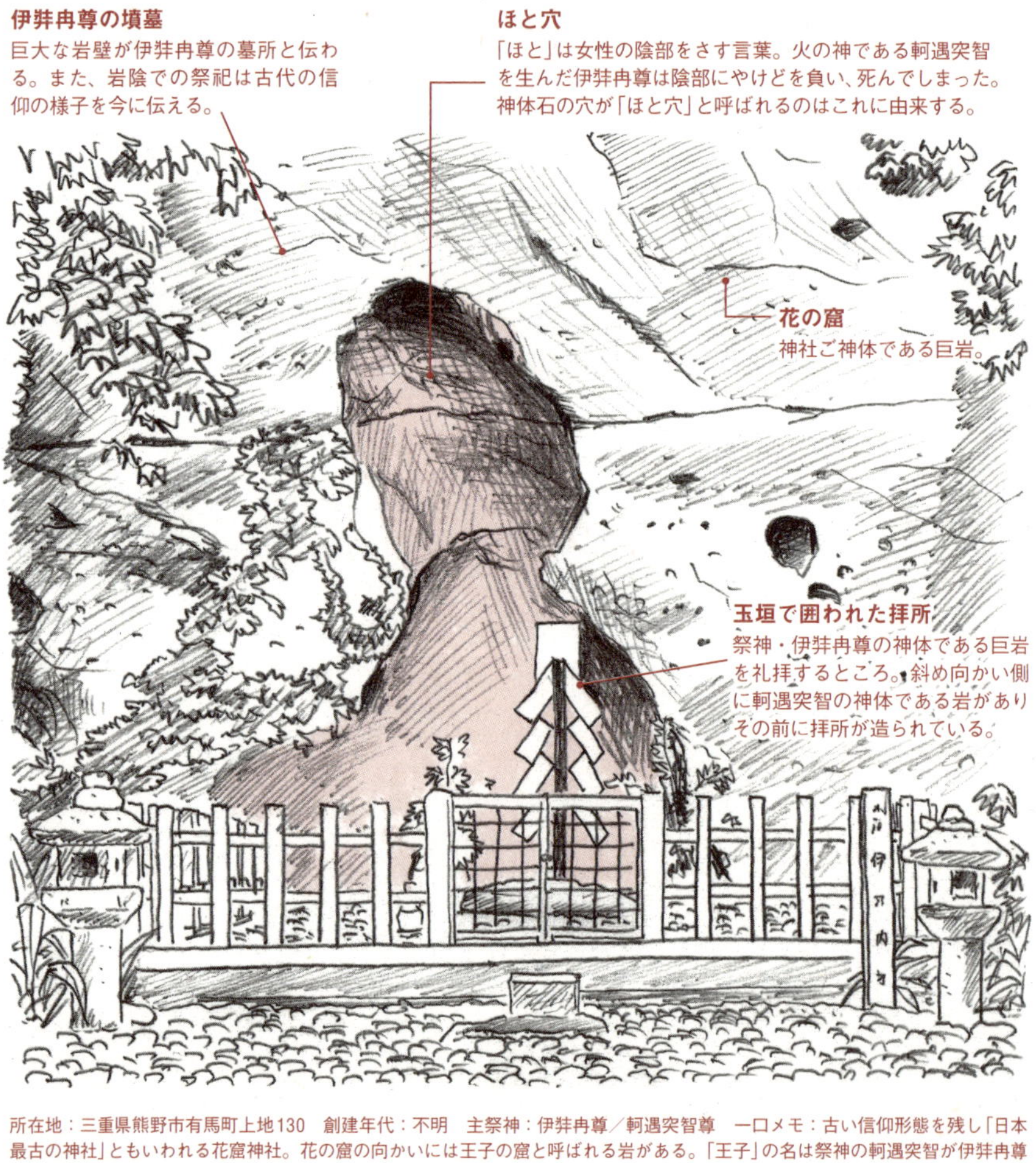
伊弉冉尊の墳墓
巨大な岩壁が伊弉冉尊の墓所と伝わる。また、岩陰での祭祀は古代の信仰の様子を今に伝える。
ほと穴
「ほと」は女性の陰部をさす言葉。火の神である軻遇突智を生んだ伊弉冉尊は陰部にやけどを負い、死んでしまった。神体石の穴が「ほと穴」と呼ばれるのはこれに由来する。
花の窟
神社ご神体である巨岩。
玉垣で囲われた拝所
祭神・伊弉冉尊の神体である巨岩を礼拝するところ。斜め向かい側に軻遇突智の神体である岩がありその前に拝所が造られている。

所在地：三重県熊野市有馬町上地130　創建年代：不明　主祭神：伊弉冉尊／軻遇突智尊　一口メモ：古い信仰形態を残し「日本最古の神社」ともいわれる花窟神社。花の窟の向かいには王子の窟と呼ばれる岩がある。「王子」の名は祭神の軻遇突智が伊弉冉尊の御子であることからつけられたものだ。

花窟神社は熊野に散在する無社殿神社の代表格

熊野には社殿をもたない神社が数多くあるが、そのなかでも巨岩を祀る花窟神社はインパクトが大きい。境内には多くの「石」を目にする。また毎年2月と10月の例祭で行われる「御《お》綱《つな》掛《か》け神事」は日本書紀にも登場する古い神事だ。

絵馬石

花窟神社には白い石に願いを書いて奉納する風習がある。

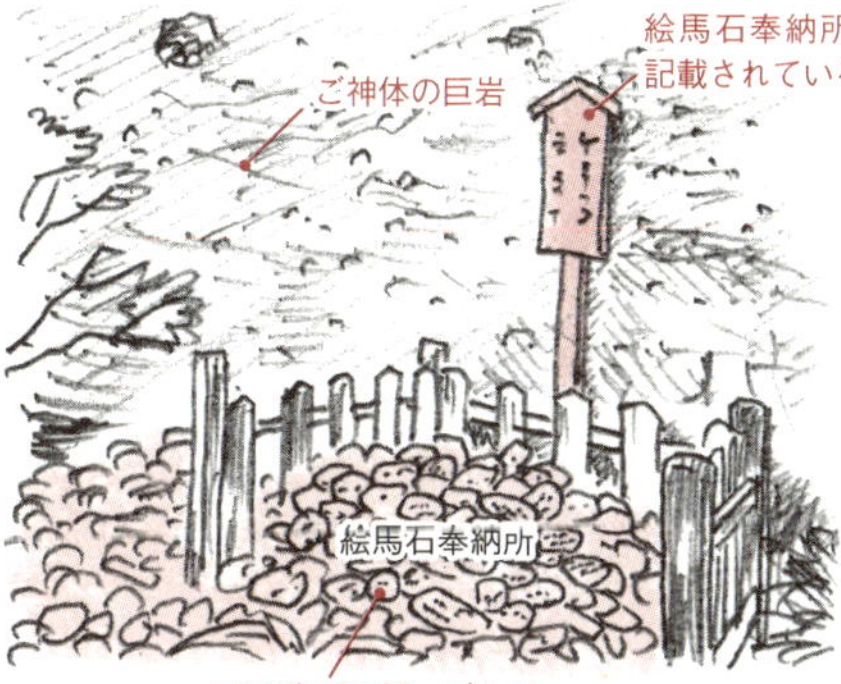
ご神体の巨岩
絵馬石奉納所と記載されている。
絵馬石奉納所
石の表面に願いごとが書かれている。

丸石

丸い石に神が宿るという信仰もある。

ご神体の巨石から落ちてきたといわれる丸石が境内に祀られている。

神体岩に御綱掛け

御綱掛け神事では、綱の片方をご神体の岩上部に結びつけ、反対側を氏子たちが引いて張る。御綱は神とつながり、ご利益を授かることができるとされているもので、たくさんの人が綱に触れ、引こうと集まる。

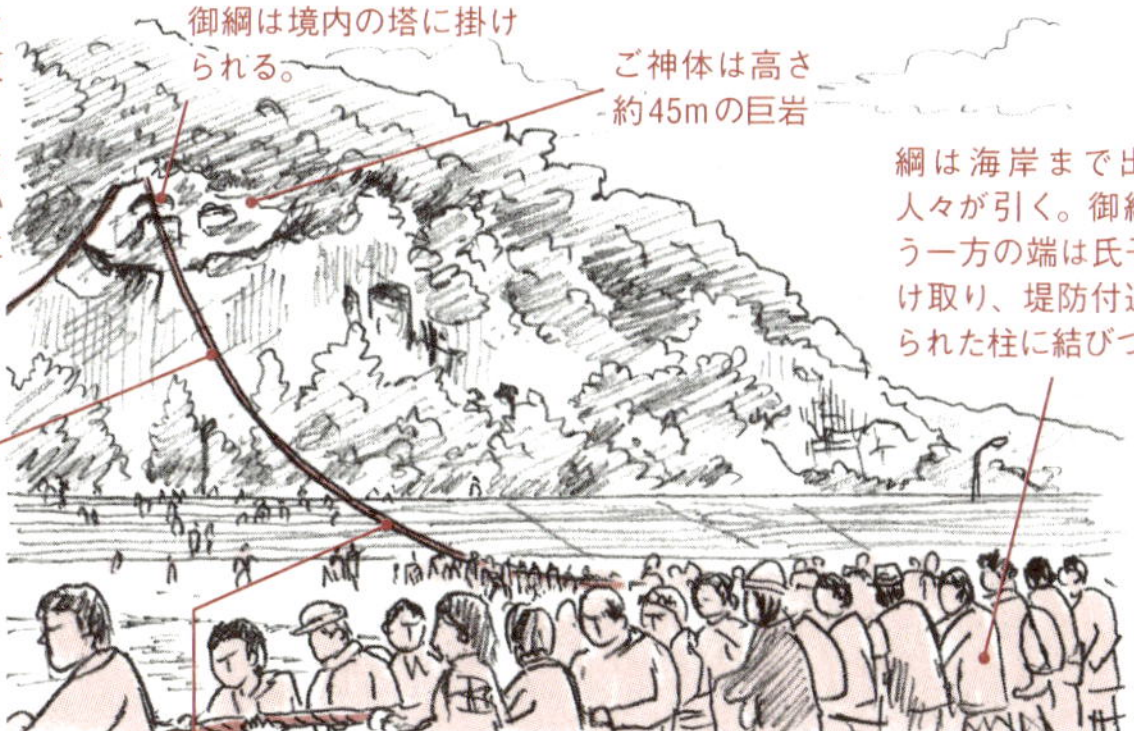
御綱は境内の塔に掛けられる。
ご神体は高さ約45mの巨岩
綱は海岸まで出され人々が引く。御綱のもう一方の端は氏子が受け取り、堤防付近に造られた柱に結びつける。
地元の人たちによってなわれた御綱。長さはおよそ170mもある。

御綱

神体岩から張り渡された綱には3旒（りゅう）の幡形（はたがた）が下がっている。縄で編んだ3本の幡（はた）は伊弉冉尊の3柱の子神、天照大神（あまてらすおおみかみ）、月読尊（つくよみのみこと）、素戔嗚尊（すさのおのみこと）を意味するとされている。

綱は自然に切れるまでそのままにされるため、神事の後は新旧2つ綱が見られる。

※：三重県南部から和歌山県に広がる熊野灘の沿岸には、鬼ケ城（熊野市木本町）や獅子岩（同井戸町）など数多くの奇岩が存在する。花窟神社のご神体もそうした奇岩の1つといえるだろう。

生命力の象徴 性器信仰

田縣《たがた》神社［愛知］

愛知県・小牧市の田縣神社はおよそ2mもの男根を神輿《みこし》に乗せて担ぐ奇祭・豊年祭で知られる。男根は五穀豊穣のシンボルで、社殿にも大きなつくりものが安置されている。創始については不明だが、相当古くから神を祀っていた※1と考えられる。また、同県にある大縣《おおあがた》神社の姫宮には女陰の奇石《きせき》が祀られ、豊穣と子宝を願う祭りが行われる。

全国各地で見られるこうした男根・女陰信仰は豊作や子孫繁栄、さらには縁結びなどを願うものが多い※2。またこのような神社の多くは岩石など、自然の造形物で男性器や女性器の形に見えるものを祀っている。

男根を担ぎ、神に供える奇祭

男根を乗せた神輿
祭りでは鳳輦（ほうれん）、御前神輿、陽物（ようぶつ）神輿の3つの神輿が出る。

男根はお供え
男根をかたどった供物は檜製。直径60cm、長さ2mもある。神に奉納し、五穀豊穣・子孫を祈る。

本殿
男根（大男茎形［おおおわせがた］）が乗るのは陽物神輿。
田縣神社・境内
神輿は御旅所を出発して田縣神社に到着する。

小型の男根を奉納する五人衆
五人衆として選ばれた女性がもつ。

小型の男根をなでることで子宝に恵まれるという。

男性器であふれる境内
本殿に向かって左奥にある奥宮には神前に木製の巨大な男根をかたどった奉納品がある。

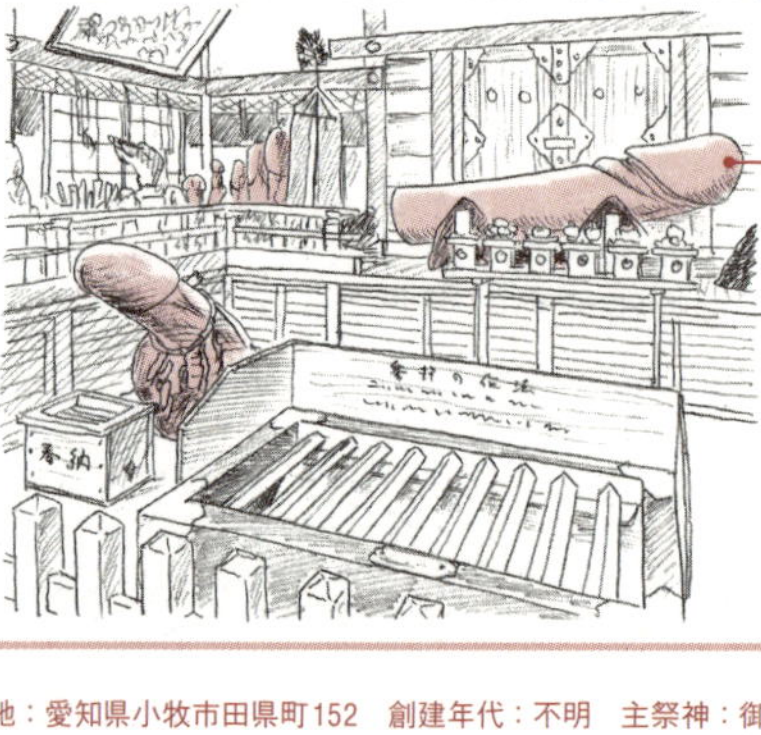
神前の供物。

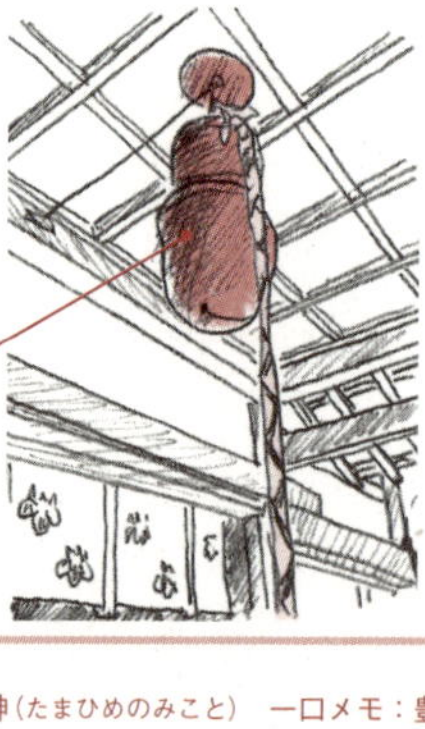
賽銭箱の上の鈴も男根をかたどったもの。参拝時にはこれを鳴らす。

所在地：愛知県小牧市田県町152　創建年代：不明　主祭神：御歳神（みとしのかみ）／玉姫神（たまひめのみこと）　一口メモ：豊年祭に登場する「大男茎形」は、毎年原木から新たに彫り上げられる。その素材には高価な檜が使われる。樹齢200年、直径50cmを超す巨木に斧を入れる神事・斧入祭（おのいれさい）ののち、およそ10日間で巨大な男根が生み出される。

豊穣から商売繁盛にまで発展した性器信仰の霊験

性器をご神体とした神は金精神《こんせいしん》や金魔羅様《かなまらさま》などと呼ばれ、各地で見られる。その多くは安産や縁結びを願うものだが、生産や豊穣などのイメージからか、商売繁盛の神として祀られることもある。奥日光の山中にある金精《こんせい》神社もその1つだ。

金精信仰の本源《ほんげん》※3・金精神社

金精神社は栃木県の金精峠にあり、ここから各地へ勧請されている。

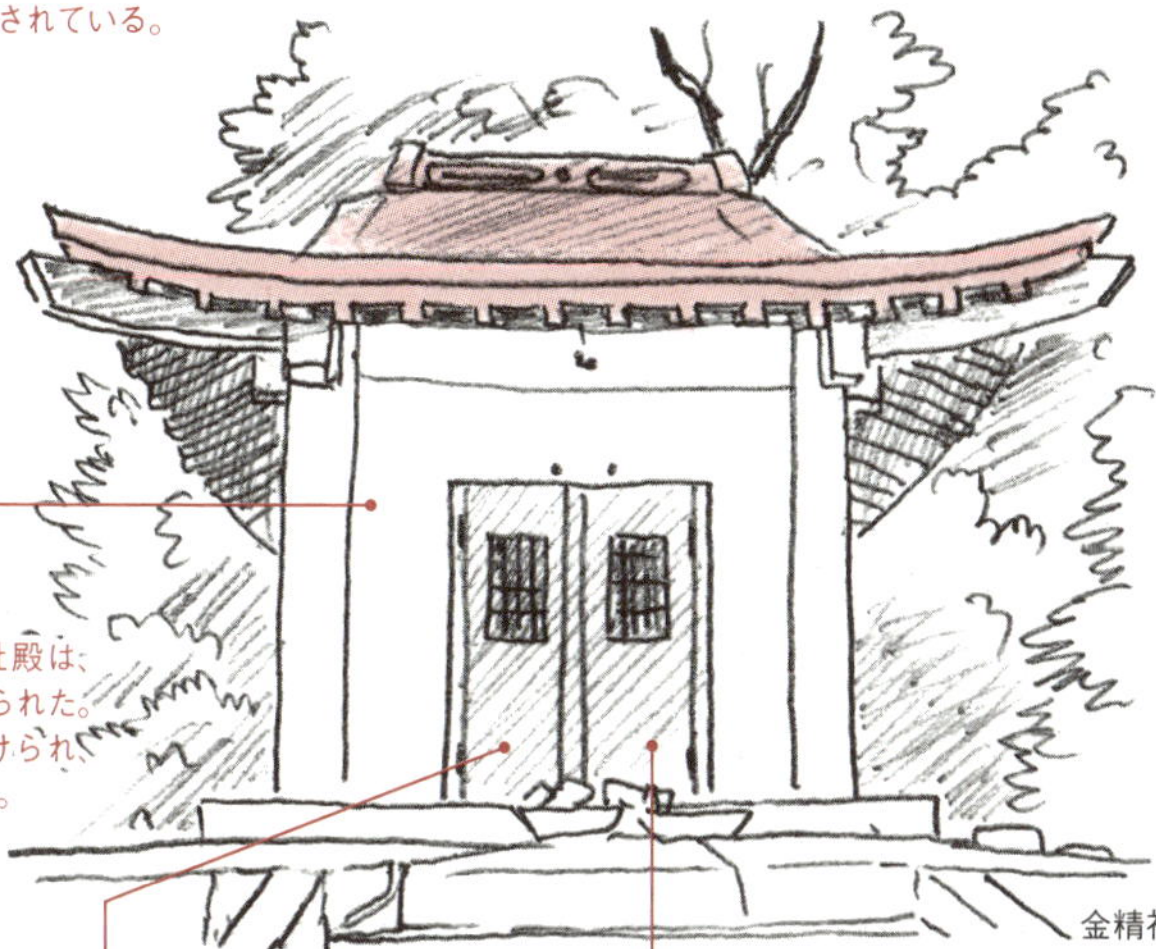
コンクリート製の社殿は、1958（昭和33）年に造られた。この中に祭壇が設けられ、神体が祀られている。

金精神社（栃木）

金精神のご神体

金精神社のご神体は男根をかたどったもの。金精神社の額とともに奉安される。

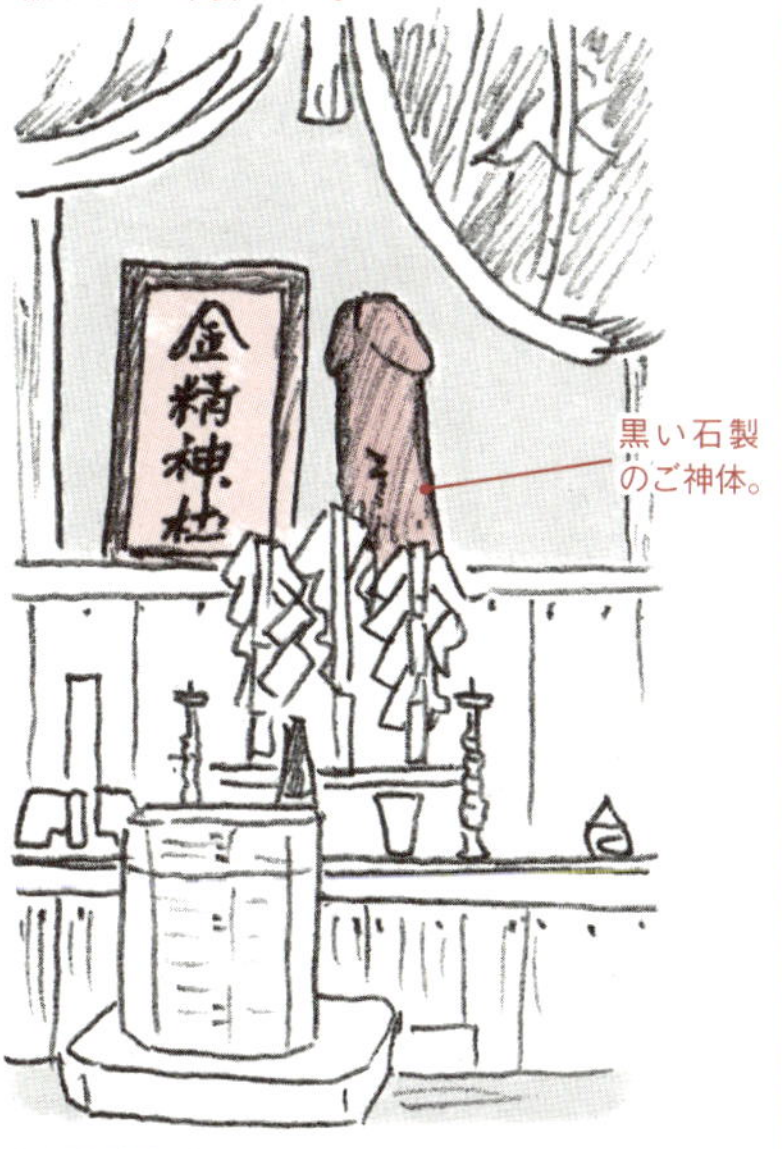
金精神社
黒い石製のご神体。

生きた金精神・道鏡

奈良時代の僧・道鏡。巨根だったという話をもつ。下野国に向かう途中に巨根を切り落とし、それを金精様として祀ったのが金精神社だという。

孝謙上皇の寵愛を受け出世したが、その後失脚、下野国（栃木県）に左遷させられる。

※1：1807（文化4）年編纂の『古語拾遺』には、すでに男根をかたどった賜物が登場する。 ※2：1871（明治4）年の裸体禁止令、翌1872年の違式詿違条例（いしきかいいじょうれい）により、性器信仰の表現はソフトになった。 ※3：系統立った神社ではなく、信仰の源を示す時は「本源」を使うことが多い。なお、岩手の巻堀（まきぼり）神社が本源だとする説もある。

異《い》形《ぎょう》のものは神か魔物か

鵺《ぬえ》大明神［京都］

平安時代、天皇の内裏《だいり》に現れた怪鳥・鵺は源頼政によって射落とされた。この時にやじりを洗った鵺池は今も京都市内に残り、この池のすぐそばに昭和に入って創建されたのが鵺大明神だ。

こうしたこの世のものではないもの、異形のものなどを祀る神社がある。その多くは魔物・怪物を慰め、鎮めると同時にその不思議な力をご利益へと転化させたものである。

その一方で、民俗学者・柳田國男が指摘するように「古い神の零落した姿」としての異形の存在もあるだろう。こちらは神と妖怪（怪物）、その両者の中間的な存在と考えられる。

宮廷に現れた怪物を祀る

黒雲とともに現れた鵺

源頼政の鵺退治は2度の記録が残る※。下の絵には猪早太（いのはやた）が見られるので、1度目の退治を描いたものと考えられる。

退治された怪鳥・鵺

『平家物語』では頭は猿、体はタヌキ、足は虎、尾は蛇に似ていたと書かれている。

源頼政が射落とす

武芸にも和歌にも通じた武将。

猪早太がとどめを刺す

頼政の射落とした妖怪にすかさず駆け寄りとどめを刺した。

源三位頼政鵺退治（歌川国芳）

鵺池

鵺を退治した源頼政がやじりを洗ったといわれる物語を伝える場所。昭和時代に公園として整備された。

江戸時代に建立された鵺池碑は摩耗してしまい、現在は碑の題名が読める程度。

鵺大明神

源頼政に退治された鵺にまつわる神社として造られた。

再興された鵺池碑は鵺池の碑の本文が復元されている。

社殿は木造、流造。

所在地：京都府京都市上京区智恵光院通丸太町下ル主税町　創建年代：不明　主祭神：鵺大明神／玉姫大明神／朝日大明神　一口メモ：京都・下京区にある神明神社には、源頼政が鵺退治の際に使ったとされるやじりが社宝として奉納されている。この神明神社は頼政が退治を祈願し、また鵺退治成功ののちにお礼参りをしたと伝えられている。

悪から善へと生まれ変わった異形のもの

死の間ぎわに人々の「首から上」の病を治すと誓った鬼の首領・酒呑童子《しゅてんどうじ》や、橋の守り神となった鬼女・橋姫《はしひめ》など、神社に祀られる魔物は、ご利益をもたらす存在へと生まれ変わっている。

酒呑童子を祀る首塚大明神

大江山に住み、京の都で悪事をはたらいていた酒呑童子。その力を「善」のご利益にと建立された。

鳥居の奥に社があり、その後ろに首を埋めたという首塚がある。

首塚大明神（京都）

酒呑童子、討たれる

源頼光らに討たれた酒呑童子。退治されてもその首は頼光の兜に食いついたという。

酒呑童子
源頼光
源頼光は天皇より酒呑童子退治を命ぜられた武士。

橋姫が神・橋姫神社

橋の守護神・瀬織津比売（せおりつひめ）を祀った社に始まり、今は橋姫も祀られている。もとは宇治橋なかほどの出っ張った部分に祀られていた。

瀬織津比売、橋姫を祀る社。
住吉社

橋姫神社（京都）

鬼女・橋姫

嫉妬に狂った女性としての橋姫が有名。

鬼が守護神・鬼鎮《きじん》神社

鬼門守護のために創建されたとも伝わる。鍛冶屋の娘に求婚した鬼の亡骸を葬り祀ったという民話も伝わる。

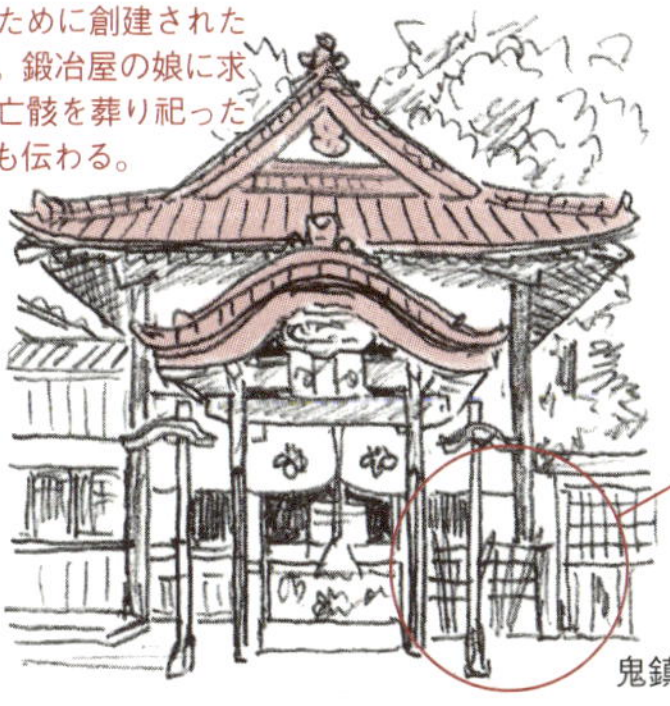

鬼鎮神社（埼玉）

鬼に金棒

願いの叶った人が「鬼に金棒」の金棒を奉納する。

※：1度目の源頼政×鵺の対決は平安末期、近衛天皇の時代と伝わる。毎晩丑の刻（午前2時頃）に黒雲が立ちこめ、近衛天皇が苦しみ出す。その原因の怪物退治に頼政が指名された。怪物の影をめがけて頼政が矢を放つと、鵺に命中した。2度目は二条天皇の時代で、この時もやはり頼政は矢で鵺を射ったとされる。

あまたいる戦の神

鹿島神宮【茨城】

鹿島神宮の祭神・武甕槌神《たけみかづちのかみ》は国譲り（42頁）のシーンに登場する。高天原《たかまがはら》から出雲国へ降り立ち、武威をもって大国主神《おおくにぬしのかみ》と2人の息子に国譲りを了承させたほか、神武天皇に自らの剣を与えるなど、「武」の要素を強くもっている。

武士の世になると、武甕槌神は香取神宮（千葉）の経津主神《ふつぬしのかみ》（43頁）と並び武神として尊崇《そんすう》された。現社殿は江戸幕府の3代将軍・家光の寄進による。武神を祀る神社は多い。なかには征夷大将軍・坂上田村麻呂（滋賀・田村神社）や戦国武将・武田信玄（山梨・武田神社）などの武人を神として祀った神社もある。

江戸幕府の崇敬を集めた常陸国一宮・鹿島神宮

装飾的な本殿
三間社流造の本殿はきらびやかな装飾と黒漆塗りの部材、柿葺の屋根の調和が美しい。なお、旧本殿は徳川家康が建てたもので、今は奥宮社殿となっている。
主祭神は武神
本殿で武甕槌神を祀る。別名、鹿島神（かしまのかみ）。
素木の拝殿
拝殿
本殿
社殿は透塀によって囲われている。

楼門は水戸徳川家
楼門は水戸藩主・徳川頼房の造営で、藩からの崇敬も伝わる。
鹿島神宮楼門には扉がない。
1階の両サイドには随身像が安置されている。

所在地：茨城県鹿嶋市宮中2306-1　創建年代：初代神武天皇元年　主祭神：武甕槌大神　一口メモ：武甕槌神に国譲りの交渉を命じた天照大神（あまてらすおおみかみ）の使者が、鹿神とされる天迦久神（あめのかぐのかみ）だった。鹿島神宮の神使が鹿なのは、このエピソードによる。

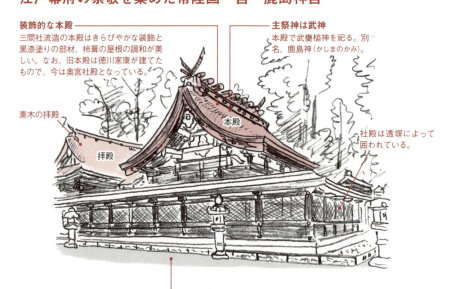

火の神の血から生まれた武甕槌

伊弉諾尊《いざなぎのみこと》は、伊弉冉尊《いざなみのみこと》にやけどを負わせ絶命させた火の神の首を切り落とす。その際、剣の根元についた血から生まれた3神※の1人が武甕槌神。古くには東国にいた蝦夷の平定神とも。

社殿も北をにらみ続ける

社殿は拝殿と石の間、幣殿、本殿からなる権現造。その壮麗さは武家である江戸幕府からのあつい崇敬を示す。

拝殿、石の間、本殿の造営を奉行したのは幕府のお抱えだった大棟梁・鈴木長次。

北向きの間取り

社殿は蝦夷のいた北向きに建っており、にらみをきかせていた。

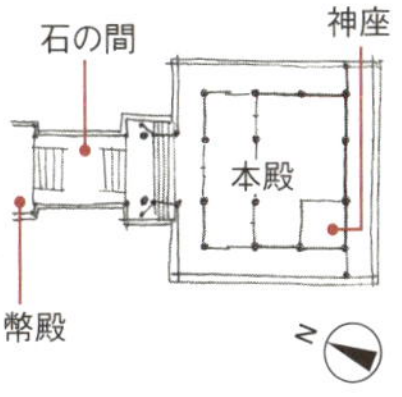

神武天皇に与えた剣

布都御魂（ふつのみたま）は武甕槌神の剣、神宝として安置されてきた。

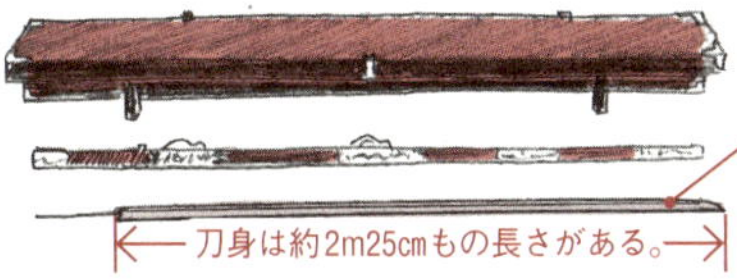

鹿島の砂鉄でつくったとの伝承があり、奈良時代から平安時代のものといわれる。

神に捧げる流鏑馬神事《やぶさめしんじ》

鹿島神宮の毎年の祭礼で行われる。武神を祀る鹿島神宮をゆかりとする武術の流派も生まれた。

武士のたしなみであり、神へ捧げる技芸として行われる。

経津主神と並ぶ武神

武甕槌神は香取神宮の経津主神と一緒に祀られることも多い。

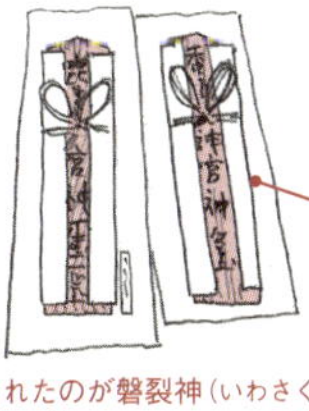

2つの神社のお札を一緒に祀るほか、道場などではこの2つの神・神宮の名の掛け軸が掛けられることも。

武甕槌神とナマズ

鹿島神宮の要石（かなめいし）は地震除けで信仰された。図は江戸期に流行した「ナマズ絵」。

鹿島神こと武甕槌神が大ナマズの頭を押さえている。

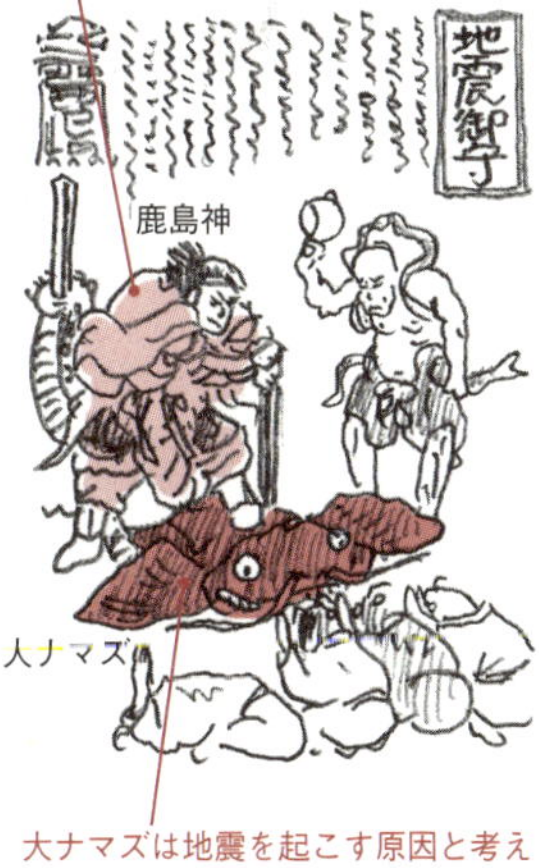

大ナマズは地震を起こす原因と考えられ、鹿島神宮の要石がその首と尾を押さえていると信じられた。

※：剣の先についた血から生まれたのが磐裂神（いわさくのかみ）、根裂神（ねさくのかみ）、磐筒男神（いわつつのおのかみ）の3神。根元についた血から生まれたのが甕速日神（みかはやひのかみ）、樋速日神（ひはやひのかみ）、武甕槌神の3神。そして、剣の鍔（つば）についた血から生まれたのが闇龗神（くらおかみのかみ）、闇罔象神（くらみつはのかみ）の2神だ。

生活が欲した産業の神

美保神社【島根】

美保神社の祭神である事代主神《ことしろぬしのかみ》は「えびす様」として知られる漁業の神である。これは「国譲り」(42頁)のシーンで、釣りをしていたとされることに由来する。

えびす神のように生業《なりわい》と関係し、生活に恩恵をもたらす神は現代でもあつく信仰を集めるものが多い。農業の神・倉稲魂命《うかのみたまのみこと》や天穂日命《あめのほひのみこと》(37頁)、鉱業や製鉄の神である金屋子神《かなやごがみ》、鉱山の神として知られる金山彦神《かなやまひこのかみ》などである。また、変わったところでは菓子業者の信仰の対象となっている田道間守《たじまもり》(17頁)などもいる。

これらはいずれも神話や神社のある土地の伝承などと関係している。

大社造の発展形・美保造

美保神社本殿は大社造の建物を2つつなげた美保造という形式。

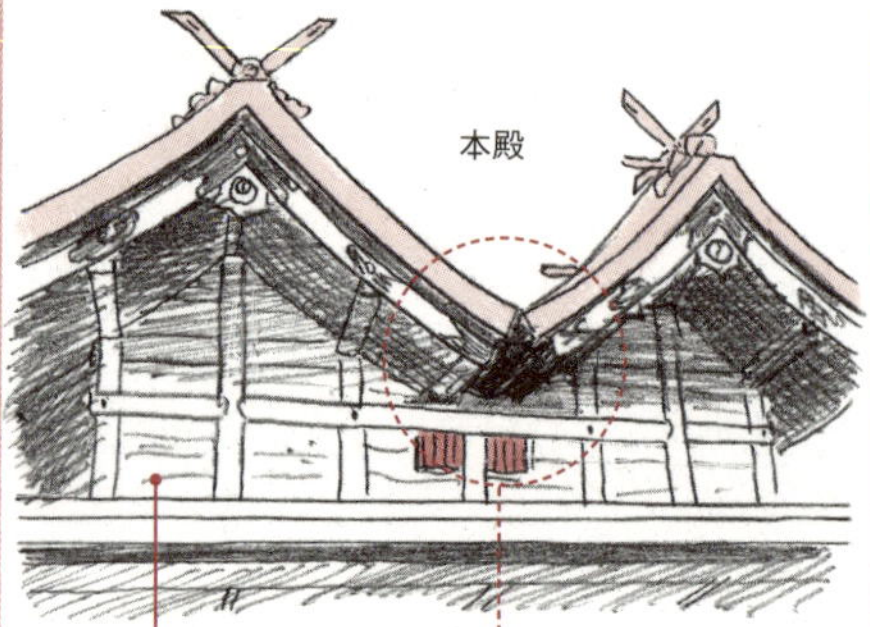

2つの大社造の建物をつなぐ空間は装束の間と呼ばれる部屋になっている。

背面から見ると美保造のしくみがよくわかる。この形式は比翼大社造とも呼ばれる。

製鉄の神を祀る・金屋子神社

製鉄技術を伝えた神に、現在も製鉄関係者が信仰を寄せる。

拝殿後方には切妻造、妻入の本殿がある。

拝殿は幕末の再建で、欅で造られている。

彩色はないが、彫刻・絵様は精緻で見応え十分。

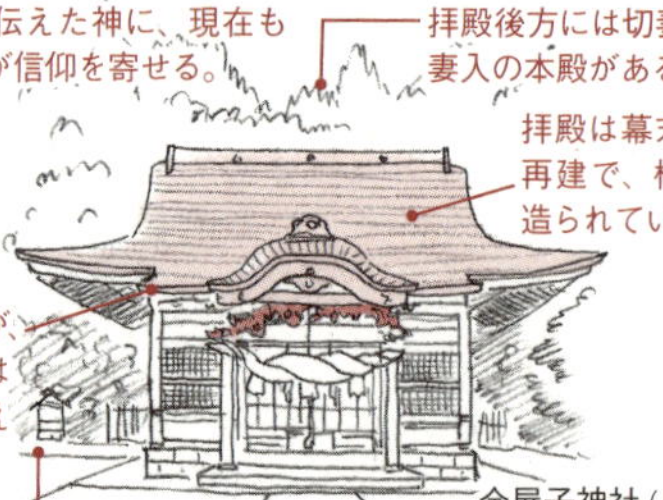

金屋子神社（島根）

参道のけら

各地から出土・奉納されたものが並ぶ。

けらとはたたら製鉄で造られる粗鋼。

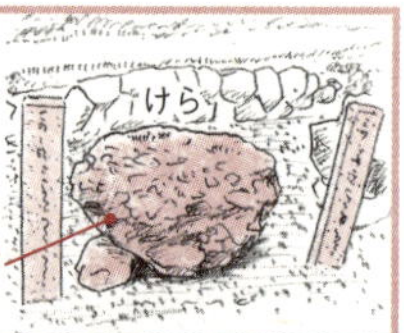

所在地：島根県松江市美保関町美保関608　創建年代：不明　主祭神：事代主神（ことしろぬしのかみ）／三穂津姫命（みほつひめのみこと）　一口メモ：事代主神ことえびす神は鳴りものが好きといわれ、美保神社にはたくさんの楽器が奉納されている。そのなかには日本最古のオルゴールやアコーディオンなど非常に貴重なものもあり、多くは国の重要文化財に指定されている。

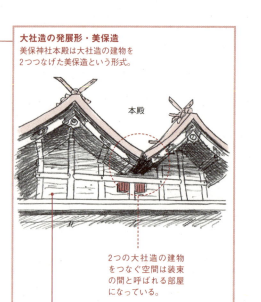

独特な形をもつ美保神社・社殿

港に面した社殿
社殿は巨大な拝殿とその後方につながる本殿から構成される。社殿の前方、参道の先には港がある。

透塀で囲われた本殿
拝殿後方には本殿が建ち、周囲は透塀が取り囲む。

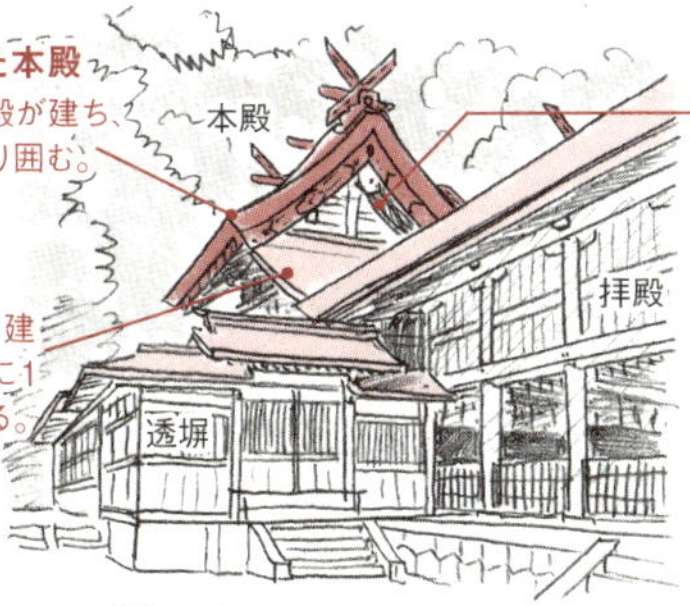

2つの大社造の建物をつなぐように1つの庇が渡される。

大きな拝殿
昭和に建てられた拝殿はかなり大きい。切妻造、妻入の建物の前面に切妻造の庇がつく。

全国にあるえびす信仰の総本社
島根・美保神社は全国に3,000あまりもあるえびす社の総本社とされる。

産業の神が数多く鎮座する旧出雲国の神社

漁業の神を祀る美保神社をはじめ、製鉄の神を祀る金屋子《かなやご》神社など、旧出雲国の地域には産業の神を祀った神社が多い。中国地方の製鉄所では現在も金屋子神を祀っているところがある。

漁業の神を祀る・美保神社
青柴垣神事（あおふしがきしんじ）は国譲り神話で、事代主神（ことしろぬしのかみ）が海中に青柴垣を廻らして隠れたことにちなむ。

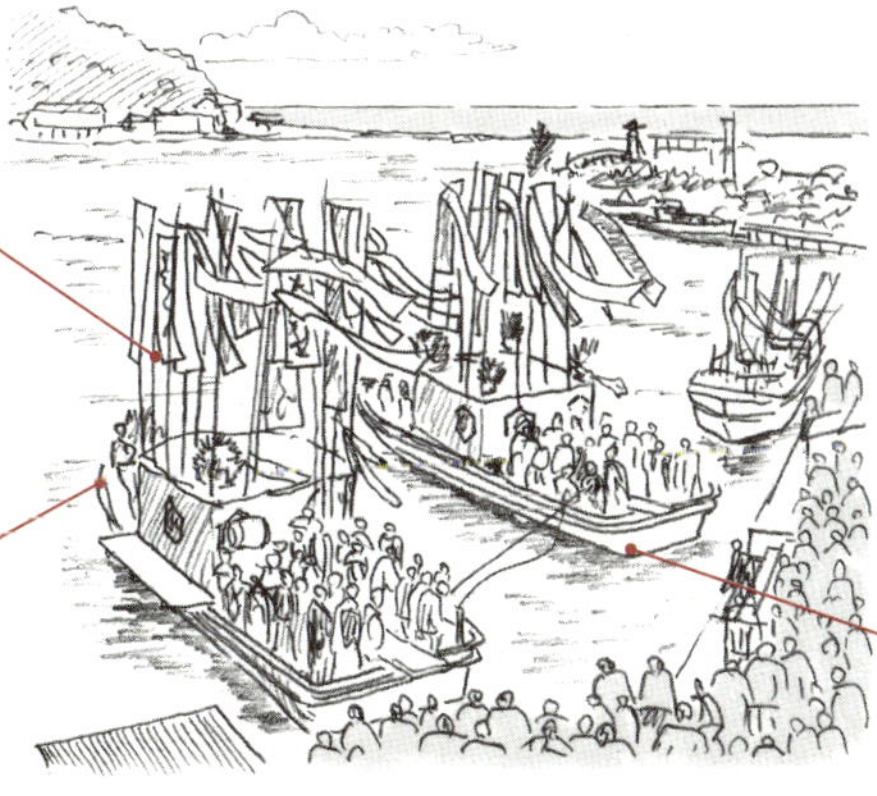

青柴垣とは4隅に榊を立て幕を引いたもの。この船に頭屋（とうや：一年間神事を主宰する家）が乗り込む。

2隻の漁船で海に出てから美保神社に戻り、神前に奉幣する。

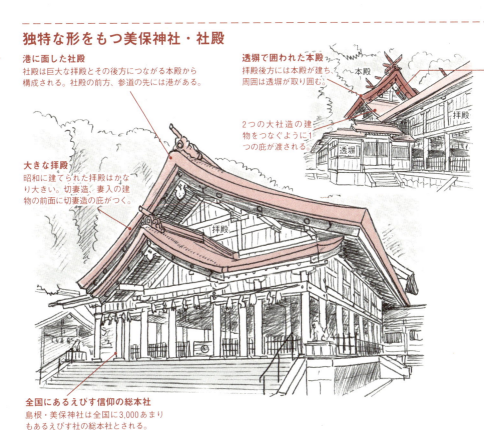

皇位のしるし 三種の神器

熱田神宮【愛知】

天孫降臨（44頁）の際、天照大神《あまてらすおおみかみ》が地上へ旅立つ瓊瓊杵尊《ににぎのみこと》に授けたとされる三種の神器。そのうちの1つ、草薙剣《くさなぎのつるぎ》を祀るのが熱田神宮である。草薙剣は素戔嗚尊《すさのおのみこと》が八岐大蛇《やまたのおろち》※1を退治した際に入手した剣※2で、日本武尊《やまとたけるのみこと》（48頁）が東征の際にその剣で草を薙《な》ぎ払い火攻めの難を逃れたことからその名がつけられた。日本武尊の死後、熱田神宮に祀られ、熱田大神《あつたのおおかみ》とされた。

三種の神器は八坂瓊曲玉《やさかにのまがたま》が皇居に、八咫鏡《やたのかがみ》が伊勢神宮（108頁）に、草薙剣が熱田神宮にある。しかし、いずれも実物を見た人はいないとされ、その形状は謎に包まれている。

尾張造を残す境外社

熱田神宮の境外社・氷上姉子神社には「尾張造」の社殿配置形式が残されている。祭神は日本武尊の妃で、草薙剣を祀る社を建てた宮簀媛（みやずひめ）。

社地は宮簀媛の暮らした館の跡とも伝えられる。

氷上姉子《ひかみあねご》神社（愛知）

神事が行われる古宮址《ふるみやあと》

神事は高千穂峰のほか、旧霧島神宮社地（古宮址）で行われる。

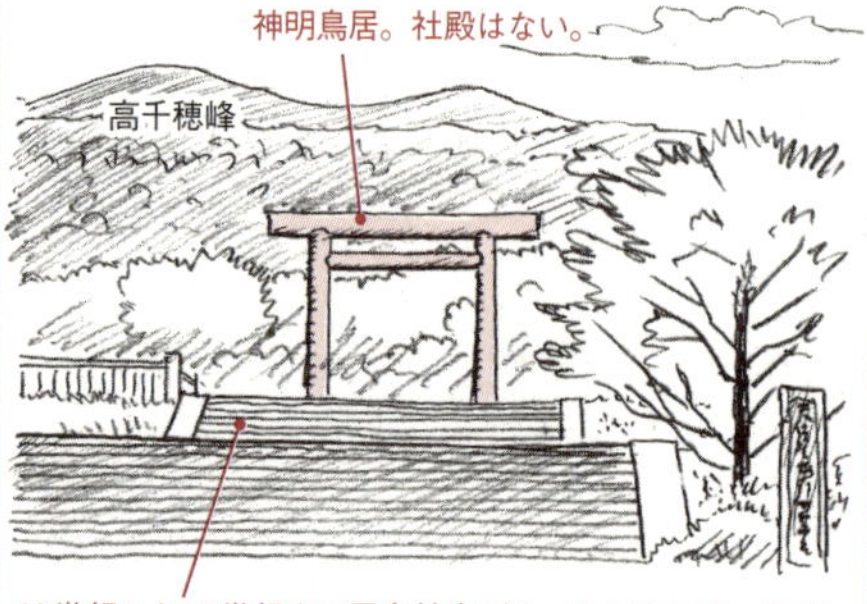
神明鳥居。社殿はない。
高千穂峰
10世紀から13世紀まで霧島神宮があったとされる。1940（昭和15）年にここを神籬（ひもろぎ）斎場として整備した。

高千穂河原古宮址（鹿児島）

所在地：愛知県名古屋市熱田区神宮1-1-1　創建年代：景行天皇43年　主祭神：熱田大神　一口メモ：素戔嗚尊は天羽々斬（あめのはばきり）という剣で八岐大蛇を退治。その際、尾を斬ったところ、何か堅いものに当たり、刃が欠けてしまった。そこで、尾を裂いてみると天叢雲剣（あめのむらくものつるぎ、のちの草薙剣）が出てきたと伝えられる。

三種の神器が安置された神社

神明造に改められた熱田神宮

本宮はもともと尾張造という社殿形式だったが、草薙剣を祀る神社であるため、明治に伊勢神宮と同様の神明造に改めた。

この外玉垣御門と、隣り合わせにある四尋殿(よじんでん)を合わせて「拝殿」と呼んでいる。拝殿の奥に本殿が建つ。

かつては尾張造だった

尾張造は門、蕃塀(ばんぺい)、拝殿、祭文殿、釣渡廊、本殿が一直線に並び、祭文殿の両脇から出た回廊が、本殿を取り囲む形式。尾張地方独特の社殿配置形式だ。

広い境内

熱田神宮の境内には本宮を含め45もの社殿が並び、とても広い。

三種の神器にまつわること

三種の神器はどこにある？

三種の神器はそれぞれ別の場所に奉安され、宮中には形代(かたしろ)で三種が揃う。図はすべてイメージ。

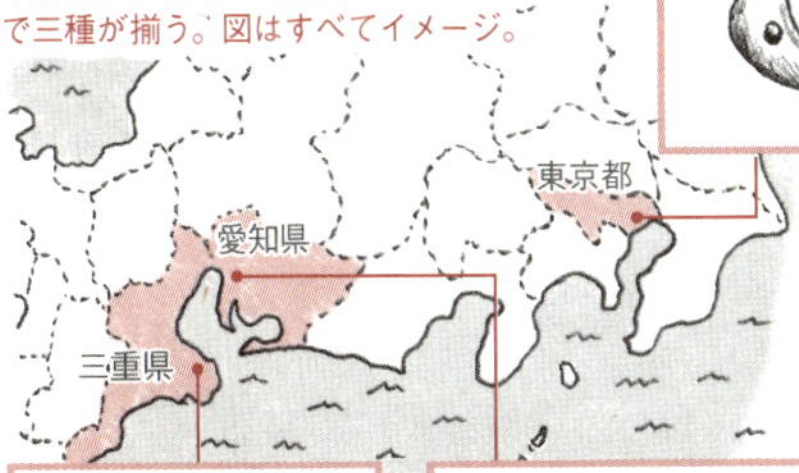

皇居
八坂瓊曲玉

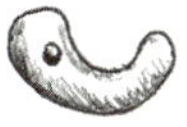

伊勢神宮
八咫鏡

熱田神宮
草薙剣

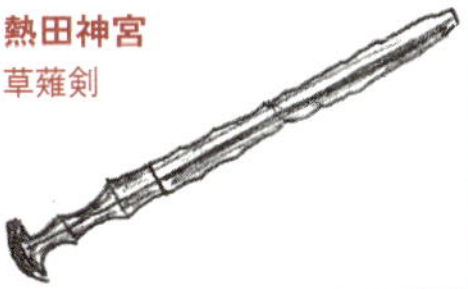

天孫降臨御神火祭

霧島神宮(45頁)の大祭で、三種の神器をもった瓊瓊杵尊の天孫降臨にちなんだもの。

高千穂峰山頂(鹿児島)

お焚き上げでは人々が願いを書いて奉納した絵馬や札が燃やされる。

火の道しるべをつくり瓊瓊杵尊らを迎えた故事にちなみ、火柱を立てる。火は神籬斎場で木をすり合わせて着火する。

※1：出雲に降り立った素戔嗚尊が退治した八岐大蛇は氾濫した川の象徴だとする説がある。白蛇が水辺に祀ることの多い弁財天の化身とされるなど、蛇を水の神とする信仰は各地で伝えられる。 ※2：草薙剣は八岐大蛇の尻尾から出現。この剣が当初「天叢雲剣」と呼ばれていたのは、八岐大蛇の上に常に雲が掛かっていたためだとされている。

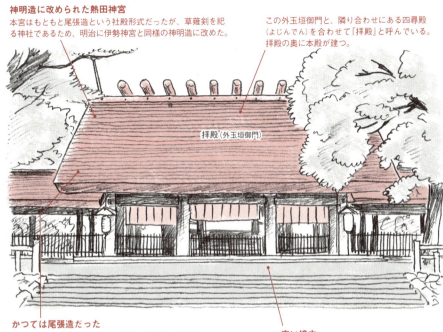

近代国家が祀る神・天皇

明治神宮［東京］

明治維新と近代化により、日本を大きく発展させた明治天皇は1912（明治45）年に崩御。京都の伏見桃山陵に葬られたが、その偉業を後世に残すべく、新たに創建された神社が明治神宮である。

明治の近代国家建設に合わせて大業をなした天皇をたたえ、祭神とする神社が誕生した。桓武天皇を祀る平安神宮（71頁）などはその代表で、ほかに海外の日本統治地に天皇や皇族が祀られることもあった。

近世以前も天皇を祀る神社はあったが、生地や陵墓に造られたもので、国家を挙げて天皇の偉業を祀るようなことはなかったのである。

偉業を成した明治天皇を祀る

流造の社殿

明治天皇を祀るにふさわしい社殿形式は議論の末、流造の本殿となった。創建当時の旧本殿は戦災で焼失。現社殿は1958（昭和33）年の再建で創建時と同じく素材には檜が使われている。

墓所は京都に

明治天皇の墓所（伏見桃山陵）は京都市伏見区にある。

鳥居は素木の神明鳥居（13頁）。

古代の形式にならい、上円下方墳としている。また火葬ではなく、土葬とされた。

伏見桃山陵（京都）

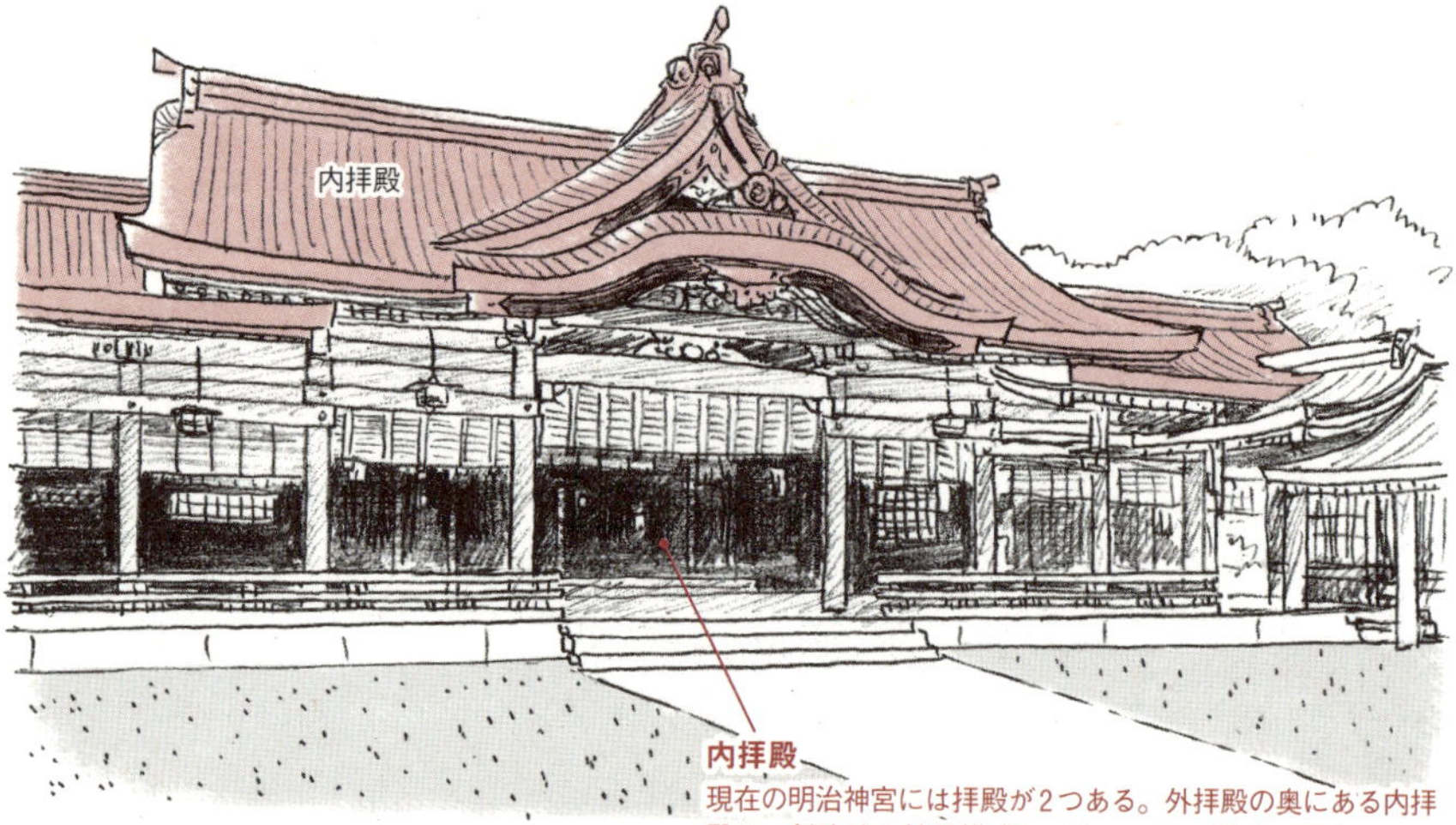

内拝殿

現在の明治神宮には拝殿が2つある。外拝殿の奥にある内拝殿は、創建時の社殿構成にはなかった。戦後の再建時の計画で生まれたものである。参拝は外拝殿の外から行う。

所在地：東京都渋谷区代々木神園町1-1　創建年代：1920年　主祭神：明治天皇／昭憲皇太后　一口メモ：明治神宮の創建に当たり、1913（大正2）年12月に神社奉祀調査委員会（じんじゃほうしちょうさいいんかい）がつくられた。この委員会では材料や建築様式のほか、敷地をどこにするかも検討された。なかには富士山の頂や箱根山などの意見もあったという。

東京市民の運動が届き、創建された明治神宮

明治天皇崩御の後、東京市民から「東京に神宮を建設したい」という運動が起こったという。そして全国青年団の勤労奉仕により明治神宮が建てられた。現在では大晦日から正月三が日にかけての初詣客数が全国1位を誇る。

70万m²！ 巨大な明治神宮

広い森の中に社殿を造り、都市の中に神聖な空間を創出している。明治神宮の森は神宮創建時に10万本の木を植林して造られた人工の森だ。計画したのは「日本の公園の父」本多静六ら。

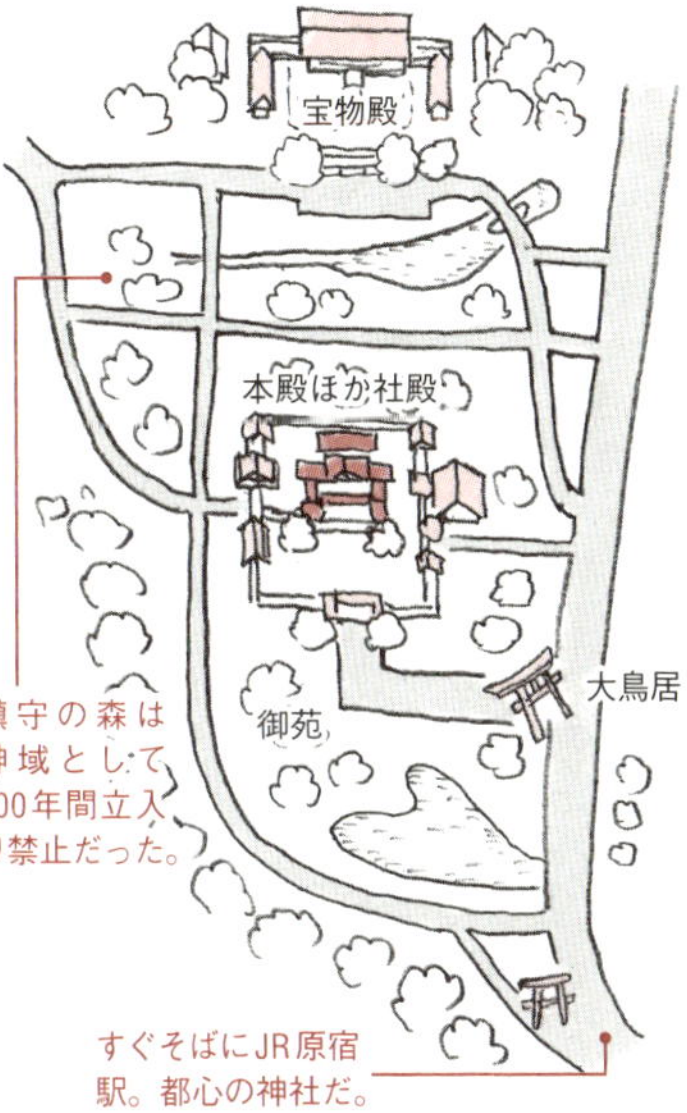

鎮守の森は神域として100年間立入り禁止だった。

すぐそばにJR原宿駅。都心の神社だ。

参道の鳥居は3つ

参道の鳥居は3つあり、いずれも様式は明神鳥居（12頁）。また、素材には台湾檜を使っている。図は楼門前にある三の鳥居。

彩色はされておらず、菊の御紋の飾り金物がつけられる。

楼門の向こうに社殿がある。参道入口から境内を進むと、これが最後の鳥居となる。

宝物殿は重文

祭神である明治天皇と皇后の日用品や愛読書などゆかりの品々を陳列、公開している。

校倉風大床造（あぜくらふうおおゆかづくり）の建物。鉄筋コンクリート造だが、正倉院の校倉造を模した意匠となっている。屋根は切妻造。

明治天皇と皇后

近代国家の威厳ある天皇として畏敬された。

昭憲皇太后
(1849-1914)

明治天皇
(1852-1912)

神となった戦国大名

日光東照宮［栃木］

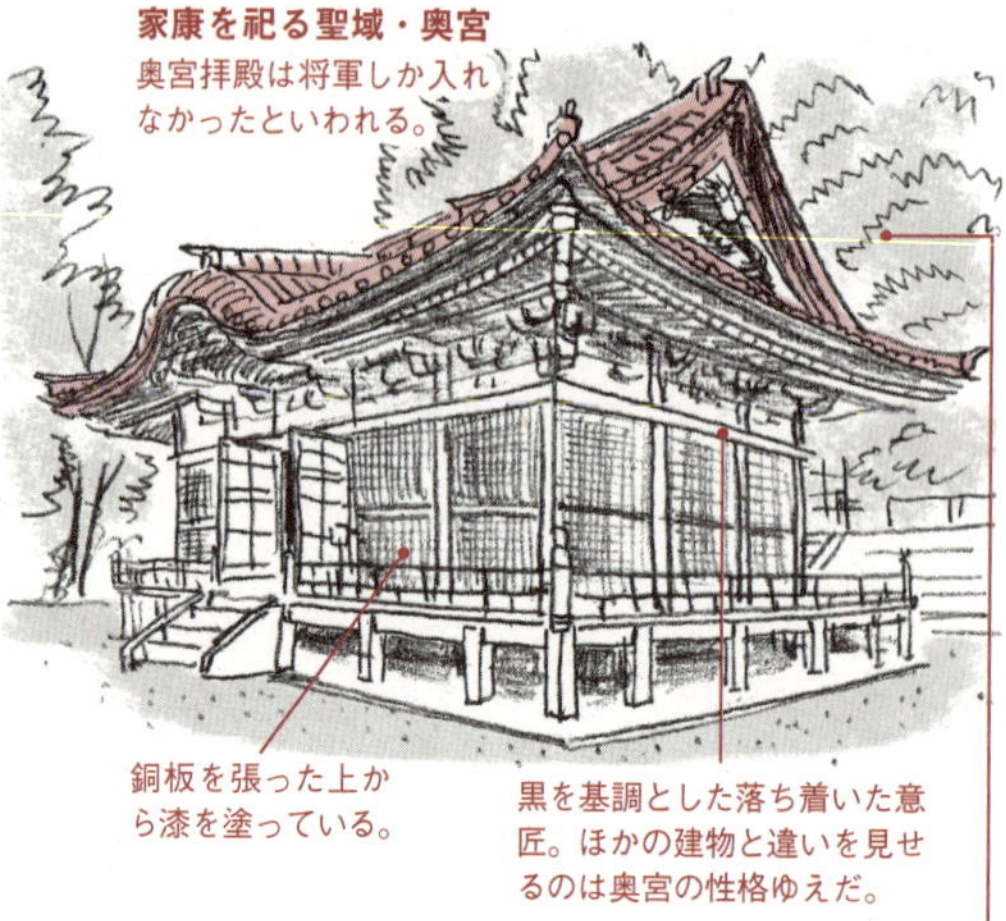
家康を祀る聖域・奥宮
奥宮拝殿は将軍しか入れなかったといわれる。
銅板を張った上から漆を塗っている。
黒を基調とした落ち着いた意匠。ほかの建物と違いを見せるのは奥宮の性格ゆえだ。

奥宮拝殿の後ろに建つ宝塔
家康の柩を納めた墓所には宝塔が建つ。宝塔は仏教に由来し、神仏習合であったことを示す。
塔は唐金でできている。基壇は八角9段で石製。

東照大権現こと徳川家康を祀る日光東照宮。その社殿は三代将軍・家光によって造営され、当時最高の材料や技術が用いられた。

このほか武将を祀る神社には、豊臣秀吉を祭神とする京都の豊国《とよくに》神社がある。こちらも豪奢な社殿を誇ったが、天下分け目の戦い「大阪夏の陣」の後、江戸幕府より神号が剥奪され、廃絶された。それでも後、明治天皇により再興されている。武将を祭神とする神社は、江戸から明治にかけ各地で建立された。織田信長は建勲《たけいさお》神社（京都）、上杉謙信は上杉神社（山形）、真田幸村は真田神社（長野）で神として崇められている。

信長を祀る建勲神社
織田信長を祀る神社で、創建は明治時代。京都・船岡山山頂にある。
神門
本殿
透塀
神門と透塀によって本殿を囲む。神門は祝詞舎とも呼ばれる。
檜皮葺の屋根をもつ流造の本殿。簡素な姿は近代の特色を示す。

建勲神社（京都）

所在地：栃木県日光市山内2301　創建年代：1617年　主祭神：徳川家康公　一口メモ：日光東照宮の唐門は間口3m、奥行き2mと規模は小さいが、江戸時代は「御目見得」と呼ばれる将軍に直接拝謁できる身分の高い者しか通ることを許されなかった。また現在でも国賓など、特別な身分の参拝者以外は通ることができない。

建築技術の粋を尽くした日光東照宮

権現造の社殿

社殿を含め、東照宮の建物は三代将軍家光によって造営されたもの。幕府の工匠たちが腕を競った。

多くの天井画や障壁画などがある拝殿。将軍の座や法親王(江戸時代、日光の寺社で最高位の皇族出身の僧)の座があり、大名・武士などの礼拝者は身分や格式で席順が定められた。

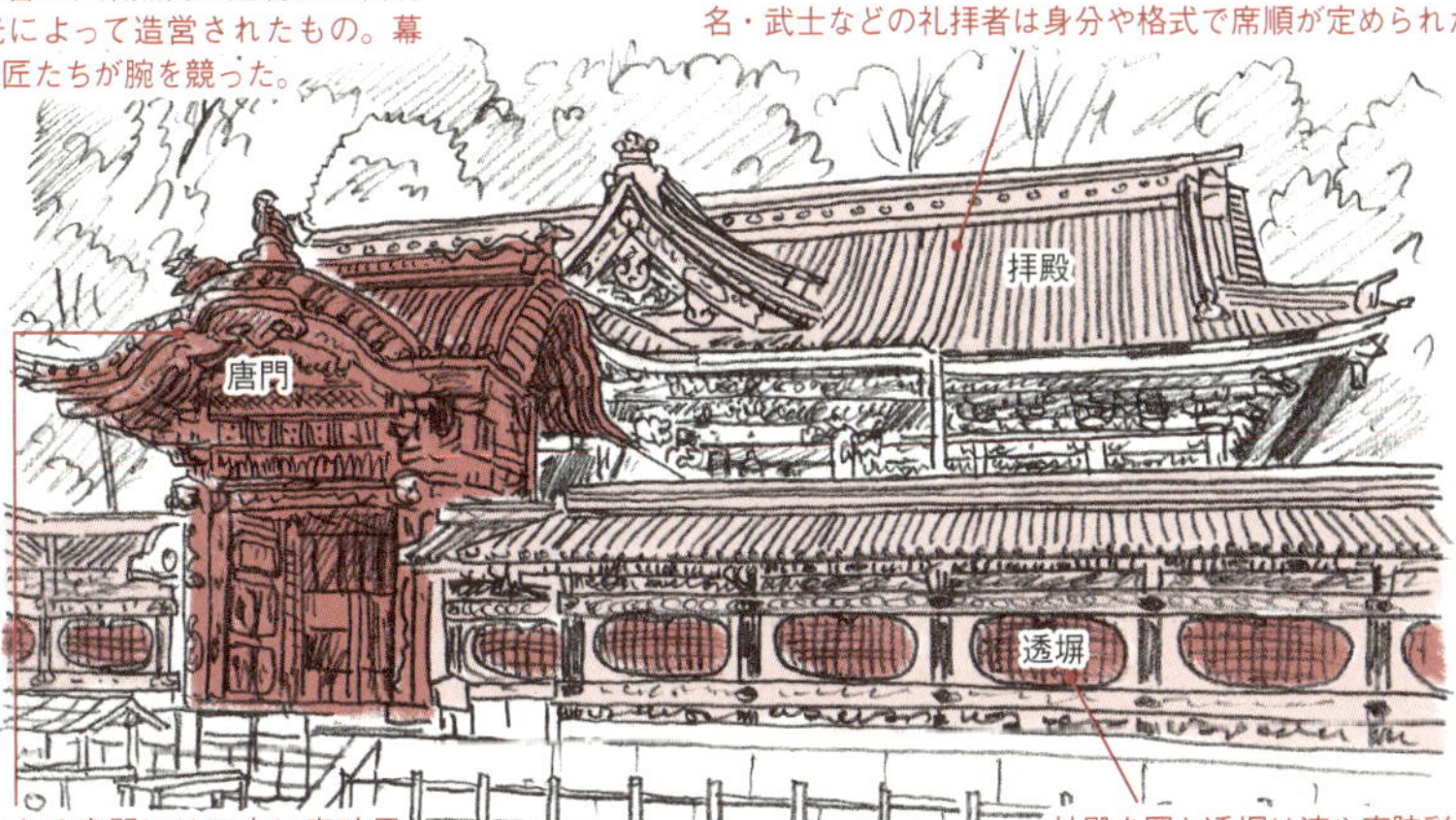

見応えある唐門には四方に唐破風がつき、多くの彫刻がつく姿は陽明門より小さいながらも見応え十分。

社殿を囲む透塀は漆や密陀彩色(にかわを使った彩色法)を用いて精緻な文様や華麗な装飾が施されている。

陽明門

日光東照宮を代表する壮麗な建物。その見ていて飽きないことから、日暮(ひぐらし)の門ともいわれる。

扁額にある東照大権現の文字は後水尾天皇によるもの。

門の彫刻は中国の故事や人物、伝説上の生き物などがモチーフ。

楼門の縁の下には腰組と呼ばれる組物が精緻に造られ、装飾性を強めている。

「武将神社」の創建を進めた明治天皇

明治天皇は豊国神社の再建に加え、織田信長の建勲神社など戦国武将を祀った神社の創建を進めた。そこには戦国大名らの功績を讃え、天皇の忠臣として顕彰する考えもあったようだ。

秀吉を祀る豊国神社

明治維新後の再興時に南禅寺塔頭の金地院から移築された唐門。

唐門は2本の主柱の前後に2本ずつ柱を建てる四脚門の形式。入母屋造の屋根の前後には唐破風をつける。

各所に見事な彫刻がつき、桃山時代の趣向を伝える。

金地院の門となる以前は伏見城の門であったといわれる。

豊国神社(京都)

戦争の功績者が軍神

乃木神社［東京］

乃《の》木《ぎ》希典《まれすけ》は日露戦争の旅順《りょじゅん》攻囲戦や奉天会戦での指揮、そして明治天皇の崩御を受けての殉死などで知られる軍人である。没後国家への忠誠心がたたえられ、1919（大正8）年に乃木神社が創建された※。

軍人を祀る神社としてはほかに、同じく日露戦争などでの栄誉が知られる東郷平八郎の東郷神社（東京）、旅順戦での功績が名高い児玉源太郎の児玉神社（神奈川）が有名。

このほか、戦争で亡くなった兵士らを祀り、悼む施設として各県で創建されたのが招魂社《しょうこんしゃ》で、のちに護国神社（71頁）となった。その総本社が東京招魂社・靖国神社（71頁）である。

旧乃木邸

乃木神社の隣には自宅が保存されている。

欧州留学時のスケッチをもとに乃木将軍自ら設計したもの。
木造、桟瓦葺だが、西洋を感じさせ、軍人らしい質実剛健さを見せる。

厩舎

乃木邸にあった煉瓦造の厩舎も当地に保存されている。軍馬を大切にしていた武人・乃木将軍を偲ばせる建物だ。

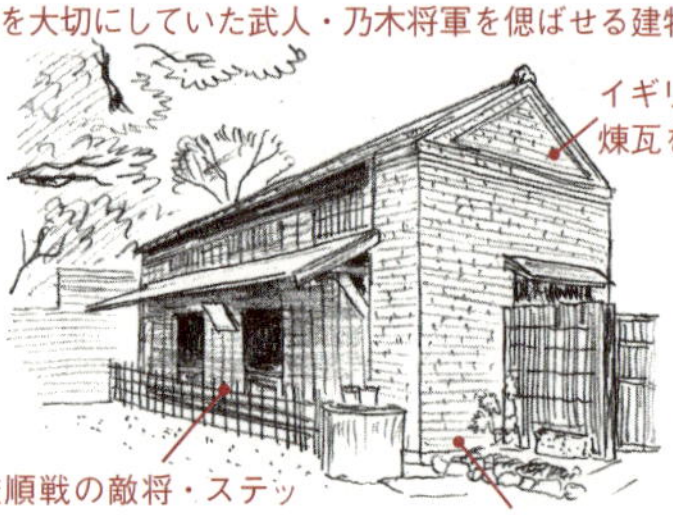
イギリス産の煉瓦を使用。
旅順戦の敵将・ステッセル将軍から贈られた馬もここで飼われた。
厩舎の建造は自邸に先立つ1893（明治26）年。

海の宮

東郷神社境内に建つ海の宮は、海軍、海事、水産関係者を祀る社である。

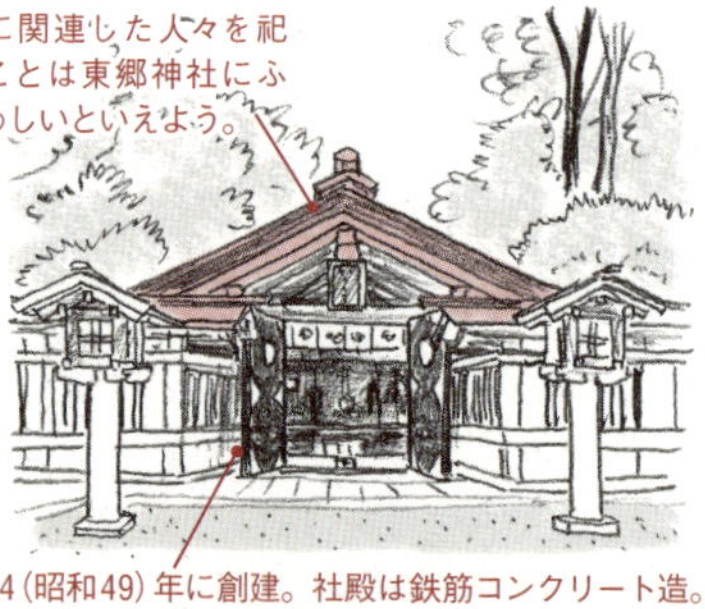
海に関連した人々を祀ることは東郷神社にふさわしいといえよう。
1974（昭和49）年に創建。社殿は鉄筋コンクリート造。

所在地：東京都港区赤坂8-11-27　創建年代：1923年　主祭神：乃木希典将軍／乃木静子夫人　一口メモ：明治天皇崩御から約2カ月後に乃木夫妻は自宅で自害。乃木の忠誠心に胸打たれた多くの人々が乃木邸を訪れた。これを受け当時の東京市長阪谷芳郎が中央乃木会を結成。乃木邸内に小社を造り、乃木夫妻を祀った。これが、乃木神社へと発展した。

神と崇められた乃木将軍を祀る

明治以降、陸海軍の将校で「軍神」と呼ばれた人物が何人も輩出された。彼らは戦時における戦略・戦術に長《た》けているだけではなく、人望も厚かったことから、その死後に祭神として祀られた。

軍神・乃木希典

学習院院長も勤めた教育者でもあった。

自決当日の乃木将軍の肖像も写真として残されている。

乃木神社

没後、将軍の威徳を偲ぶ人々が乃木邸で祀っていたが、神社創立の許可を受けて創建されたのが乃木神社だ。

社殿の設計は大江父子

創建時の設計者・大江新太郎は日光二荒山（ふたらさん）神社などの修理にも携わる一方、近代の神社にふさわしい社殿を考え続けた建築家だった。現社殿の設計はその息子・大江宏による。

軍神を祀る社・東郷神社

軍神・東郷平八郎

日本海海戦によって海外にも名が知られた。

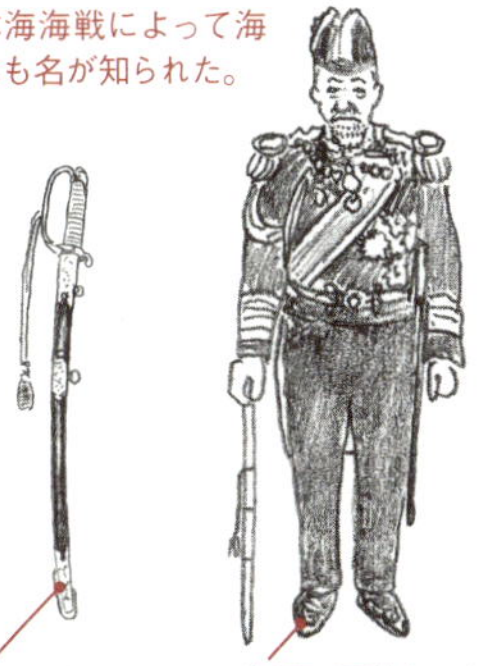

身につけていた名刀「吉房」。

海軍の正装をした東郷平八郎。

東郷神社

東郷元帥の死後、顕彰を望む声が上がり、1940（昭和15）年に神社が創建された。

東郷神社（東京）

創建時の社殿は木造神明造・檜皮葺であったが戦災で焼失し、戦後、鉄筋コンクリート造で神明造をもとにした社殿が再建された。

※：軍人を祀った神社はそれぞれにゆかりのある地にも創建されている。たとえば、乃木神社はここで紹介する東京・赤坂のほか、乃木の出身地である山口県下関市や別邸のあった栃木県那須塩原市などにも造られた。

column｜神を祀るための道具いろいろ —— 神棚に並ぶ祭具・神具

神社の神棚にはさまざまな祭具・神具が置かれている。これらは神を祀る上で欠かせないものである。まずは「注連縄《しめなわ》」。これは清浄な場所を示すもので、神棚のほか、社殿や鳥居などにも掛けられる。

注連縄は通常、向かって左方向に藁をない、途中に「紙垂《しで》」をつけて端を垂らすこともある。紙垂は紙や布でつくられた幣帛《へいはく》で、流派により形に特徴がつけられる。「榊」は枝や葉を神事に用いる常緑樹で、榊立てに入れて供えるほか、紙垂をつけて「玉串」としても使われる。なお、檜の棒の先端に榊をつけ、5色の絹と鏡、玉、剣を掛けたものは「真榊《まさかき》」と呼ばれる。

神前には雲形台《うんけいだい》に据えられた「神鏡《しんきょう》」、神具や神供を載せる「八足案《はっそくあん》」、「獅子・狛犬」、「盾」、「矛」などが置かれる。このうち八足案の上には玉串のほか、「大幣《おおぬさ》（紙や麻苧《あさお》でつくられ、左右左の順に振って罪・穢れを祓う神具）」や「神楽鈴」、神饌《しんせん》を載せる盆である「折敷《おしき》」などが置かれる。なおこの図では折敷に足がついているが足のないものも多く、お神酒を入れる瓶子《へいし》、水を入れる水《みず》玉《たま》（水器）や神饌を載せる高坏《たかつき》などが載せられる。

神棚

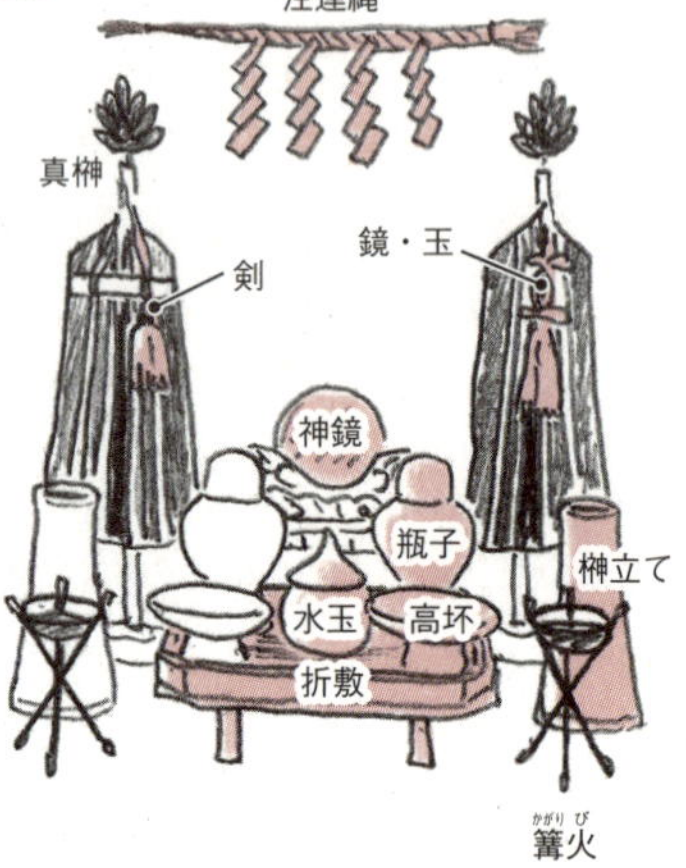

神棚の前に置かれるものは

榊立てに榊を差し、高坏に神饌を乗せるなどして神を祀る。神社だけでなく、個人宅でもこの様式に則って神棚がつくられる。

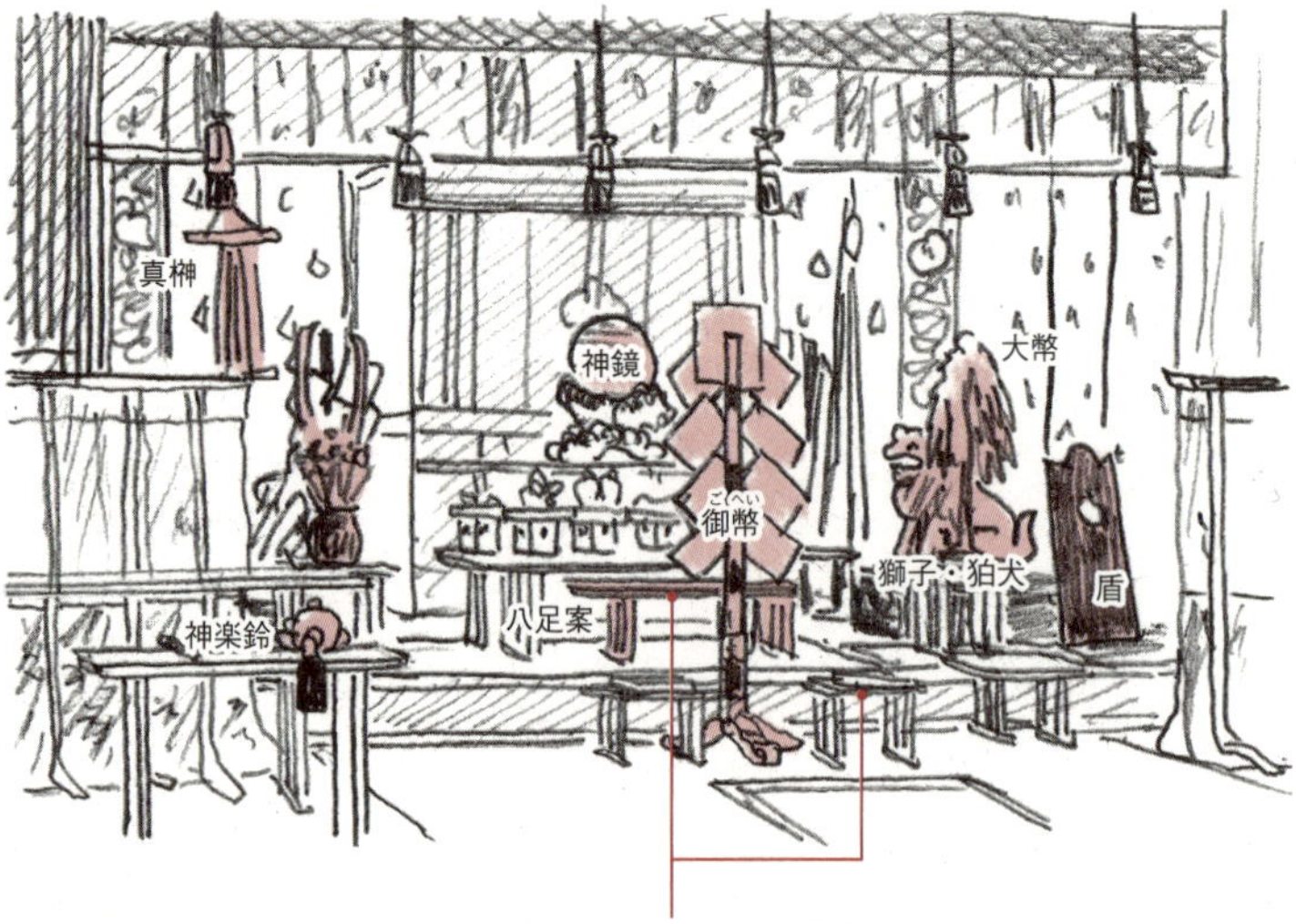

社殿内の神前の様子。大小ある八足案の上には神具や奉納品などが置かれる。

5章

神社のグループはこうできた

「お稲荷さん」と「さんづけ」で呼ぶのは尊敬と親しみを込めてのこと。今、こうした神様を身近に感じるのは分社が多いからでもある。ここでは全国に広がり、その名をよく耳にする神社、信仰について紹介する。数が多いということは、人気が高く、人々がその神様を求めたということでもある。

霊験幅広い稲荷《いなり》信仰

伏見稲荷大社［京都］

伏見稲荷大社は宇迦之御魂大《うかのみたまのおお》神《かみ》、大宮能売大神《おおみやのめのおおかみ》、佐田彦《さたひこの》大神《おおかみ》、四大神《しのおおかみ》、田中大神《たなかのおおかみ》の5神を稲荷大神《いなりのおおかみ》として祀り、全国に3万以上ある稲荷神社の総本社である。朱の鳥居が立ち並ぶ「千本鳥居」や山中に奉納された祠《ほこら》や狐像などで世界的にも有名だ。稲荷信仰はもともと、穀物や食物の神への崇敬から生まれた[※1]。それからさらに産業振興・商売繁盛などのご利益が得られる神としても信仰され、邸宅の屋敷神にもなり、霊験が幅広い[※2]のが特徴。ちなみに、稲荷神を祀る神社の狐は神使《しんし》で、さまざまな宝具をもつなど造形はバラエティに富む。

全国に散る「お稲荷さん」の中心地

総本社の壮麗な境内

伏見稲荷大社は稲荷神社の総本社。境内には流造の大きな本殿や左右に回廊のつく楼門、奥宮や外拝殿など立派な建造物が建ち並ぶ。

朱塗りの神社は多いが、伏見稲荷大社では朱を稲荷神の神徳・豊穣を表す色とする。

外拝殿は入母屋造、妻入の建物。この後方は1段地面が高くなり、拝殿と本殿が建っている。

鳥居は奉納品

稲荷社の鳥居はその下を「通る」ことと「願いが通る」という言葉をかけて奉納される。

711（和銅4）年の2月最初の午の日に稲荷大社が稲荷山に鎮座したことから、初午（はつうま）が稲荷社の祭りの日となった。

稲荷山の「しるしの杉」

本殿奥にそびえるのは祭神が鎮座したといわれる稲荷山。「初午大祭」では、参拝のしるしに稲荷山の杉の葉を頂く（「しるしの杉」）。

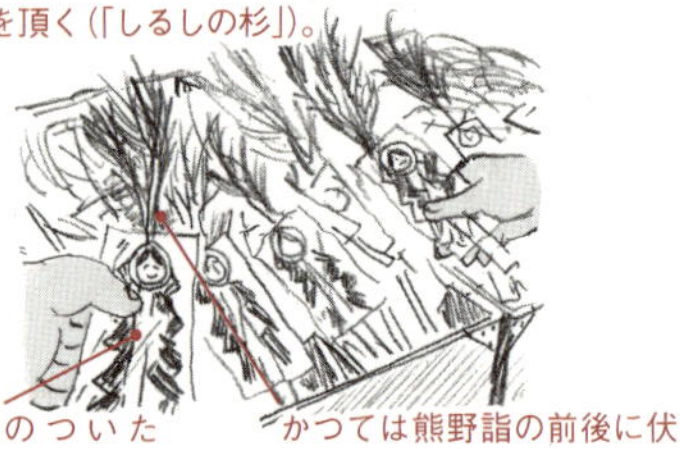

御幣のついた「しるしの杉」は商売繁盛の御幣。

かつては熊野詣の前後に伏見稲荷にお参りし[※3]杉の小枝を頂き、身につけたそう。

所在地：京都府京都市伏見区深草藪之内町68　創建年代：和銅年間（708-715年）　主祭神：稲荷大神　一口メモ：伏見稲荷大社の象徴ともいえる鳥居は、境内奥にそびえる稲荷山の入口付近に並ぶ。古くから稲荷山は神の降臨する場所と考えられており、鳥居は聖地への関門として立てられた。鳥居の数は計1万基にもなるといわれる。

全国に数多くある穀霊・食物の神が祭神、狐はその神使

稲荷信仰の神社では保食神《うけもちのかみ》、御食津神《みけつのかみ》などの穀霊、食物の神が主祭神とされる。狐はその神使として境内で見ることができる。「九尾《きゅうび》の狐」が化けたという美女「玉藻前《たまものまえ》」が祀られているところもある。

神使は狐

稲束をくわえる狐は豊穣を意味する。
巻物(仏教経典)をくわえる。
鍵をくわえる狐。蔵の鍵で、富貴と豊穣、諸願成就を示す。
宝珠をくわえる狐。宝珠も諸願成就を示している。

伏見稲荷大社の狐

寺のお稲荷さん・豊川稲荷

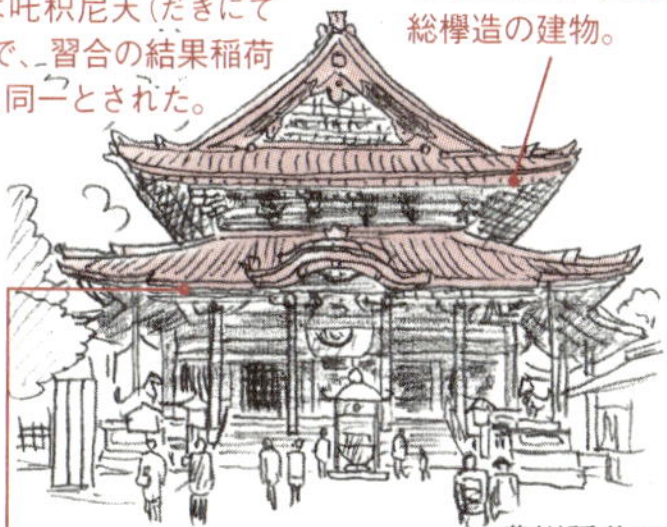
豊川稲荷(妙厳寺)の祭神は吒枳尼天(だきにてん)で、習合の結果稲荷神と同一とされた。
1930(昭和5)年竣工で、総欅造の建物。
入母屋造、妻入で2重の大きな建物。正面の唐破風のつく向拝だけでなく、左右両側面にも片流向拝がついている。

豊川稲荷(愛知)

九州の稲荷社・祐徳《ゆうとく》稲荷

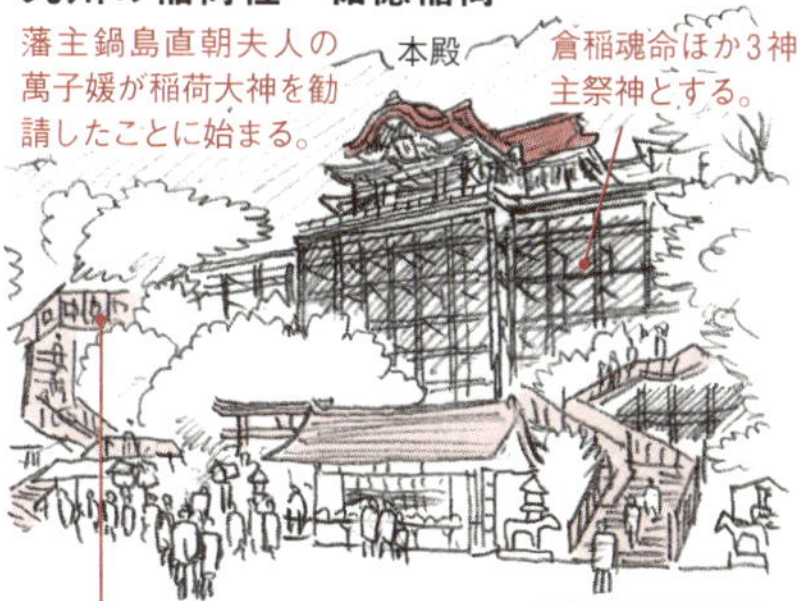
藩主鍋島直朝夫人の萬子媛が稲荷大神を勧請したことに始まる。
本殿
倉稲魂命ほか3神を主祭神とする。
崖に柱梁を組んだ懸造の上に入母屋造の本殿が建つ。設計は神社建築を追求し続けた建築家・角南隆。

祐徳稲荷神社(佐賀)

海の神も祀る大間《おおま》稲荷

かつては稲荷大神を百滝稲荷大明神と称した。

1883(昭和16)年に現在地へ移った。拝殿は入母屋造で、千鳥破風と向拝に唐破風がつく。
稲荷大神として倉稲魂命を祀り、中国由来の航海・漁業の神・媽祖などを合わせて祀る。

大間稲荷神社(青森)

海から現れた波除《なみよけ》稲荷

海から稲荷大神の神体が現れた伝承をもつ。

1937(昭和12)年建立。切妻造、妻入の拝殿の奥に神明造の本殿がある。
江戸時代、海から現れたご神体を祀ると強い波風がおさまり、築地の埋立てが無事に進んだことから波除とされた。

波除神社(東京)

海を静めた穴守《あなもり》稲荷

19世紀初めの創建で食物神・豊受大神(とようけのおおかみ)を祀る。

羽田空港の拡張によって現在地に社地を移した。設計は建築史の大家で建築家でもあった大岡實。
新田の開発時に堤防に穴が開いて進まず、稲荷神を勧請したことから、穴守稲荷とされた。

穴守稲荷神社(東京)

※1：稲荷とは「稲が実る」という意味で米、ひいては食物の神の神徳を示す言葉とされる。 ※2：稲荷信仰は真言宗の僧や巫女などにより民間に広まった。その間に多様なご利益が生まれた。 ※3：稲荷神は護法童子(高僧や山伏の使役する神霊)を遣わして熊野詣道中の安全を守護してくれるとされた。

航海の守り神 住吉さん

住吉大社《すみよしたいしゃ》【大阪】

住吉大社は住吉三神《すみよしさんじん》と呼ばれる、底筒男命《そこつつのおのみこと》、中筒男命《なかつつのおのみこと》、表筒男命《うわつつのおのみこと》と神功皇后《じんぐう》を祭神とする。伊弉諾尊《いざなぎのみこと》の禊《みそ》ぎ（34頁）から生まれた住吉三神は神功皇后に朝鮮半島への遠征、新羅国の征討を託宣した神で、古くから航海神とされてきた※1。興味深いのは各地の住吉神社が、大阪から対馬までの航路、すなわち大陸への道筋に位置していることで、これも航海神としての性質を示している。本殿の社殿形式・住吉造《すみよしづくり》は古式を残したもので、社殿配置も独特のものだ。また境内には商人らが奉納した石灯籠があり、交易の神としてもあつい信仰を集めたことがわかる※2。

対馬へ続く航路の始点

海に向かって縦1列に並ぶ
住吉大社は神功皇后が神託に従ってこの地に創建した。住吉三神を祀る第一本宮から第三本宮までが境内奥から手前に向かって縦1列に並ぶ。神功皇后を祀る第四本宮は第三本宮と並列する。

四角柱の「住吉鳥居」
社殿のある一角への入口に建つのは、角柱が特徴の住吉鳥居。

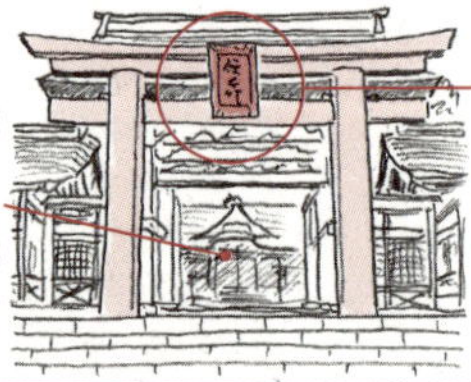

鳥居の先に本殿が縦1列に並ぶ（第四本宮除く）。本殿はすべて海のある西を向いている。

扁額は陶製で、有栖川宮幟仁親王の筆で住吉神社と書かれる。

第一本宮拝殿
畳敷き

各本宮本殿の前方には切妻造の拝殿がある。

屋内に立つ鳥居
拝殿と本殿をつなぐ屋内空間に鳥居が建つ。

土間
拝殿の中央は土間になっていて、そのまま本殿前に達する。

畳敷
土間の両脇は畳敷の部屋。

住吉造の本殿
各本宮とも拝殿の奥に本殿がある。

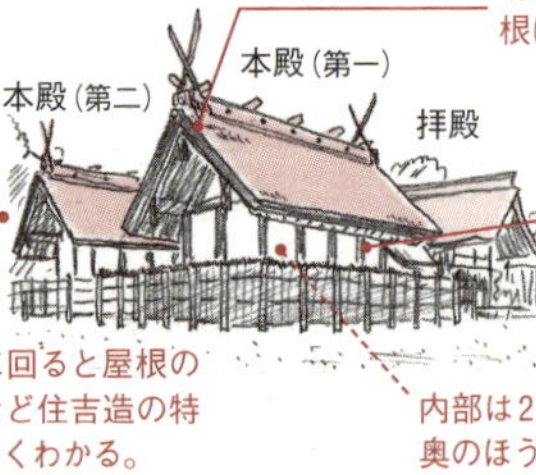
本殿（第二）
本殿（第一）
拝殿

切妻造、妻入で屋根に反りはない。

柱、梁、破風などは丹（に）塗り、板壁は白胡粉塗り。朱×白の外観だ。

背後に回ると屋根の形状など住吉造の特徴がよくわかる。

内部は2室に分かれ、奥のほうが1段高い。

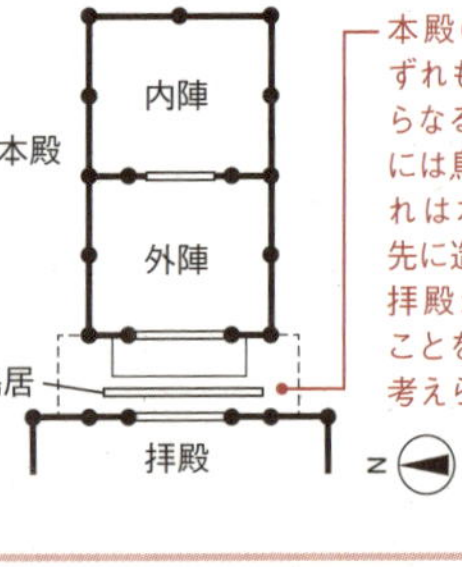
内陣
本殿
外陣
鳥居
拝殿
N

本殿の間取りはいずれも内陣・外陣からなる。拝殿との間には鳥居が立つ。これは本殿と鳥居が先に造られ、後世に拝殿が加えられたことを示していると考えられる。

所在地：大阪府大阪市住吉区住吉2-9-89　創建年代：神功皇后11年　主祭神：住吉三神／神功皇后　一口メモ：住吉大社で毎年6月に御田植神事が行われるなど、住吉信仰は農耕神としての一面もある。これは住吉大神（すみのえのおおかみ）が苗の育て方を教えたといういい伝えによる。このほか、和歌や武運など霊験は幅広い。

住吉神社は三韓征伐の足あと!?

住吉三神を祀る神社は全国に約600ある。それらはおおむね大阪から瀬戸内海、山口を通って北九州の福岡、そして壱岐、対馬へという神功皇后の三韓征伐のルートに位置する。

三大の1つ、福岡の住吉神社

住吉神が生じた地であり、全国の住吉社の初め、日本第一住吉宮と称される。

住吉三神のほか神功皇后、天照大神（あまてらすおおみかみ）を祀る。

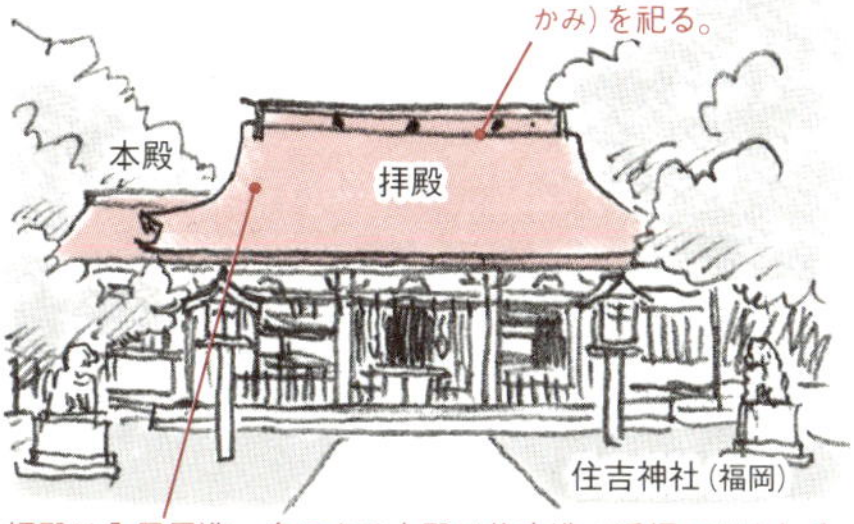

住吉神社（福岡）

拝殿は入母屋造。奥にある本殿は住吉造で透塀で囲まれる。

三大の1つ、下関の住吉神社

神功皇后が受けた神託によって創建された。

本殿は5つの流造の建物をつなげ、各々の間も部屋にした九間社流造。

住吉神社（山口）

住吉三神の荒魂を祀るほか、応神天皇、神功皇后ら5神を本殿の祭神とする。

本殿の中央に位置する切妻造妻入の拝殿は毛利元就の造営。

住吉三神とともに祀られる神功皇后

息子・応神天皇が八幡神（106頁）と同一とされたため、各地の八幡宮に祀られるほか、聖母大菩薩として習合・信仰された。

軍を率いて新羅を攻めた時には懐妊していたという。この時の子が後の応神天皇。

出兵は住吉三神の託宣であり、海の神・安曇磯良（あづみのいそら、46頁）ら神の加護があって三韓征伐を成功に導いた。

三大の1つ、宮崎の住吉神社

黄泉（よみ）から戻った伊弉諾尊が禊ぎをし、住吉三神が生じた場所と伝わり「元宮」を名乗る。

元宮をさす
「元」マーク

元宮を端的に表した神紋。

拝殿は切妻造、平入で千鳥破風がつき、向拝には唐破風。奥にある本殿は切妻造、妻入。

住吉神社（宮崎）

※1：『日本書紀』によれば、往路・復路とも無事に航海を終えて朝鮮半島から凱旋した神功皇后は、住吉三神の加護に感謝し、摂津国（大阪）に住吉神社（のちの住吉大社）を創建したとされる。 ※2：奉納された参道の石灯籠の数は600を越す。その特徴は大きさで、なかには5mを越すものもある。これらは特に「住吉灯籠」と呼ばれることもある。

武・猟・風の神 諏訪信仰

諏訪《すわ》大社【長野】

諏訪大社は上社本宮《かみしゃほんみや》・前宮《まえみや》、下《しも》社春宮《しゃはるみや》・秋宮《あきみや》の4社からなる。このうち上社は山が、下社は神木がご神体で本殿をもたず、古い祭祀形態が残る。また6年ごとの御柱《おんばしら》祭《まつり》でも有名だ。祭神は上社本宮が建《たけ》御名方神《みなかたのかみ》、前宮がその妃・八坂刀売《やさかとめの》神《かみ》で、下社はその両神を祀る※1。

御柱祭の前年には「薙鎌《なぎかま》」を木に打ち込む神事が行われる。鳥形をした薙鎌は風を「凪《な》ぐ」に通じ、風を鎮めるとされる。これが転じて台風除けの神としても知られている。

全国の末社の多くは諏訪の名を冠するが、祭神名から南方《みなかた》神社と称する社もある。

本殿の代わりにそびえる神の木々

下社春宮

諏訪大社の拝殿は上下社各宮とも特殊な形式。下社は春宮・秋宮とも楼門の幣拝殿と左右の片拝殿で構成される。

幣拝殿
片拝殿
片拝殿

門の形をしており、切妻造で正面に唐破風がつく。1階は床を張り、2階の縁には高欄がつく。

下社春宮は大隅流柴宮長左衛門が手がけ、秋宮は立川流立川和四郎富棟の手による。どちらも諏訪の大工。

幣拝殿の左右にある横長の片拝殿。切妻造の屋根は手前に長く流れる片流で、後ろへは少し出る形で、招屋根といわれる。

上社本宮

上社本宮は切妻造の幣殿、それと連結した向唐破風造の拝殿、左右の片拝殿からなる。

幣殿
片拝殿
片拝殿
拝殿

切妻造の門の形をした幣殿。扉とその周りには華麗な彫刻がふんだんに施されている。

唐破風の曲線が正面に来る向唐破風造の拝殿。床には高欄が回り、左右の片拝殿から階段で登る。

切妻造で拝殿の左右に建つ片拝殿。

御頭祭《おんとうさい》

農作物の豊穣を祈り、祭神に鹿の頭など鳥獣魚類を捧げる。

かつては75頭もの鹿の頭がが捧げられた※2。

現在は神饌（しんせん）として剥製の鹿の頭と鹿肉を捧げるが、かつては生体が捧げられた。

所在地：長野県諏訪市中洲宮山1（本宮）／茅野市宮川2030（前宮）／諏訪郡下諏訪町193（春宮）／諏訪郡下諏訪町5828（秋宮）
創建年代：不明　主祭神：建御名方神／八坂刀売神　一口メモ：諏訪信仰の起源は竜神または霊蛇の信仰（諏訪明神）とも。本宮拝殿、幣殿、片拝殿などが重要文化財に指定されている。

諏訪神に捧げる豪快な神事

狩猟神、農耕神として知られる諏訪神だが、中世には軍神としての信仰も集めた。
6年に1度の御柱祭に合わせ、全国の諏訪神社でも祭事が行われる。

諏訪大社の御柱祭

山から切り出し、引き下ろした大木を4カ所の神社各々の中心部の4隅に建てる。御柱の意味や起源については諸説ある。

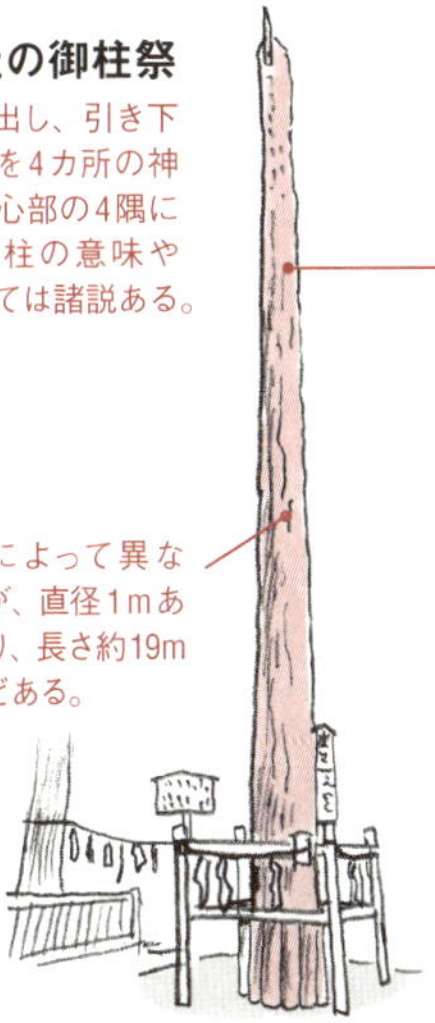

柱によって異なるが、直径1mあまり、長さ約19mほどある。

御柱を立ち上げる「建御柱《たておんばしら》」

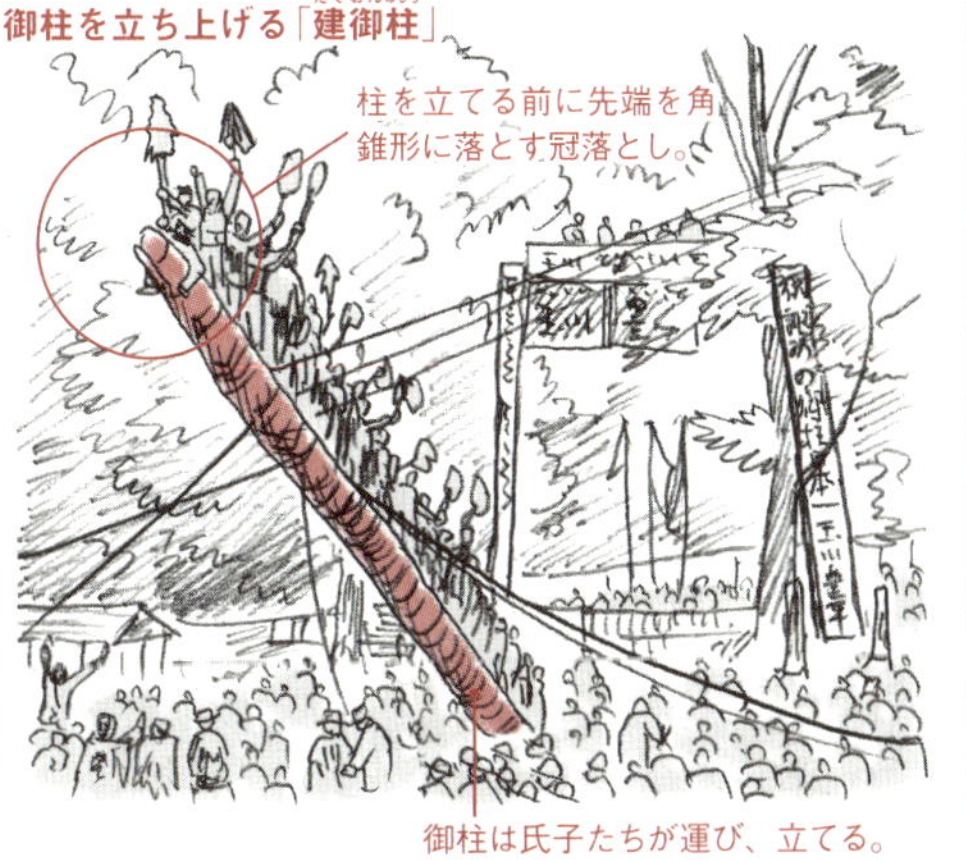

柱を立てる前に先端を角錐形に落とす冠落とし。

御柱は氏子たちが運び、立てる。

薙鎌打ち神事

御柱祭の前年、長野県小谷村の小倉明神社と境宮諏訪神社で交互に行われる。諏訪下社の宮司が出向いて社殿の前の大杉に薙鎌を打ち込む。

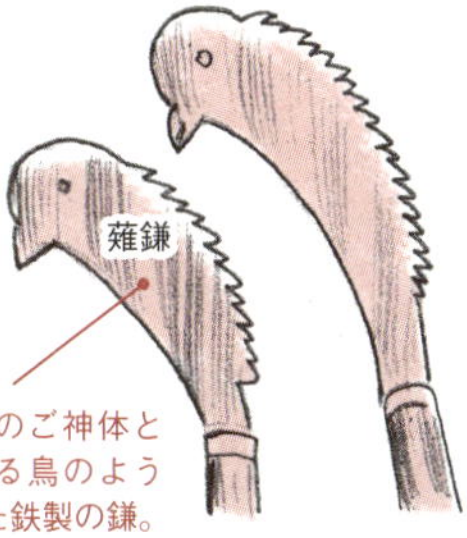

諏訪大社のご神体ともいわれる鳥のような形をした鉄製の鎌。

御柱見立て

御柱祭に先立ち御柱とする木を山で決める神事。

御柱となるのはモミの木。太さや長さなど適した木が前年に仮見立てされ、祭りの年に正式に見立てがなされる。

諏訪神に捧げる長崎くんち

鎮西大社諏訪神社は、江戸の再興後に建てられた社殿が1857(安政4)年に火災に遭い、1869(明治2)年に再建、1982(昭和57)年に増改築された。

拝殿の後ろに廊が伸びて祝詞殿とつながり、その奥に入母屋造の本殿がある。

拝殿は入母屋造で正面に向拝がつく。

鎮西《ちんぜい》大社諏訪神社(長崎)

長崎くんち

異国情緒にあふれる祭りで諏訪神に踊りなどが奉納される。

船をかたどった曳き物のうち、龍船は見どころの1つ。

※1：葦原中国(あしはらのなかつくに)の支配権を譲るよう交渉するべく天上の国・高天原からやってきた武甕槌神(たけみかづちのかみ、42頁)に、力比べを挑んで敗れた建御名方神(大国主神の息子)が逃げ、たどり着いた先が諏訪だと伝えられている。 ※2：そのなかには必ず耳の裂けた「耳裂鹿」が混じっていたという。これは神が矛で鹿を捕らえた際にできた傷だともされる。

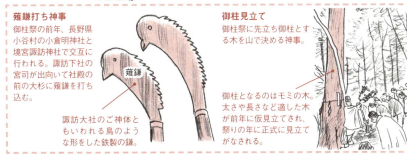

常陸《ひたち》から京《みやこ》へ春日《かすが》信仰

春日大社［奈良］

奈良県御蓋山《みかさやま》の麓に建つ春日大社は、藤原氏の氏神・武甕槌神《たけみかづちのかみ》、経津主神《ふつぬしのかみ》、天児屋命《あめのこやねのみこと》、姫神《ひめがみ》を勧請したことに始まる※1。

中世には興福寺（奈良）と強い関係をもち、春日神《かすがのかみ》に慈悲万行菩薩《じひまんぎょうぼさつ》の仏称が捧げられた。春日神にゆかりのある亡者は、必ず極楽へ救済されるという説話も生まれ、庶民からも多くの信仰を集めた。

室町時代には、春日大社の春日神と伊勢神宮（108頁）の天照大神《あまてらすおおみかみ》、石清水八幡宮の八幡神《はちまんしん》の神号などを一幅に並べて書いた「三社託宣《さんじゃたくせん》」が流布、各地で春日講※2が組まれ、春日神社が建てられた。

国の繁栄を祈る春日大社

国宝の本殿

現本殿は1863（文久3）年の建造。それ以前は20年ごとに形式を踏襲して建て替えられてきた。この時、古い社殿は奈良を中心としたほかの神社に譲られた。これは、神社同士の結びつきを強める意味合いがあった。

第四殿
鰹木
置千木
第三殿
第二殿
第一殿

春日造の本殿

回廊の奥に春日造の社殿が4つ並ぶ。木部の朱と壁の白の対比が美しい。

第一殿で祀られる武甕槌神は「国譲り」（42頁）に登場する戦の神。

第三殿で参られる天児屋命は天照大神が天岩戸隠れ（38頁）した時に活躍した神。

国民の幸せを願う春日祭《かすがさい》

春日祭では勅使（天皇のお使い）が遣わされる。明治時代に旧儀が再興された。

勅使

勅使が派遣される祭りには春日祭のほか葵祭（22頁）、石清水祭（107頁）などがある。

祭神は春日神

初めに平城京鎮護のために鹿島神宮（茨城、84頁）より武甕槌神が勧請され、後に香取神宮（85頁）の経津主神、河内国（大阪）の枚岡神社より藤原氏の祖神・天児屋命と姫神を合わせて祀り、この4神を春日神と称する。

所在地：奈良県奈良市春日野町160　創建年代：768年　主祭神：春日神　一口メモ：藤原氏により創祀された春日大社は、同氏にゆかりのある興福寺とのつながりも深かった。平安時代にはその興福寺が春日大社の実権を握り、1135（保延元）年には境内に春日若宮社を創建した。本殿の4棟が国宝に指定されている。

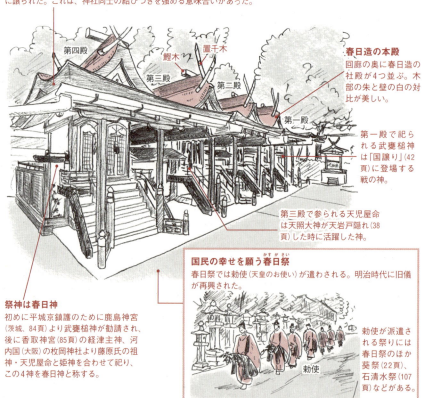

本地垂迹のシンボル、春日大社

春日神は中世の本地垂迹説（64頁）で本地仏《ほんじぶつ》を慈悲万行菩薩と定められている。創建以前、社殿のあった辺りには摂社・榎本神社の神※3が祀られていたという。

春日大社・南門

現在見られる構成は平安時代前期から変わらないが、かつては南門をはじめ回廊の門と本殿前の中門は鳥居で、廊は瑞垣であったと考えられている。この変化は寺院建築の影響によるもの。

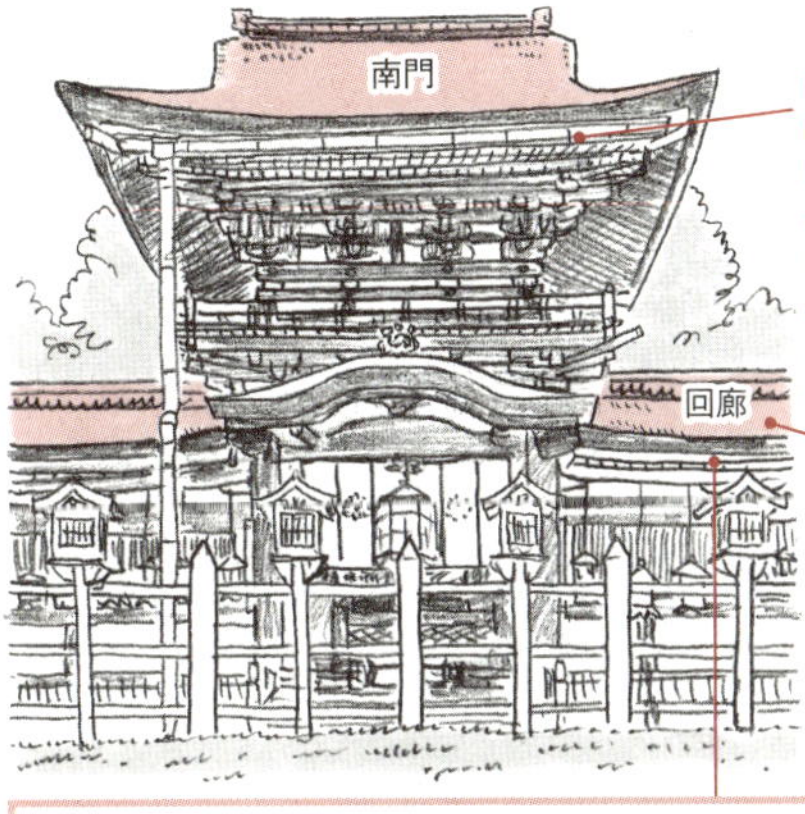
南門
回廊

南門は二重門（楼門）、屋根は入母屋造、2階には縁が回る。本殿と同じく木部は朱塗り、小口は黄、壁は白と鮮やかに塗り分けられている。

社殿の建ち並ぶ一画を囲む回廊。通路として使われていない部分もある。

中元万灯籠

お盆（中元）などには人々が回廊など境内の至るところにある灯籠に浄火を灯して無病息災などを祈願する。仏教の影響が見られる行事の1つ。

境内には釣灯籠が約1,000基あり石灯籠が約2,000基ある。

春日神鹿《しんろく》・御正体《みしょうたい》

神使・鹿に仏と神を表した神体を載せた神仏習合思想を形にしたもの（細見美術館［京都］蔵）。

榊の枝に月輪が掛かり、本地垂迹説にもとづいた仏が「鏡」に毛彫りされている。

雲は神鹿が飛んできたことを表現。

祭神・武甕槌神が鹿島から白い鹿に乗って飛んで来たという伝承がある。なお、鹿と武甕槌神の関係（84頁）は「国譲り」の神話に端を発する。

春日神を祀るのは春日神社だけじゃない

元春日《もとかすが》・枚岡《ひらおか》神社

春日大社の天児屋命と姫神は枚岡神社から勧請されたので、元春日と称される。このほか、武甕槌神と経津主神を祀る。

中門・透塀の後方に春日造の本殿が4棟並ぶ。

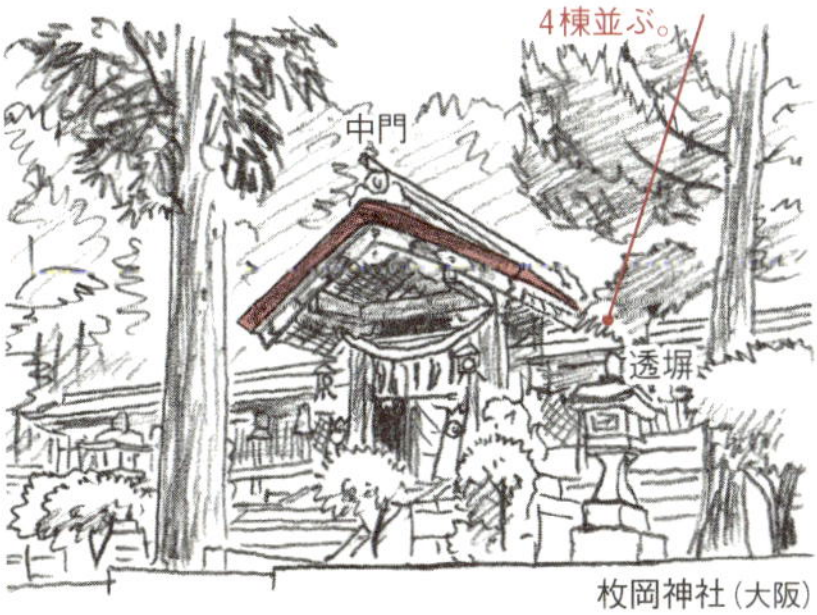
中門
透塀

枚岡神社（大阪）

分社・吉田神社

平安京の守護と藤原氏の氏神として創建。春日大社の分社。

4棟の社殿が並ぶ本殿は春日大社と同じ春日造。

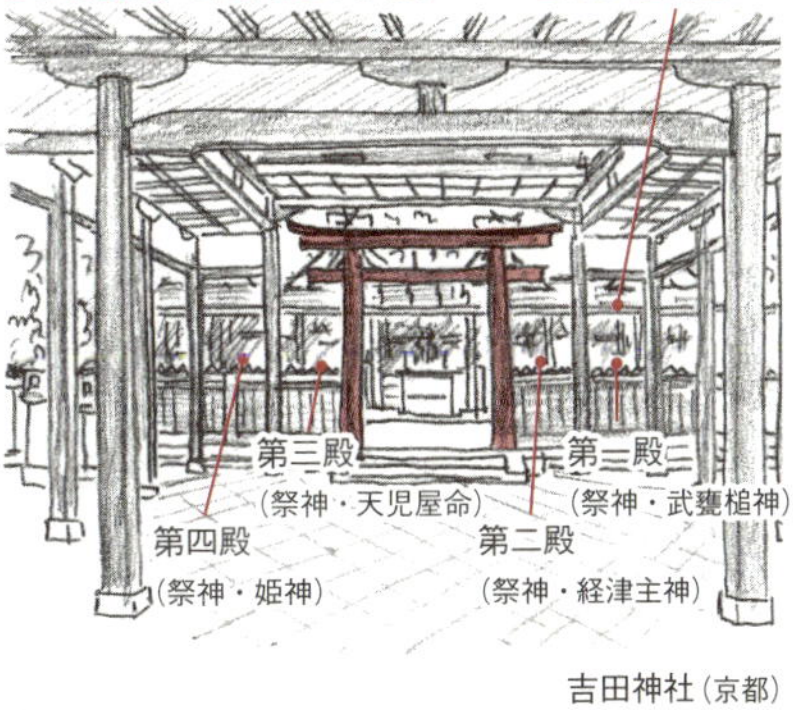
第三殿
（祭神・天児屋命）
第一殿
（祭神・武甕槌神）
第四殿
（祭神・姫神）
第二殿
（祭神・経津主神）

吉田神社（京都）

※1：藤原氏の先祖は常陸国の豪族で、鹿島神宮とつながりがあったことから、春日大社の主祭神も鹿島神宮と同じ武甕槌神となった。 ※2：絵図などを掲げ礼拝を行ったのち、全員で春日大社に参拝した。 ※3：春日大社の社殿があった土地に住む豪族・春日氏により祀られていた地主神。

仏教と関わる八幡《はちまん》信仰

宇《う》佐《さ》神宮［大分］

宇佐神宮は八幡神《はちまんしん》※1の総本社で、古来より朝廷からあつい信仰を受けた（56頁）※2。また宇佐から勧請された京都の石清水八幡宮も皇室の祖先を祀る神社として尊崇を受けた。石清水八幡宮は、皇族に出自をもつ源氏が守護神としたことで八幡神は武門※3の神にもなった。

八幡神は仏教との関わりが深い※4。生物を放つ「放生会《ほうじょうえ》」は仏教の殺生禁断にもとづく儀式であり、八幡神《はちまんしん》像《ぞう》も僧形で表現される。

なお各地の八幡《はちまん》神社は宇佐、石清水、鶴岡（鎌倉）の各社から勧請されたものが多い。特に武士が所領に建てた神社では鶴岡が多数を占める。

八幡信仰の総本社、宇佐神宮

全国の八幡宮の大本

本殿のある「上宮」のほか境内にある「下宮」でも同じ3柱の神を祀る。本殿は切妻造・平入の奥殿と前殿を前後につなげた「八幡造（はちまんづくり）」。互いの軒先をつなぐように雨樋を入れる。

3つ並ぶ本殿

3柱の神はそれぞれの社殿に鎮座する。八幡大神は「一の御殿」に坐す。

入母屋造。
一の御殿
二の御殿
申殿《もうしでん》
奥殿（内院）
前殿（外院）
金色の樋がつけられている。

上宮《じょうぐう》の入口、南中楼門《みなみちゅうろうもん》

本殿のある一画を上宮といい、その正面入口が南中楼門だ。上宮は回廊で囲まれている。

南中楼門
回廊
回廊

入母屋造の2階建ての門、楼門。通常の参拝者はここから礼拝する。

奥にある本殿の位置に合わせて、回廊には拝所が造られている。

門の左右には守護神（門守神）として高良大明神と阿蘇大明神を祀る。どちらも九州の大社の祭神。

所在地：大分県宇佐市南宇佐2859　創建年代：725年　主祭神：八幡大神／比売大神／神功皇后　一口メモ：明治の神仏分離令により、本地仏としての神号「八幡大菩薩」は禁止されたが、八幡大菩薩の名称は民間に根強く残った。本殿が国宝に指定されている。

仏と習合した「八幡大菩薩」

東大寺（奈良）の大仏建設の際、宇佐の八幡神が託宣（お告げ）を出して協力するなど、八幡信仰は仏教との習合色が強い。八幡神を勧請した各地の神社でも「放生会」などその名残が見られる。

宇佐神宮は放生会発祥の地

この神事は、八幡神自らが出兵し、討ち取った隼人（はやと）の霊を慰めるために、生き物を放って（放生）供養したことが由来。

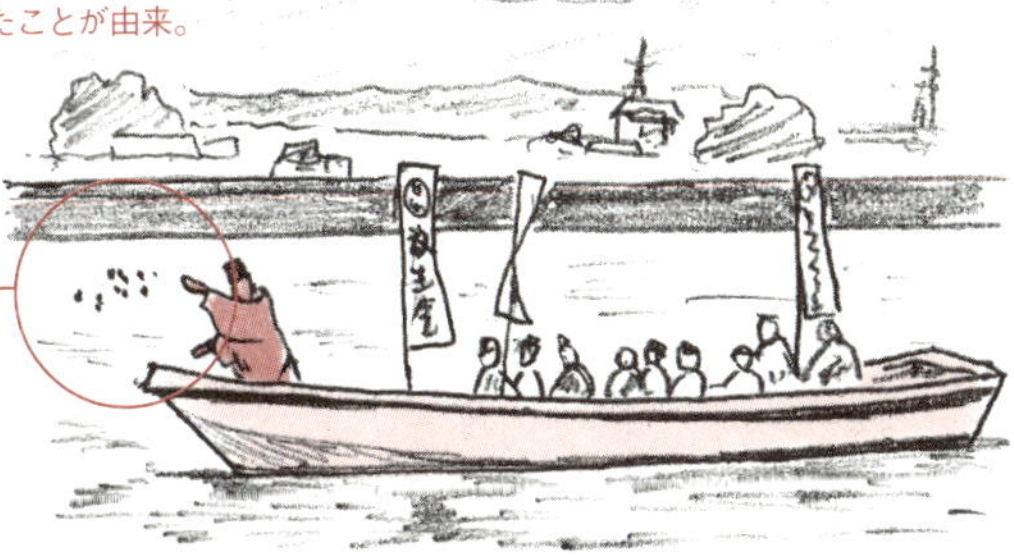

海に放つのは蜷（にな）という巻き貝の1種。殺生を戒める仏教の戒律にもとづく。

日本三大八幡宮・八幡《やわた》のはちまんさん

八幡市にある石清水八幡宮。楼門は1634（寛永11）年、徳川家光の命によって再建されたもの。

入母屋造の楼門。左右に回廊が伸び、本殿を囲う。

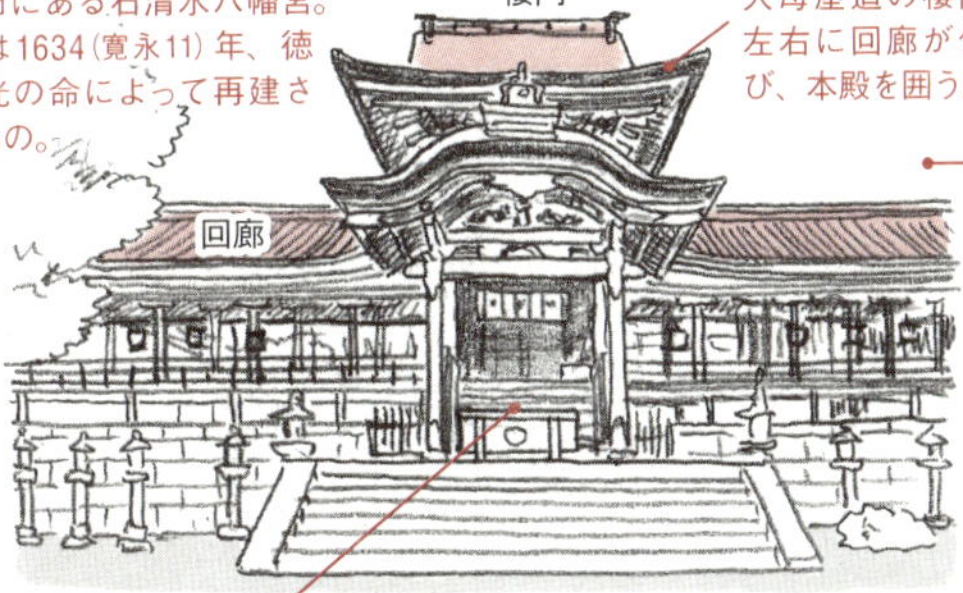

楼門の前の唐破風造の拝所で礼拝する。

石清水八幡宮（京都）

石清水八幡宮の放生会

「石清水祭」という例祭の放生会で、生き物を放した後には「胡蝶の舞」が舞われる。

胡蝶の羽根をつけ、宝冠をかぶり山吹の花をもった子どもが舞う。

三大八幡宮の1つ・筥崎宮《はこざきぐう》

八幡神を祀り、玄界灘近くに境内地をもつ神社。放生会で知られる。

元寇の時、亀山上皇が祈願して掲げた扁額には「敵国調伏」とある。

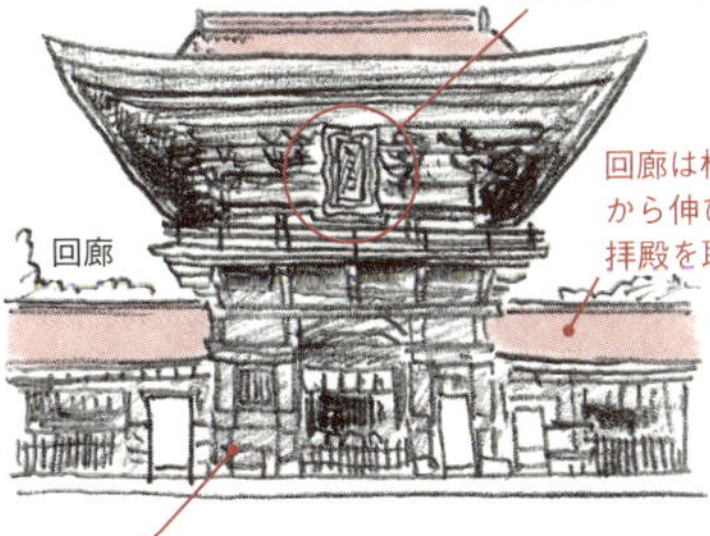

回廊は楼門の左右から伸び、本殿・拝殿を取り囲む。

入母屋造の楼門。

筥崎宮（福岡）

八幡神の墓の隣・誉田《こんだ》八幡宮

八幡神とされた応神天皇の御陵の前に造られた社に始まる。

応神天皇が主祭神。社名は応神天皇の諱（いみな）・誉田別尊（ほむ［ん］だわけのみこと）にちなむ。

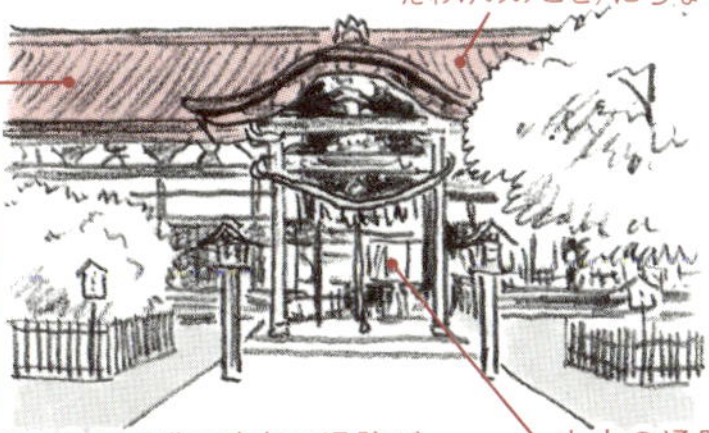

拝殿は入母屋造で内部に通路が設けられ、そこに唐破風の向拝をつける。建物の中央に土間の通路が通る形式の拝殿を割拝殿という。

中央の通路、馬道（めどう）。

誉田八幡宮（大阪）

※1：第15代応神天皇と神功皇后、姫神、または仲哀天皇の3神を八幡神と呼ぶ。 ※2：もともと八幡神は九州の地方神であったとされ、大和朝廷が各地を平定した際、九州の隼人との戦いで八幡神の加護を求めた。 ※3：武家、すなわち武士の家系を意味する。 ※4：宇佐神宮の縁起書『八幡宇佐御託宣集』にも神仏の習合を記した箇所がある。

5 皇室も民衆もお伊勢さんへ

伊勢神宮【三重】

伊勢神宮の正式名称は簡潔に「神宮」という。そのうち内《ない》宮《くう》の皇大神宮《こうたいじんぐう》は天照大神《あまてらすおおみかみ》、外宮《げくう》の豊《とよ》受大神宮《うけだいじんぐう》は豊受大神《とようけのおおかみ》を祭神とする。

伊勢信仰が民衆に広まったのは江戸時代、崇敬者・参詣者らに対してガイドのような役割を果たしていた御師《おし》によるところが大きい。彼らは伊勢講と呼ばれる参詣者の団体を集め、順番に自らの邸宅に泊まらせ、お伊勢参りをさせていた。

江戸時代に60年周期で3度にわたり起こった熱狂的な伊勢神宮への集団参詣「おかげ参り」では、参詣者は道すがら街道沿いの人々からの施しを受けながら伊勢に向かった。

神宮は純粋な造形が特徴

外宮正宮《しょうぐう》

豊受大神宮（外宮）は食物の神・豊受大神を祀る。

貫が柱を出ない神明鳥居（13頁）。板垣南御門とも呼ばれる。

内外宮とも建物の維持、技術の伝承、清浄さの維持などを理由に20年ごとに隣の敷地へ同じ建物を建てて造り替える（式年造替）。

板垣。本殿までの間にはさらに外玉垣、内玉垣、瑞垣がある。

内宮正宮

皇大神宮は内宮と呼ばれ、天照大神を祀る。

内外宮とも素朴な神明鳥居（神明鳥居）。

外玉垣南御門の内側にさらに2つの門があり、その奥に正殿（本殿）が立つ。正殿は切妻造・平入の神明造で、千木・鰹木がある茅葺屋根や掘立柱が古代からの姿を伝える。妻側には棟木を支える棟持柱が立ち、縁側の高欄の柱には「五色の座玉（すえたま）」が据えられている。

榊（さかき）に木綿（ゆう）と神垂（かみしで）をつけたもの。内部が清浄な神域であることを示す。

所在地：三重県伊勢市宇治館町1（内宮）／伊勢市豊川町279（外宮）　創建年代：垂仁天皇26年（内宮）／雄略天皇22年（外宮）　主祭神：天照大御神（内宮）／豊受大御神（外宮）　一口メモ：伊勢神宮の外宮では創祀からこれまで1,500年間、1日も欠かさず朝と夕の2度、神饌をお供えする「日別朝夕大御饌祭」が行われている。

熱狂的な伊勢参詣ブーム「おかげ参り」

伊《い》勢《せ》御《お》遷宮《せんぐう》参詣《さんけい》群衆《ぐんしゅう》之《の》図《ず》（歌川貞秀）

昔から式年遷宮の翌年は「おかげ年」といわれ参詣者が多く賑わった。

伊勢御遷宮参詣群集之図

いせ道中記浪花講

いせ道中記
浪花講
伊勢参拝の人の役に立ったガイドブック。

全国に広がった伊勢信仰

各地に勧請された神明社や大神宮※などの多くも伊勢神宮の社殿・鳥居の形式を踏襲している。

最古の神明造《しんめいづくり》を残す仁科神明宮

かつて仁科の地が伊勢内宮の領地だったため、その守護を願って勧請された。本殿は現存最古の神明造。

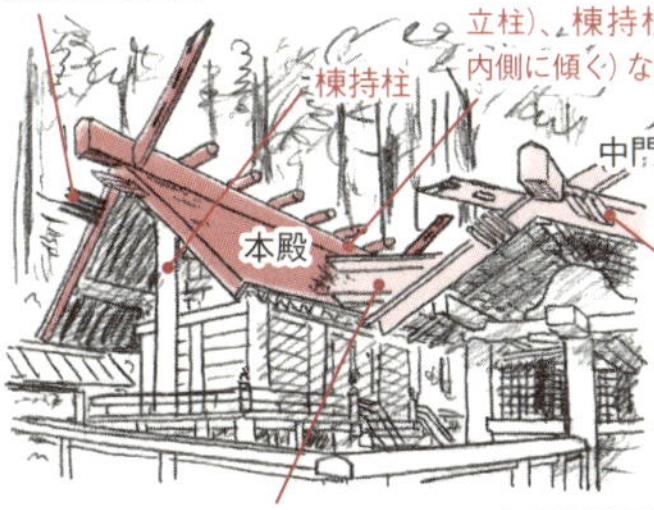
伊勢神宮と同じ神明造だが、屋根が檜皮葺（伊勢神宮は茅葺）、柱が礎石建て（伊勢は掘立柱）、棟持柱が垂直（伊勢は内側に傾く）などの点が異なる。
鞭掛（むちかけ）
棟持柱
中門（前殿）
本殿
切妻造で千木、鰹木、鞭掛をつける。
本殿と中門を結ぶ釣屋。

仁科神明宮（長野）

多くの神を祀る北の大神宮

山上大神宮の主祭神は天照大神と豊受大神など。室町時代に修験者が開いたとの伝承がある。

拝殿は神明造で手前に切妻造、妻入の拝所が伸びる。1932（昭和7）年の竣工。

山上《やまのうえ》大神宮（北海道）

東北のお伊勢さん

開成山大神宮は明治時代の土地開発にあわせて勧請された。

拝殿の奥にある本殿は1975（昭和50）年に神宮の式年遷宮の古材を受けて造営された。神明造。
拝殿
1991（平成3）年完成した拝殿は、神明造の正面に切妻造・妻入の向拝がつく。

開成山大神宮（福島）

関東のお伊勢さん

芝大神宮は武蔵国の守護神として創祀。現在は内宮の天照大神と外宮の豊受大神を主祭神とし、相殿として源頼朝と徳川家康を祀る。

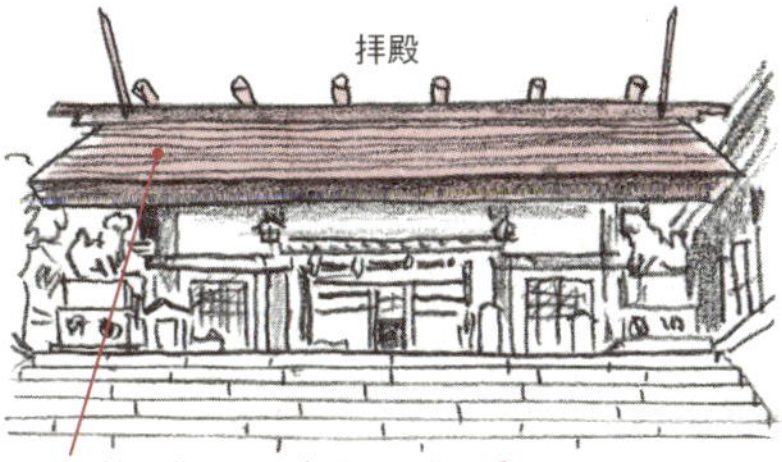
拝殿
拝殿は神明造風で、本殿とともに千木の先端を水平に切る内削ぎ。

芝大神宮（東京）

※：「神明社」「大神宮」は伊勢神宮（内宮）の神である天照大神を勧請して祀った神社をいう。ただし、神明社・大神宮という2つの神社名の違いに、明快な規則性を見つけることは難しい。

由来も複雑祇園《ぎおん》信仰

八坂《やさか》神社［京都］

かつて「祇園社」と呼ばれた八坂神社は祇園信仰の中心である。祇園信仰の神は牛頭天王《ごずてんのう》。インドの僧院・祇園精舎《ぎおんしょうじゃ》※1の守護神が中国で陰陽道の影響を受け変化したものだ。日本では素戔嗚尊《すさのおのみこと》と習合し、風土記の説話「蘇民将来《そみんしょうらい》」にも登場する武塔天神《むとうてんじん》と同一とされる。

武塔天神は疫病神という性格をもち、怨霊とともにこれを慰めるべく祇園御霊会《ぎおんごりょうえ》が行われるようになった。

その後祇園信仰は疫病除けの神として各地に勧請《かんじょう》され、祇園社や天王社となった※2。その中には明治以降、八坂神社、八雲神社と改称したところも多い。

日本三大祭の１つ祇園祭

疫病除けの祭り、祇園祭。山鉾（やまほこ）巡行は各町が豪華さを競ったため、それぞれが芸術品・文化財として価値の高いものとなっている。

それぞれの山鉾（「鉾［ほこ］」と「舁山［かきやま］」）にはご神体が祀られる。

天水引（てんみずひき）

重さは約7tにもなる。山鉾は下に台車がついている。

囃子方や屋根方などが乗る「鉾」

屋根に鳳凰をつけた神輿（鳳輦）には素戔嗚尊が乗る。

4人の男が鉾をもって神輿の前を歩く。

所在地：京都府京都市東山区祇園町北側625　創建年代：656年　主祭神：素戔嗚尊／櫛稲田姫命／八柱御子神　一口メモ：祇園祭（御霊会）は当初、疫病を鎮めることが目的だった。室町時代に入って山鉾が登場した。現在の祇園祭では33基の山鉾が巡業。その形態はバラエティに富む。

疫病除けの祇園さん、八坂神社

祇園造《ぎおんづくり》の本殿

神の居場所とされる本殿（神殿）と参拝者が訪れる拝殿（礼堂）は本来別のものだが、祇園造ではこれらを同じ屋根の下に合わせている。神殿の前に礼堂をつけ、それを1つの屋根で覆うなど、寺院建築に近いこの様式は「神仏習合」と深い関係をもつ祇園信仰を象徴的に示している。

神仏習合を示す建築様式

内部は「神殿」の4周に庇が回り、その前に「礼堂」がつく。さらに、周囲には庇がつくという空間構成。

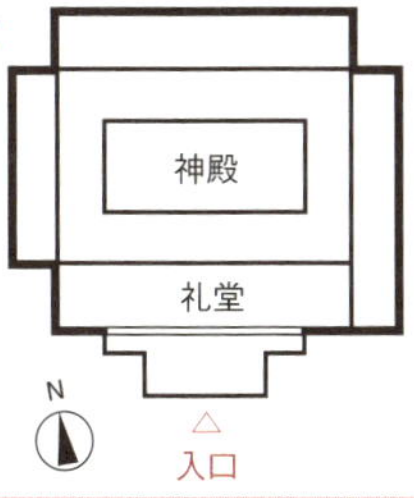

1646（正保3）年に前社殿が焼失したのち、再建された。

奥行きのある建物に大きな入母屋造の屋根が掛かり、千木や鰹木がない姿は寺院で見られる仏堂に近い。

元祖・祇園祭の様子

『年中行事絵巻』では平安時代の京都・祇園会の様子を伝える。神輿（みこし）の行列には楽人や芸能者などがいる。怨霊を鎮めるという考えで始まった祇園御霊会は、のちに疫病除けの祭りと変わった。中世以降には山口や鎌倉などで行われ、それが各地の分社・八坂神社へと広がった。

素戔嗚尊の妃・奇稲田姫（くしなだひめ）が乗る神輿（葱華輦、そうかれん）。

馬上で楽器を奏する楽人たち。覆面をした人物もいる。

素戔嗚尊の御子神・八王子神が乗る鳳輦（ほうれん）の神輿。

巫女が馬に乗り傘をさす。

※1：古代インドのコーサラ王国にあったとされる寺院。 ※2：祇園信仰の神社にはいくつかの系統があるが、その主流となっている八坂神社や広峯神社（兵庫）は「牛頭天王系」とされ、信仰をたどると鎌倉時代に編纂された注釈書『釈日本紀』の中の「備後国風土記」逸文に行きつく。八坂神社と広峯神社のどちらが総本社かについては諸説あり、はっきりしない。

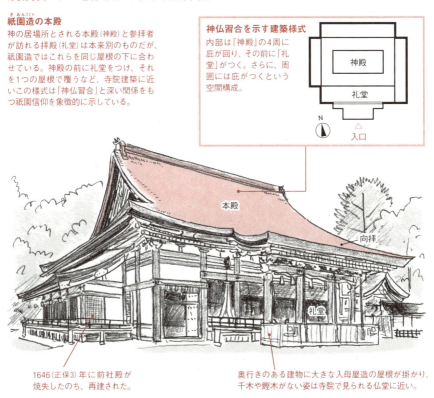

各地の祇園信仰の神社

祇園信仰の神社の主流は八坂神社や広峯神社（兵庫）を本社とする系統。このほかに出雲（島根）の須佐神社や須我神社を本社とするものなど、さまざまな系統が全国に存在する。

八坂神社を本社とする弥栄《やさか》神社

室町時代に八坂神社から勧請して創建、かつては祇園社といった。

素戔嗚尊を主祭神とする。

高い基壇の上に本殿を建てるのは津和野の城下周辺の神社建築に見られる特徴。

本殿は1859（安政6）年再建。

弥栄神社（山口）

八坂がルーツ・鷺舞《さぎまい》

鷺の被り物をし、鷺の羽を肩につけた2人の舞人が囃子に合わせて舞う神事。

弥栄神社の鷺舞は16世紀に山口祇園会※1のものを移したといわれ、その後中断するが、17世紀に京都の祇園会のものを移して再興したという。

こちらも本社・広峯《ひろみね》神社

拝殿と本殿に高低差があるため、この2つをつなぐ廊（ろう）は傾斜がある。

正面10間で左右対称ではない点が変わった入母屋造の拝殿。内部は床張りの1室空間。

祭神は素戔嗚尊、五十猛神（いそたけるのかみ）。なお江戸時代以前の祭神は「牛頭天王（ごずてんのう）」とされるがこれも素戔嗚尊と同体※2である。

広峯神社（兵庫）

本殿の9つの穴

拝殿後方に建つ本殿は、正面11間の長い建物で、入母屋造。中に3つの流造社殿を置く。この形も神仏習合の影響を受けたものだ。

本殿裏の9つの穴は九曜に対応していて、参拝者は自分の星のところで礼拝する。

個性派・素盞雄《すさのお》神社

神仏分離以前は牛頭天王、飛鳥権現の2神を祀っていたが、現在は素戔嗚尊と事代主神（ことしろぬしのかみ）を祀る。

拝殿

江戸にコレラが蔓延した際、多くの参詣者が訪れたという。

素盞雄神社（東京）

※1：室町時代、長州一帯を守護した大内氏の当主・大内弘世が八坂神社から勧請して山口八坂神社が創建された。この時に山口祇園会も始まったとされる。 ※2：江戸時代以前から牛頭天王＝素戔嗚尊という認識はなされていたが、神仏分離により祭神を素戔嗚尊と改めることとなった。

富士山を拝む浅間《せんげん》信仰

富士山《ふじさん》本宮《ほんぐう》浅間《せんげん》大社［静岡］

神の宿る山・富士山を崇める浅間信仰の中心が富士山本宮浅間大社だ。この神社は平安時代初期、山宮を遷座して創建された。

平安以降は修験道と関わりをもち、室町時代には富士山頂への参拝が盛んになる。当時は御師《おし》や先達《せんだつ》と呼ばれる宗教者が参詣のご利益を説き、信者の集まりである団体・講を先導して富士山を目指した。

浅間大社の分社は関東・東海地方の富士山を望める地域に多い。また、江戸には富士山を模したミニチュア「富士塚」が数多く造られた。民衆はそこに登り、登拝したのと同じご利益を得ようとしたのである。

神の宿る富士山がご神体

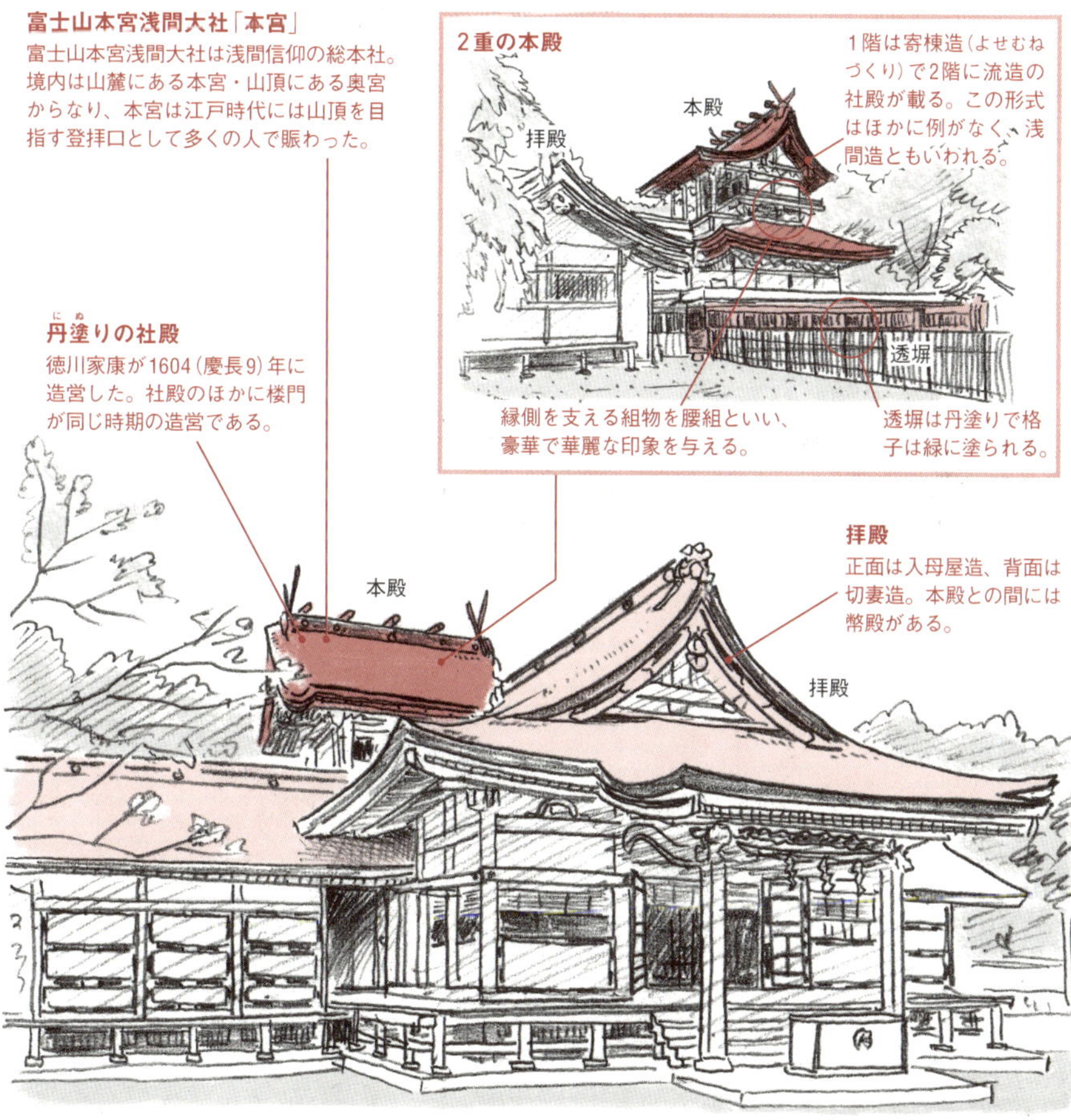
富士山本宮浅間大社「本宮」
富士山本宮浅間大社は浅間信仰の総本社。境内は山麓にある本宮・山頂にある奥宮からなり、本宮は江戸時代には山頂を目指す登拝口として多くの人で賑わった。
2重の本殿
1階は寄棟造（よせむねづくり）で2階に流造の社殿が載る。この形式はほかに例がなく、浅間造ともいわれる。
本殿
拝殿
透塀
緑側を支える組物を腰組といい、豪華で華麗な印象を与える。
透塀は丹塗りで格子は緑に塗られる。
丹塗《にぬ》りの社殿
徳川家康が1604（慶長9）年に造営した。社殿のほかに楼門が同じ時期の造営である。
拝殿
正面は入母屋造、背面は切妻造。本殿との間には幣殿がある。
本殿
拝殿

所在地：静岡県富士宮市宮町1-1　創建年代：634年　主祭神：木花開耶姫　一口メモ：第7代・孝霊天皇の時代、富士山が噴火して被害が生じ、第11代・垂仁天皇が富士山麓に神霊を祀った。これが浅間大社の創祀だとされている。本殿が重要文化財に指定されている。

富士山の頂と麓に広がる浅間神社

浅間大社の境内は、富士山頂の奥宮、麓の本宮と非常に広大だ。古来より人々は山を望む神社への参拝とともに、「登る」という形でも「神の山」を崇めてきたのである。

禊ぎの池・涌玉池《わくたまいけ》

富士山本宮浅間大社の境内にあり、富士山への登拝者が禊ぎをする風習がある。

水屋神社
涌玉池

御井神(みいのかみ)と鳴雷神(なるいかづちのかみ)を祀る末社・水屋神社。

池の水は富士山の伏流水が沸き出したもの。

富士山頂は奥宮の境内地

本宮境内は約1万7,000坪の広さ。

富士山頂(火口)
久須志神社
富士山本宮浅間大社奥宮
山梨県
河口湖
神奈川県
富士山
山宮浅間神社
富士山本宮浅間大社
静岡県

奥宮の末社 久須志《くすし》神社

富士山の8合目以上は富士山本宮浅間大社奥宮の境内地(約120万坪)だ。頂には浅間大社奥宮と久須志神社がある。

風で飛ばされないように石が置かれている。

久須志神社(静岡)

元宮ともいえる山宮浅間神社

社殿はなく富士山を拝む遥拝所のみで、古代祭祀の姿を残す。富士山の神を祀った最初の場所とされる。富士山本宮浅間大社は山宮浅間神社の地から現在の場所へ移転されたとも伝わる。

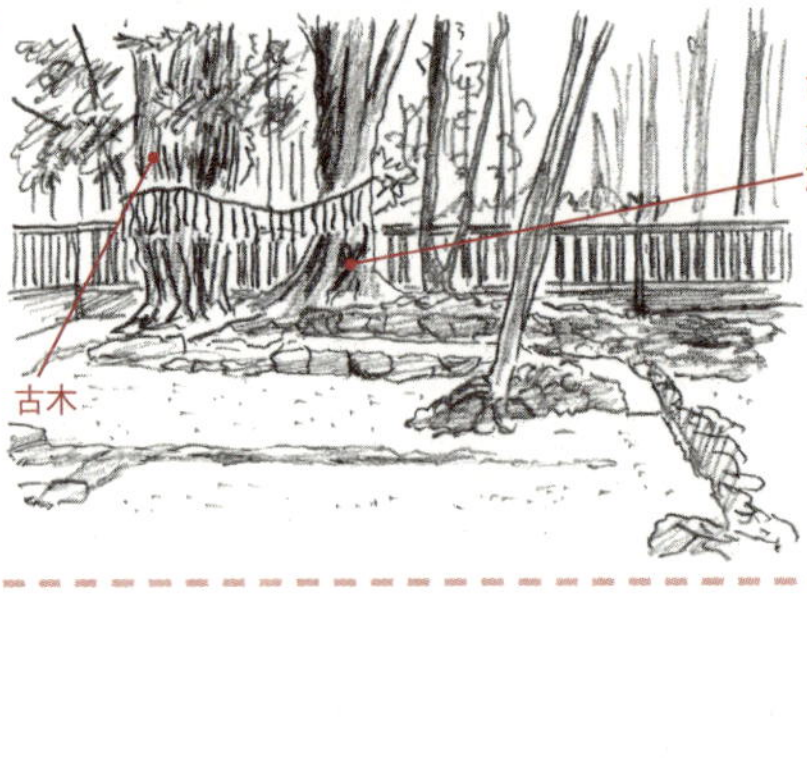
古木

古木とともに富士浅間大神を直接祀るための施設「磐境(いわさか)」。

山宮浅間神社(静岡)

富士山頂から東日本を守護する浅間大神

浅間信仰で祀られるのは木花開耶姫《このはなのさくやびめ》。山の神・大山祇神《おおやまつみのかみ》の娘※で富士山を神体として鎮まる。浅間大社の分社（浅間神社）は東日本に多い。

信玄も祈願した富士山最古の神社

冨士御室浅間神社は699（文武天皇3）年に富士山2合目に祀られたのが本宮のはじまり。958（天徳2）年に参拝の便を考え、河口湖畔に里宮が造られた。

里宮拝殿の正面には富士山、本殿の背後は河口湖。

入母屋造の拝殿と幣殿、本殿覆屋からなる里宮の社殿は1889（明治22）年に建造されたもの。

冨士御室《おむろ》浅間神社（山梨）

里宮本殿

冨士御室浅間神社の「御室」はかつて祭祀が石柱を巡らせた中で行われたことから。現在は神職による祭儀は社殿で行われる。

流造の建物は覆屋という。本殿を中に納め、守るための建物。

本宮本殿

もとは富士山2合目に建っていたが、保存のため1974（昭和49）年里宮社地へ移された（拝殿は当時のまま）。祭神は木花開耶姫。

入母屋造で向拝に唐破風。

静岡のおせんげん様

浅間大社から勧請した浅間神社のほか2社を総称して静岡浅間神社という。本殿は幕府の直営で工事が行われ、1814（文化11）年に完成した。

大拝殿の後ろの本殿は、浅間神社と神部神社2つの流造社殿を横につなげた形をしている。

諏訪の立川流大工の手による豪華な彫刻が施される。

静岡浅間神社（静岡）

大拝殿は高さ25m、2階建てで1階は切妻造で正面に千鳥破風があり、2階は入母屋屋根で高欄のある縁側がつく。

江戸の小さな富士山・富士塚

江戸時代から同じ場所に残る現在最古の富士塚は鳩森八幡神社の境内にある。富士山を再現した富士塚には浅間神社が鎮座する。

山頂にある石祠が奥宮。富士山の石で囲われる。

富士山頂の湧き水（金明水）など、山中の名所も再現。

山裾にあり、浅間神社の里宮。

鳩森八幡神社（東京）

※：大山祇神は伊弉諾尊（いざなぎのみこと）と伊弉冉尊（いざなみのみこと）が生んだ神々（34頁）の1人。木花開耶姫は天孫・瓊瓊杵尊（ににぎのみこと、44頁）の妻で、火折尊（ほおりのみこと、山幸彦）、火闌降命（ほすそりのみこと、海幸彦、46頁）の母。

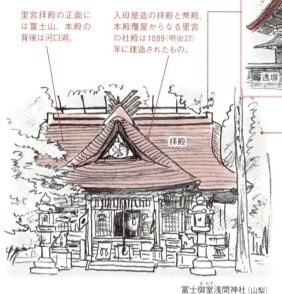

海を守る三女神 宗像《むなかた》・厳島《いつくしま》信仰

宗像《むなかた》大社【福岡】

福岡県の宗像大社は辺津宮《へつみや》・中津宮《なかつみや》・沖津宮《おきつみや》の三宮からなる神社で、それぞれ市杵嶋姫《いちきしまひめ》、湍津姫《たぎつひめ》、田心姫《たごりひめ》という宗像三女神（36頁）を祀る。三宮は九州から朝鮮への航路上でほぼ一直線に並び、航海安全の神として朝廷からあつい信仰を受けていた。このことは沖津宮のある沖ノ島から出土した奉納品に表れている。また、神体を船で渡す「みあれ祭」は航海神としての性格をよく表している。

なお広島・厳島神社（118頁）の祭神も宗像三女神で、こちらの神社では航路・交易の神のほか、軍神としても信仰された。

まっすぐ並ぶ宗像大社の三宮

宗像大社の三宮はほぼ一直線に並び、航海の指標であったことをうかがわせる。

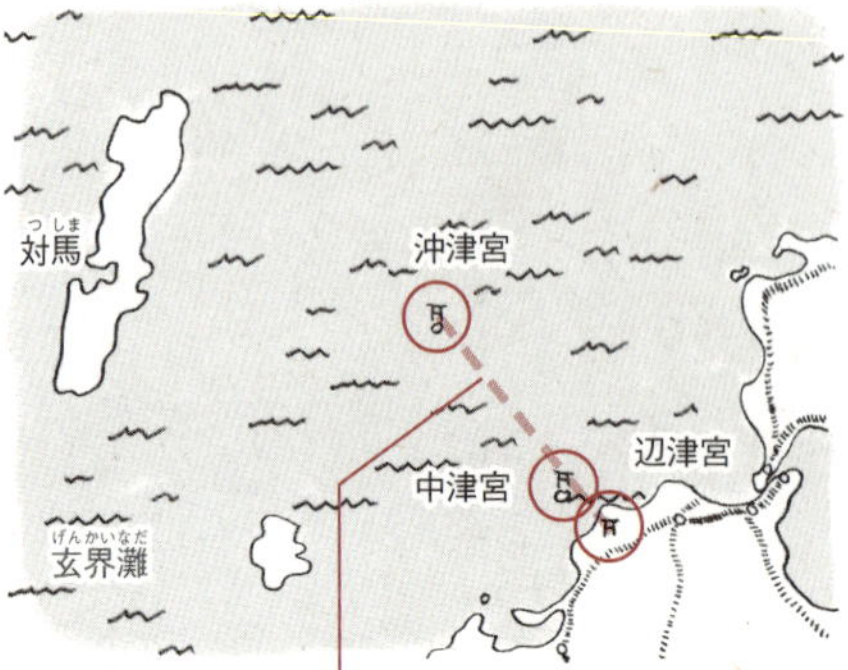

宗像三女神の別名は道主貴、道の高貴な神の意。古代、宗像は大陸との交流の窓口であった。

みあれ祭

中津宮の湍津姫、沖津宮の田心姫が御座船で海を渡り辺津宮の市杵嶋姫のもとに集まる。

御座船の周囲を守るようにお供の漁船が船団を組んで進む。

御座船はそれぞれの神に1艘ずつ用意され、「国家鎮護 宗像大社」ののぼりを上げて走る。

所在地：福岡県宗像市田島2331（辺津宮）／宗像市大島1811（中津宮）／宗像市大島沖之島（沖津宮）　創建年代：不明　主祭神：市杵嶋姫（辺津宮）／湍津姫（中津宮）／田心姫（沖津宮）　一口メモ：宗像信仰のルーツは、玄界灘（福岡市沿岸）周辺を支配し、拠点としていた古代の豪族・宗像氏にあり、この宗像氏が祀ったのが宗像神だった。

宗像三女神を祀る神社の総本社

三女・市杵嶋姫の辺津宮

拝殿から礼拝する

拝殿は切妻造、妻入。1590（天正18）年建立。

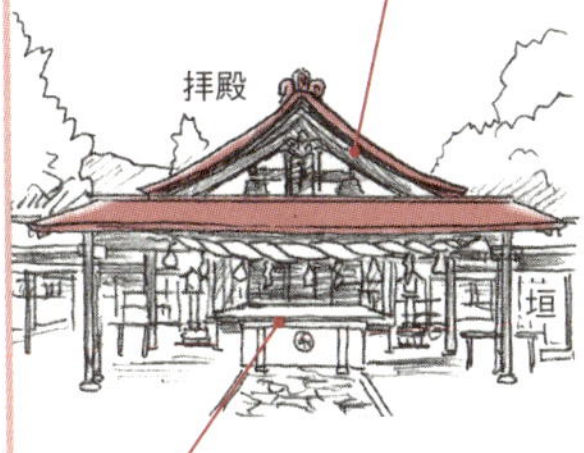

拝殿の前に拝所が設けられ、両脇から垣が伸びて拝殿や本殿を囲む。

道主貴（みちぬしのむち）の別名が示すように宗像神は道を守る神でもあった。本殿と拝殿は大きく立派なものだ。

本殿正面5間の大きな流造。軸部は丹塗り。1578（天正6）年に再建されたもの。

懸魚（げぎょ）は破風板につき、桁の先端を保護する部材。装飾の役目もする。

本殿と拝殿をつなぐ渡廊。

次女・湍津姫の中津宮

宗像市の沖合にある大島の山腹に辺津宮を向くように建つ。

拝殿は切妻造・平入で、正面には建具が入らない。本殿との間には渡廊がつく。

拝殿の後方に流造の本殿が透塀に囲まれて建つ。

長女・田心姫の沖津宮

孤島である沖ノ島は聖なる島として禁制が守られてきた。その結果、「海の正倉院」といわれるほど豊かな古代の遺物が残った。

切妻造、妻入の拝殿の奥に幣殿、本殿がつながる。本殿は巨石に挟まれるように建つ。

遺物が示す古代祭祀の姿

沖ノ島全体からおびただしい数の遺物が発見され、鏡や玉、土器のほかに金銅製品やペルシャのカットグラスなどもあった。

巨石の傍らに祭場が設けられた。時代により祭祀場所は変化し、岩上→岩陰→半岩陰・半露天→露天と変化した。

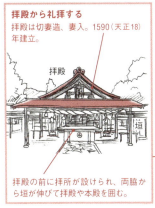

国の要所と大陸への航路上に鎮座する宗像信仰の社

宗像三女神、あるいはそのうちの1人を祀る神社は、主に西日本に広がる。その多くも宗像大社と同じく各地の要所や朝鮮半島へ向かう航路上にある。また、朝廷と縁ある地にも勧請された。

敷地は海・厳島神社

本殿を中心に海に張り出して建物をつなげた姿は、ほかに類を見ない。本来は海から船を使って参詣する。

控柱のある両部鳥居。笠木と島木の反りが美しい。

満潮時には海中に、干潮時には浜に建つ大鳥居。

厳島神社（広島）

寝殿造を想起させる社殿

厳島神社の建物は廊でつながれ、平安時代の貴族住宅・寝殿造を彷彿とさせる。

昇殿参拝は拝殿で行われる。本殿は拝殿の奥にある。

宗像氏が建てた宗像神社

飛鳥時代の皇族・高市皇子の母は尼子娘といい、宗像一族の女性だった。その縁により、高市皇子が宗像大社より宗像三女神を勧請した。式内社。

2009（平成21）年に竣工した入母屋造の拝殿。後方にある流造の本殿で宗像三女神を祀り、その両脇に春日神社と若宮神社を祀る。

桜井市の鳥見山山麓にある。

宗像神社（奈良）

御苑にある宗像神社

795（延暦14）年に御所鎮護のために宗像大社を勧請した。平安時代に編纂された『日本三代実録』にも記載された由緒ある古社。現在は京都御苑内に建つ。

拝所は切妻造の門形式。奥には江戸時代に造られた流造の本殿がある。

宗像神社（京都）

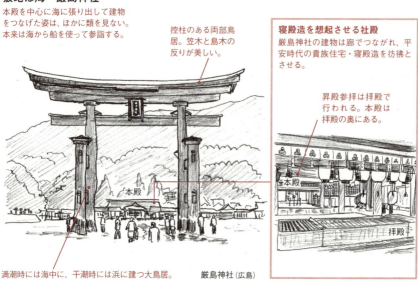

庶民に大人気 金《こん》毘《ぴ》羅《ら》信仰

金《こ》刀《と》比《ひ》羅《ら》宮《ぐう》［香川］

江戸時代、庶民の人気を集めたのが「こんぴらさん」こと金刀比羅宮。金毘《こんぴ》羅《ら》権現《ごんげん》とされた大物主神《おおものぬしのかみ》を祀る。歌舞伎や浄瑠璃でご利益が説かれるなど大変な人気を博した。航海安全の神としても知られ、境内には瀬戸内海を走る船の灯台代わりだった高灯籠《たかとうろう》※や、因島（広島）の講中（信者の集まり）から寄進された「灯明堂」などが残る。また、各地の金刀比羅神社では医薬神や除災招福神など多様な信仰がなされた。

神仏習合の信仰で知られたが、明治の神仏分離で神社となった。なお金刀比羅の名は、雷に琴で対抗する呪術「ことひき」が由来とされる。

「こんぴら参り」で多くの人を集める

透塀の中に建つ本殿
大物主神のほか、この地に縁の深い崇徳天皇を祀る。

大社関棟造
入母屋造を十字に組み合わせたような複雑な形の屋根が特徴で、大社関棟造と呼ばれる。

本殿の側面外壁には木が蒔絵で描かれ、装飾も見どころ。

シンプルな複合建築
社殿内部は、幣殿が本殿と拝殿をつなぐシンプルな造り。拝殿の三方を御扉（みと）が囲む。

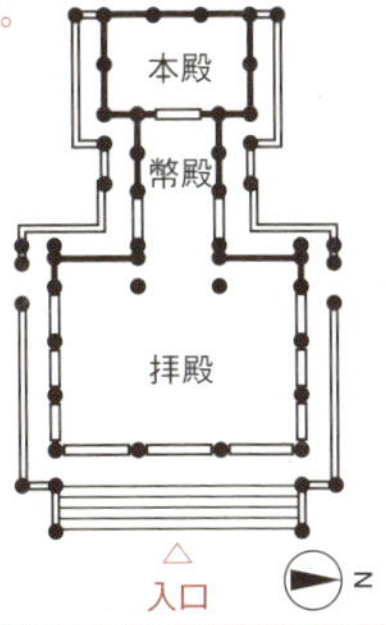

拝殿
正面向拝と両側面の屋根に唐破風をつける。この建物も大社関棟造。

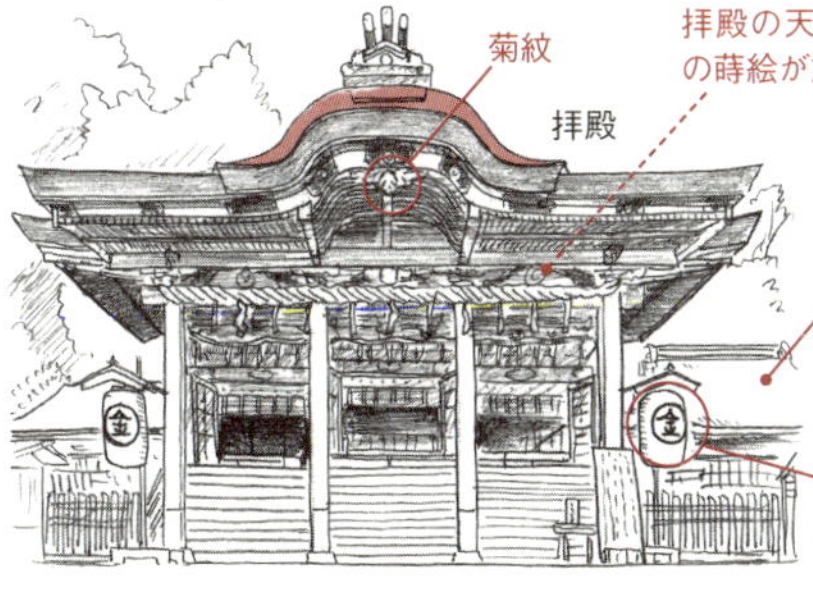

拝殿の天井には桜の木の蒔絵が施されている。

北渡殿・神饌殿は拝殿につながる建物。

「丸に金」は金刀比羅宮の印（神紋）。

参詣のお使い
事情があって参詣できない主人の代わりに犬が金刀比羅宮まで参詣した。犬は道中人々の助けを借りながら往復した。

こんぴら狗（いぬ）

所在地：香川県仲多度郡琴平町字川西892-1　創建年代：不明　主祭神：大物主命　一口メモ：金刀比羅宮のはじまりは大物主神を祀った琴平神社にある。その後、習合が強まり、金毘羅大権現と呼ばれるようになる。そして約700年前、僧正・宥範（ゆうはん）が初代別当となった。

こんぴらさんにある「海」にまつわるモノ

造船技術を利用・灯明堂

参道の途中にある灯明堂は因島（広島）の人々の寄進による。広く信仰を集めていたことがわかる。

建物は土地の傾斜に合わせて造られている。

船の竜骨状の部材（下梁）を用いた建物。

本殿へ続く参道は785段もある石段で有名。

釣灯籠

灯明堂の中には多くの釣灯籠が。夜の参道を照らす。

枠は金属製。

灯台としての「高灯籠」

金刀比羅宮神苑にある高灯籠は洋上の船からこんぴらさんのある琴平山を拝むための目印にもなっていた※1。東讃岐の人々が発願して資金を集め、6年かけて1860（万延元）年に完成、1865（慶応元）年に献納された。

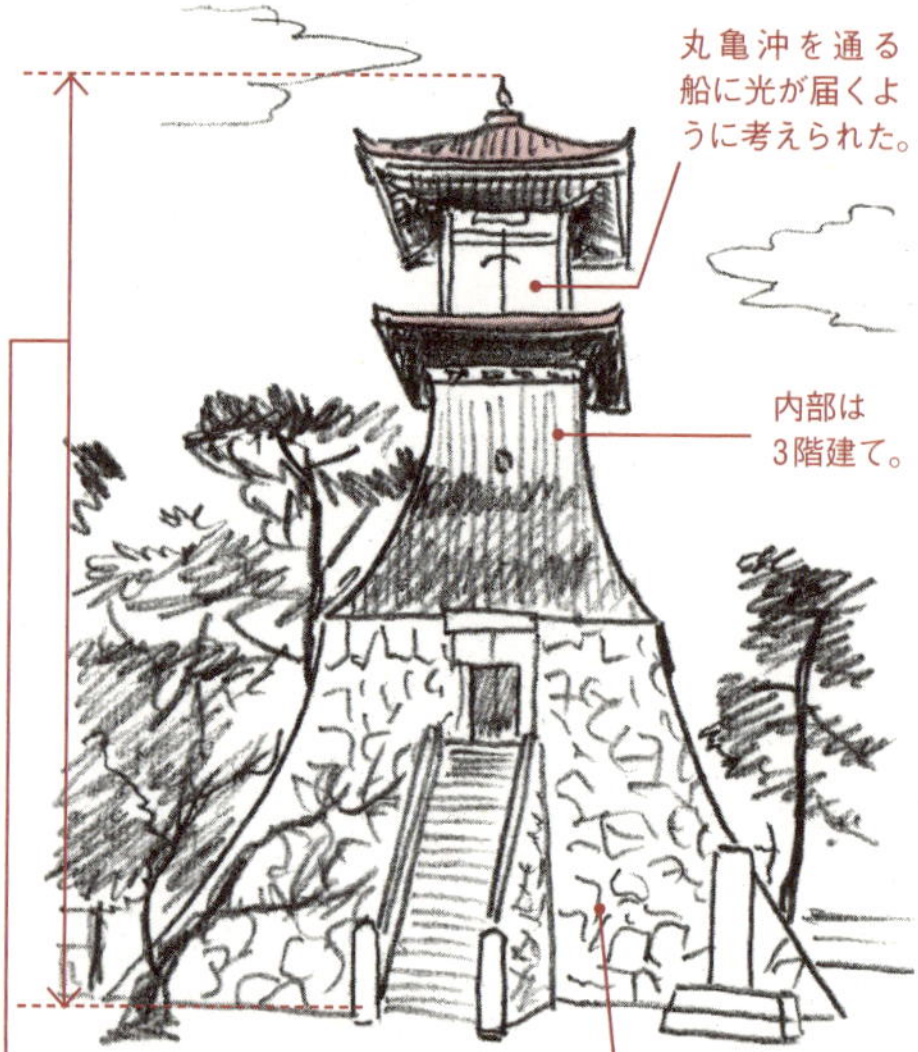

丸亀沖を通る船に光が届くように考えられた。

内部は3階建て。

高さ約27mあり、木造の灯籠としては国内で最も高い。

石造の基壇の上に建つ。

流し樽

漁師や船乗りが神の加護を祈り感謝を示すため、船上から樽を流す風習がある。拾った人は金刀比羅宮まで届けた。この樽を拾うことは縁起が良いとされる。

奉納された樽

※1：高灯籠に灯された光は、およそ13km離れた丸亀港に浮かぶ船に届くよう設計されたという。建立にはおよそ3,000両（1両＝20万円の計算でおよそ6億円）もの費用がかかった。

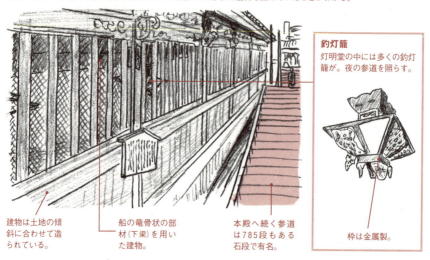

港を見下ろす海上保安の神・金毘羅権現

海上交通、船の守り神とされた金毘羅権現。各地に勧請された分社の多くは港を見下ろす位置に建てられた。なお神社の表記には「琴平」、「金毘羅」などもよく見られる。

山から港から。こんぴらさんへ続く道

金刀比羅宮への道筋はいくつもあったが、なかでも五街道として知られる道があった。四国のみならず、遠国からの参詣者も多かった。

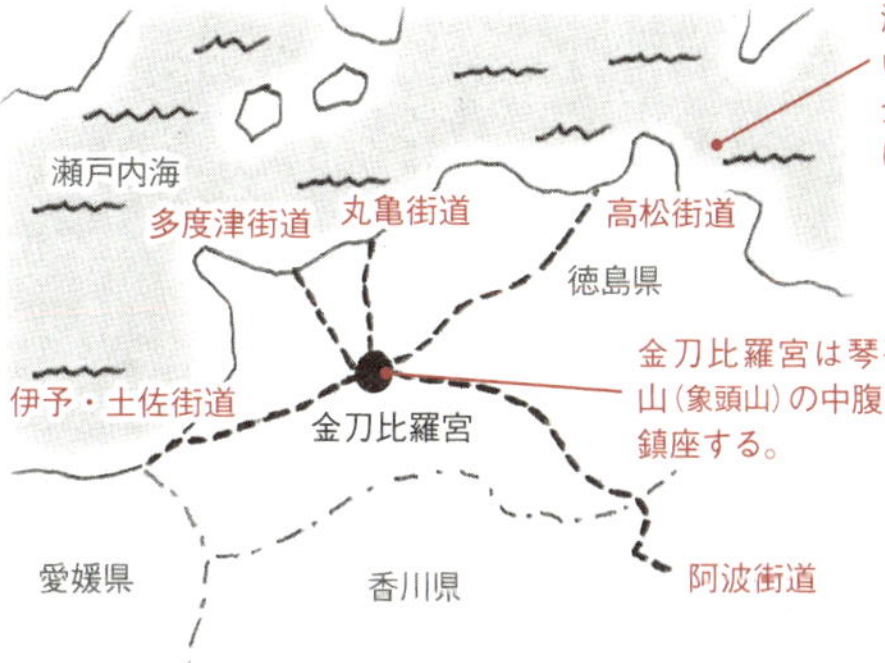

瀬戸内海は潮の流れが速い。船に乗る者たちは安全な航海をこんぴらさんに祈った。

江戸の裏鬼門を守る金刀比羅宮も

金刀比羅宮から分霊を迎え、祀った東京・虎ノ門の金刀比羅宮。江戸城の裏鬼門に当たる地に鎮座する。当初は芝・三田にあったが、後に虎ノ門に移された※2。

権現造の社殿。戦災で焼失した後、1951（昭和26）年に再建された。

日本建築史の大家・伊東忠太が設計校閲した建物。

海上守護・大漁のほか五穀豊穣、招福除災の信仰も伝わる。

虎ノ門金刀比羅宮（東京）

ハワイでも可能 こんぴら参り

ハワイにあった神社で廃絶したものを合祀したハワイ金刀比羅神社。1920（大正9）年に邦人漁師の勧請で創建。戦後の再興を経て今に至る。

ハワイ金刀比羅神社とある扁額。

入母屋造・妻入の社殿。

ハワイ金刀比羅神社（ハワイ州オアフ島）

※2：東京都内で有名な金刀比羅宮としてはほかに、水道橋金刀比羅宮がある。こちらは板橋の名主だった板橋市左衛門の邸内社として祀られたものを、水道橋にあった讃岐高松藩・松平家の邸内社と合わせて祀ったもの。一方、虎ノ門金刀比羅宮は讃岐丸亀藩・京極家の江戸屋敷に勧請された神社がもととなっている。

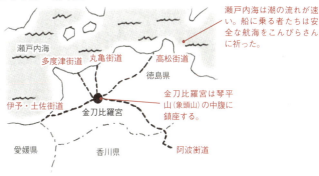

武家の守護神 三嶋信仰

三嶋大社【静岡】

三嶋大社は古代、噴火・造島の霊験によって信仰され、中世には源頼朝ら武家の崇拝を受けた。祭神の三嶋大明神は、かつて大山祇《おおやまつみの》神《かみ》※1とされていたが、国学者・平田篤胤《あつたね》※2が事代主神《ことしろぬしのかみ》説を唱え紆余曲折を経て、現在はこの2神を祀る。

三嶋の名をもつ神社には、伊予・大三島《おおみしま》の大山祇《おおやまづみ》神社の系統もある。こちらの祭神は大山祇神で、多くの武具が奉納されている※3。大山祇神はその名の通り山の神で、林業や鉱業の神という一面もあるほか、武神、農業神、酒の神などさまざまな神徳が伝えられる。それらを祈願して各地に勧請された。

江戸期に再興した豪奢な社殿をもつ三嶋大社

武家が崇拝
かつては伊豆七島の三宅島（みやけじま）にあり祭神は伊豆諸島の開発神ともいわれる。源頼朝が幾度にもわたり戦勝祈願を行ったのが三嶋大社で、以降も武家のあつい信仰を受けた。

装飾豊かな社殿
1867（慶応3）年に完成。本殿と拝殿を幣殿でつないだ権現造の建物。

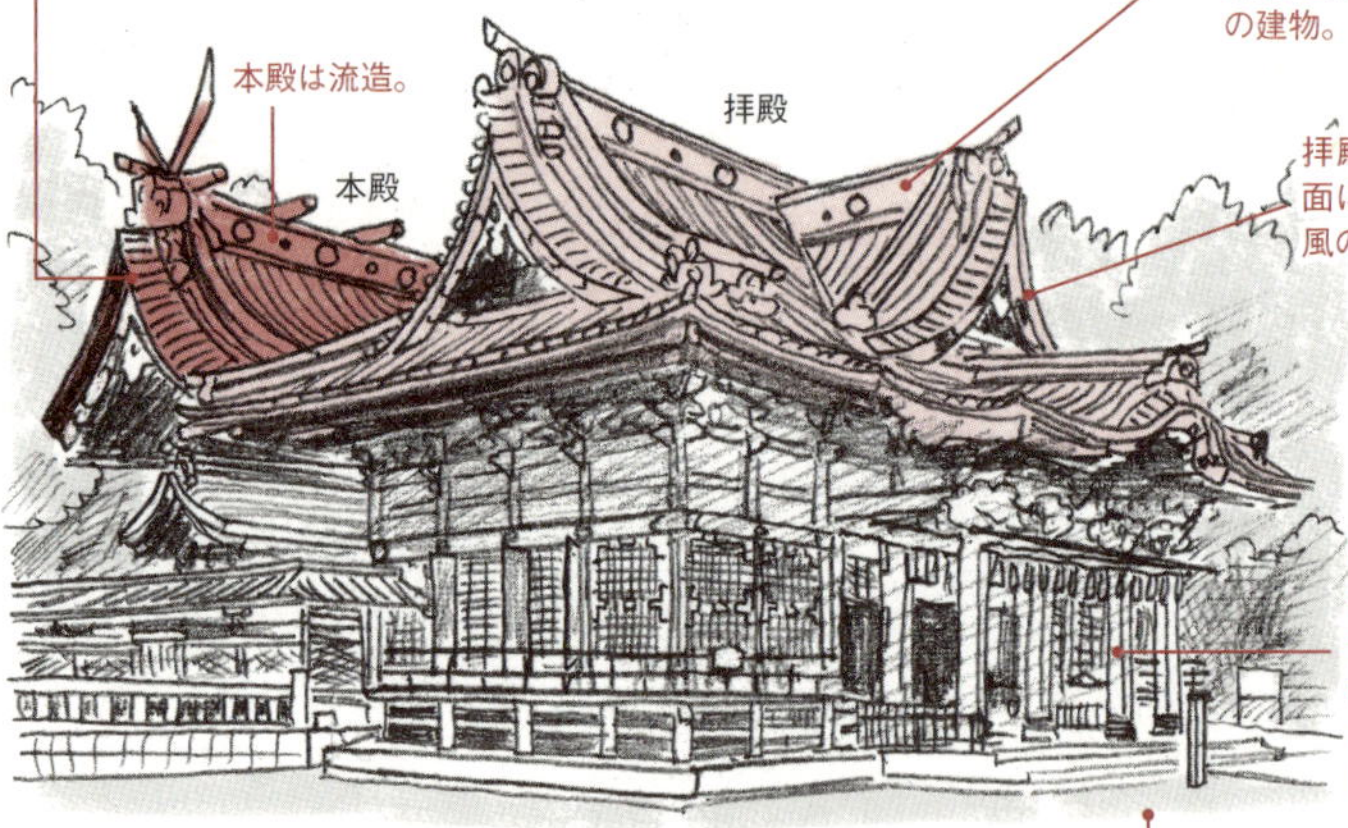

拝殿は入母屋造、正面に千鳥破風と唐破風の向拝をつける。

欅の素木造
素材は欅で、木目の美しさを活かした素木造。彫刻類をふんだんに用いた幕末らしい神社建築だ。

武者行列のある夏祭り
例祭日には人長舞（にんじょうまい）や頼朝公旗挙出陣奉告祭（よりともこうはたあげしゅつじんほうこくさい）などが行われる。

源頼朝がこの地から挙兵し、初戦の勝利を得たことにちなむ。本殿前の奉告祭、舞殿前の出陣式ののち、市内をパレードする。

所在地：静岡県三島市大宮町2-1-5　創建年代：不明　主祭神：大山祇命／積羽八重事代主神　一口メモ：源氏復興の恩に忠義を感じ、三嶋大社への信仰を強めた源頼朝。しかし鎌倉幕府成立後は、自ら参詣することができなくなったため、三嶋大社の周辺の名だたる百姓に征夷大将軍の装束をさせ、代わりに参詣させたという。

近・現代も武神として信仰を集める大山祇神社

大山祇神社の武神としての信仰は近代においてもあつく、山本五十六ほか、軍人や軍関係者が参拝している。また、大山祇神社の系統が「三嶋」の名をもつのは、大山祇神社の元社が摂津国（大阪）の三島に鎮座するからなどの理由が考えられる。

山祇《やまつみ》三嶋神社の総本社・大山祇神社

海に面する一の鳥居

一の鳥居は瀬戸内海に面して建つ石造の明神鳥居（12頁）。

「日本総鎮守大山積大明神」とあり、伝・藤原佐理筆の木製扁額を写したもの。

大きな拝殿

向拝の唐破風が目を引く素木造の建物は切妻造で正面7間、側面5間と大きい。

大山祇神社・神紋

「折敷に三文字」。折敷は角を落とした形の盆で、神饌を載せるもの。

祭神の大山祇神は別名「和多志大神」（「和多」は海を示す言葉で渡しにも通じる）といい、海上交通の神としても信仰される。

流造の本殿

室町時代に造られた本殿は柱梁などを丹（に）塗りにし、壁を白く塗る。

向拝

流造でさらに前方の庇を伸ばして向拝を長くとっている。

縁側に高低差があり、高欄がそれに合わせて曲がった形に造られている。

抜穂祭《ばつほさい》一人角力《すもう》

稲の精霊と相撲をとり豊作を祈願する。

稲の精霊が勝てば豊作。

大山祇神社（愛媛）

大山祇系・三嶋鴨《みしまかも》神社

大山祇神が大三島に鎮まる前に大阪の地に祀られたという説もある。そのことから大阪・高槻市のこの社が、日本で最初に大山祇神を祀った神社とされる。

拝殿は戦災で失われ、1963（昭和38）年に再建。入母屋造。神楽の舞台となる。奥にある本殿は流造で、向拝が唐破風になっている。

仁徳天皇が淀川の茨田堤を築く際に、淀川の鎮守として百済から移し祀ったと伝わる。

三嶋鴨神社（大阪）

大山祇系・三嶋神社

大山祇神を祀る徳島の三嶋神社。鎌倉時代にこの地の地頭に任ぜられた河野氏が、自身の信仰する大山祇神を愛媛・大三島の大山祇神社から勧請したと伝えられる。

切妻造、妻入の社殿は鉄筋コンクリート製。

三嶋神社（徳島）

※1：大山祇神は日本神話の冒頭、伊弉冉尊（いざなみのみこと）が生んだ神の1人で、瓊瓊杵尊（ににぎのみこと）の妻・木花開耶姫（このはなのさくやびめ）の父。 ※2：事代主神説は伊豆の神々の縁起を記した『三宅記』による。 ※3：「大山祇神」＝「軍神」が広がった理由の1つは瀬戸内一帯に勢力を広げた越智水軍、河野水軍らの信仰にある。

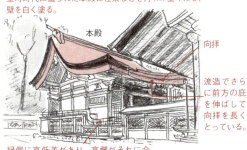

「怨《うらみ》」から「知」へ天神信仰

太宰府天満宮［福岡］

もともと天神とは高天原《たかまがはら》の神をさす言葉。一方、良く知られる天神は菅原道真《すがわらのみちざね》[※1]の御霊《ごりょう》（怨霊）に雷神や護法神などの性格が加わった、天満大自在天神《てんまだいじざいてんじん》という神。

中世になると御霊ではなく国家守護の神あるいは道真の説話にもとづいた神徳などがクローズアップされ、なかでも詩文や和歌、書道の神として崇敬された。江戸時代には道真が浄瑠璃・歌舞伎に登場、学問に優れた高潔な人物・神として描かれた。こうして天神様は「学問・受験の神」として知られるようになった。道真公の墓所に建つ太宰府天満宮は天満宮の総本宮ともいわれる[※2]。

学業の神が坐《ま》す太宰府天満宮は桃山期の名建築

太宰府天満宮・本殿
本殿は正面5間の大きな流造の建物で、向拝の唐破風が豪壮だ。本殿と楼門は回廊で結ばれている。現在の社殿は1591（天正19）年に完成した。
装飾的な桃山建築
彫刻を彩色で美しく飾っている。桃山時代の建築を特徴をよく残している。
車寄
両側面にあり、唐破風造。

神幸式大祭《しんこうしきたいさい》

道真公の御神霊を慰め、国家平安、五穀豊穣を感謝する。

神輿（みこし）は道真の館のあった榎社まで行き、一晩過ごした後、翌日帰還する。

所在地：福岡県太宰府市宰府4-7-1　創建年代：919年　主祭神：菅原道真公　一口メモ：「遠の朝廷（とおのみかど）」の異名をもつ太宰府は、律令制における西海道（筑前・筑後など九州の国々）についての独自の権限をもつなど、朝廷にとって重要な場所であった。また、朝鮮半島や大陸に近く、これらの国との外交の玄関口となっていた。

清涼殿落雷事件で御霊としての霊威を示した

平安時代に起きた清涼殿落雷事件が天神信仰を変えた。醍醐天皇の内裏に雷が落ち菅原道真の左遷に関わった貴族が死んだ。これが菅原道真の怨霊とされたのである。さらに後世、学問の神と変わったのは道真が優秀な学者だったからである。天神様を祀る神社は各地に見られる。

菅公

菅原道真が怨念をもって雷神になったといわれる。絵巻中の束帯天神像のなかには唇を噛み怒りの表情を見せるものもある。

眉は上がり、目は力強い。

転げ落ちる貴族。
逃げ出す人々。
刀を抜いて雷神に向かう藤原時平。
雷に打たれた人。
北野天神縁起絵巻

各地で賑わう天神さん

京の天神さん

北野天満宮（64頁）の社殿は桃山時代建造。華やかな彫刻と彩色が特徴。

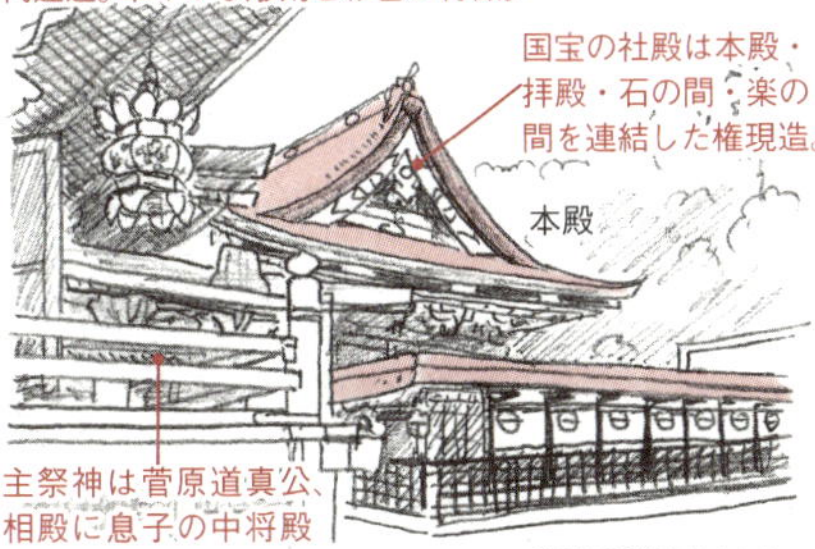
国宝の社殿は本殿・拝殿・石の間・楽の間を連結した権現造。
本殿
主祭神は菅原道真公、相殿に息子の中将殿と妻の吉祥女を祀る。
北野天満宮（京都）

大阪の天神さん

もとは菅原道真も参拝した大将軍社があり、ここに道真の死後50年ほどして7本の松が急に生え、夜ごと光を発したという。これが天神による奇瑞（きずい）だとして天満宮が創祀された。

1845（弘化2）年に造られた社殿は権現造。
拝殿
内部の板戸には彩り豊かな絵がある。
大阪天満宮（大阪）

山口の天神さん

防府天満宮は菅原道真の死の翌年に創祀された日本最初の天満宮。

回廊は拝殿の正面に建つ楼門へつながり、回廊で囲まれた社殿前の空間をつくる。
拝殿
本殿・幣殿・拝殿からなる権現造。現社殿は前社殿の火災を受けて1958（昭和33）年に再建された。
防府《ほうふ》天満宮（山口）

牛替《うしかえ》神事

牛は天神の使い

2月のくじ引きで牛を引き当てた人は、同年秋に行われる御神幸祭の神牛役（神牛の飼育）を務めることができる。

東京の天神さん

湯島天満宮社殿ではもともと手力雄神（たぢからおのかみ）を祀り、後の1355（正平10・文和4）年に菅原道真公を合わせて祀ったという。

権現造の社殿は1995（平成7）年に建て替えられたもの。檜を用いた木造社殿である。
湯島天満宮（東京）

※1：不遇な晩年を送った道真は左遷先の太宰府で客死した。 ※2：社地はかつて菅原道真の墓所だったが、その魂を鎮めるべく建てられたのが安楽寺天満宮（のちの太宰府天満宮）。これとは別に、京都の北野天満宮がある。道真の乳母・多治比文子に託宣があり創建されたもので、現在ではどちらも天満宮の総本社とされる。

column | 神社とその信仰を守る —— 神社建築の保護と修理

参拝した神社で、社殿や宝物を修理しているところを見たことはないだろうか。国や地方自治体による文化財保護制度は1872（明治5）年、太政官布告の「古器旧物《こききゅうぶつ》保存方《ほぞんかた》」がその最初だった。

社寺の宝物に関する法律としては国宝や重要文化財、祭礼などを保護する「文化財保護法」がある。1950（昭和25）年に制定されたこの法律は、現在も文化財を保護するための基礎となっているものだ。

神社の社殿などをはじめ、こうした文化財の保存には建物ほか、各分野の専門家の知識や技術者の経験などが不可欠だ。しかし、建築物を修理、保護するだけでは神社を永続的に保存、継承することはできない。祭りや神事などの催しがなければ信仰は薄れ、忘れ去られてしまうことだろう。神社周辺に根づくコミュニティーの存在こそが、神社保護の大切な役割を果たしているということを忘れてはならない。

安芸《あき》宮島・大鳥居の大修理

2012（平成24）年、厳島神社（広島、118頁）の鳥居が檜皮葺屋根の破損により修理された。現在の鳥居は1875（明治8）年に造られた8代目。

工事は足場を掛けたり、建造物を覆う素屋根を建てたりしてから行う。

経年で傷んだ建物の修理のほか、台風などで被害を受けた時には緊急修理が行われる。

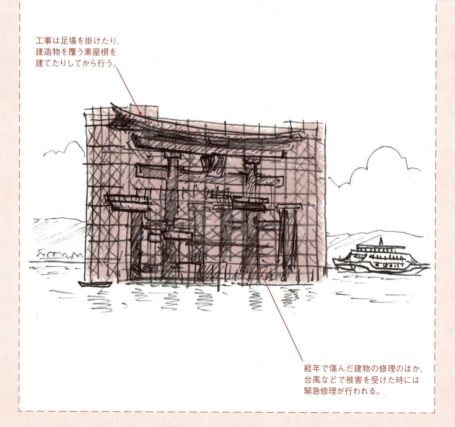

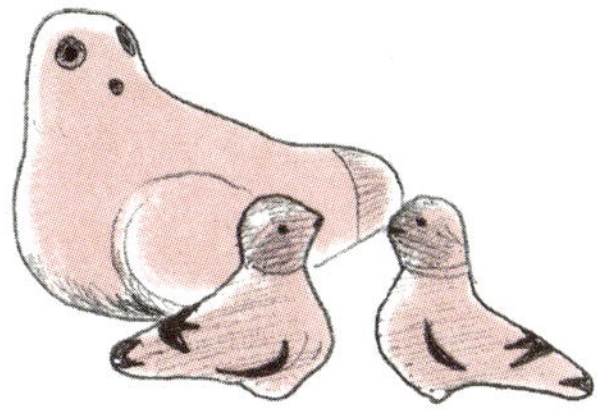

6章

神社の素敵なご利益

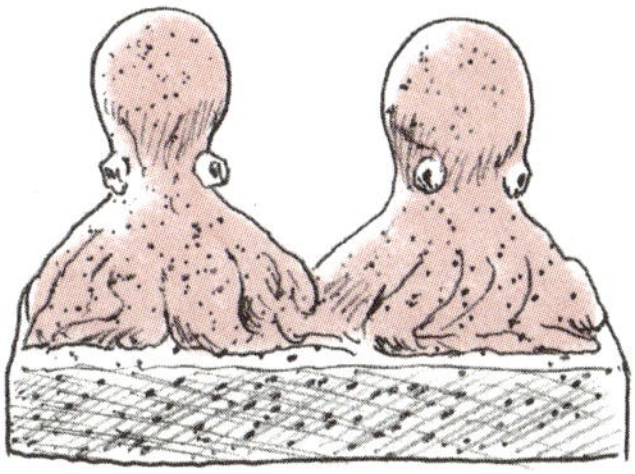

神頼みという言葉があるように、「希望する学校に入りたい」「ギャンブルに勝ちたい」「結婚したい」「健康でいたい」などなど、そんなわがままな願いを聞いてくれるのが神であり、神社だ。ここではご利益別に神社を紹介している。しっかりとご利益が得られるよう、正しい参拝方法もおさらいしておきたい。

現世の福を商売繁盛の神

西宮《にしのみや》神社【兵庫】

「一番福」を目指し、多くの人が神社の開門と同時に境内を駆け行く。西宮神社・十日えびす※1の神事である福男選びの一コマだ。

西宮神社は商売繁盛の神・えびす大神を祀っている。えびす大神は国生み神話に登場する蛭子神《ひるこのかみ》※2で、もとは漁業神だったが、市《いち》の立つ西宮に祀られ、新たな神徳が備わった。

こうした商売繁盛、金運の神は全国各地で見られる。愛知県の妙厳寺《みょうごんじ》は豊川稲荷として知られるが、鎮守・吒枳尼天《だきにてん》※3は商売繁盛の神（稲荷神）として有名であるし、仙台四郎のように実在の人物に由来する福の神も存在する。

えびす信仰の本社

商売繁盛の神を祀る
西宮神社はえびす神を祀るえびす神社の総本社。かつての本殿は戦災で焼失し、現本殿は1961（昭和36）年に再建された。
向拝の柱は中央の2本を省略して広い空間としている。
三連春日《さんれんかすが》造《づくり》
本殿は春日造（104頁）を3つ横につなげた三連春日造と呼ばれる。
第二殿
第三殿
第一殿
3柱の祭神
向かって右の第一殿に蛭子神、中央の第二殿に天照大神（あまてらすおおみかみ）と大国主神（おおくにぬしのかみ）、左の第三殿に素戔嗚尊（すさのおのみこと）を祀る。

十日えびす

正月十日の初えびすの日の行事。大マグロ奉納式や福男選びも行われる。

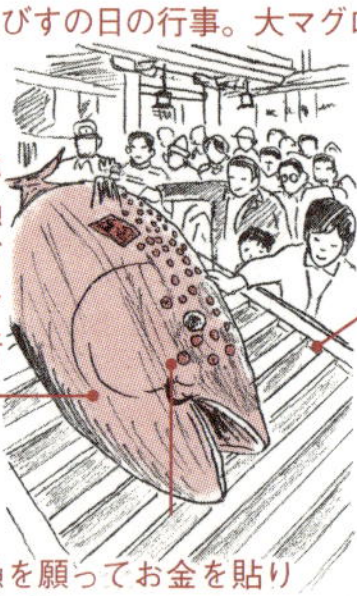
十日えびすでは商売繁盛と豊漁を祈願してマグロの奉納（大マグロ奉納式）も行われる。
大きすぎて本殿には供えられないため、拝殿に置かれる。
商売繁盛と大漁を願ってお金を貼りつけることは近年始まったものだ。

開門と同時に本殿を目ざしす人たちが境内を駆け抜ける。本殿に着いた順に3番手までがその年の福男となる。

所在地：兵庫県西宮市社家町1-17　創建年代：不明　主祭神：西宮大神（蛭子命）　一口メモ：蛭子神が流れ着いた場所にはいくつかの説があるが、その1つが兵庫県西宮市の鳴尾。「西宮」の名は鳴尾より西にある宮を意味するという説もある。なお、西宮市内の素盞嗚神社（すさのおじんじゃ）には、流れ着いた蛭子神を最初に祀った境内社・元戎社（もとえびすしゃ）がある。

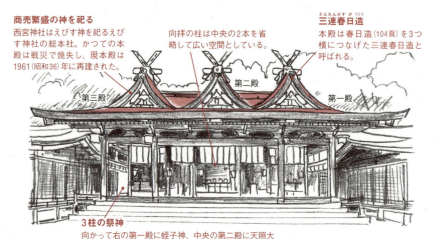

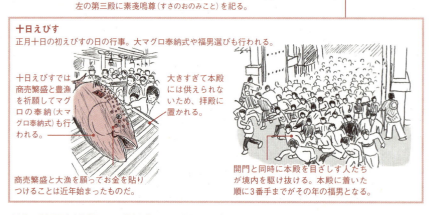

神社にも寺にもいる「商売繁盛」「金運」の神様

商売繁盛や金運アップなどの恵みを授ける神についてのご利益は各地の神社で見られるものだ。稲荷神を祀る稲荷社(98頁)のほか、大黒天や弁財天など仏教由来の神も商売繁盛の神として崇められているところが多い。豊川稲荷が祀る吒枳尼天は狐にまたがる姿から、日本で稲荷神と同一視されてきた。

商売繁盛の寺・豊川稲荷

曹洞宗の寺院・豊川稲荷は商売繁盛の神として信仰を集め、多くの参詣者がいる。

奥の院の建物は1814(文化11)年の建立で入母屋造、正面の向拝に唐破風。もとは本殿の前に建つ拝殿だった。

奥の院拝殿の彫刻は諏訪大社下社秋宮(102頁)の作者としても知られる諏訪立川流の立川和四郎の作と伝わる。

豊川稲荷(妙厳寺、愛知)

狐神に奉納する

境内の霊狐塚には非常に多くの狐像がある。

願いの叶った人がお礼に奉納したもの。

大黒天をさする

大黒天像はさすると福徳が授かるという。

「おさすり大黒天」は本殿よりも奥に建つ仏堂・大黒堂の前にある。

大黒はもともとヒンドゥー教の神で、日本ではその名前から大国主神と習合、中世以降、民衆へと商売繁盛の神として信仰が広がっていった。

東京都心にもある豊川稲荷

大岡越前守が邸内に祀っていた社に始まる豊川稲荷・東京別院。赤坂御用地の隣にある。

商売繁盛、心願成就などの願いを込めて奉納されたのぼりが立つ。

豊川稲荷東京別院(東京)

※1:正月10日の初えびすの行事。かつての江戸では正月20日を初えびすとしていたが、10日に行うのは関西の風習。 ※2:蛭子神は「国生み」(34頁)で最初に生まれたが身体が不完全だったため、船で流されてしまう。その船が着いた場所が西宮神社とされる。 ※3:吒枳尼天は日本の真言密教において閻魔天の眷属とされたが、後に稲荷神と習合し商売繁盛という神徳が付与された。

幸ある縁を出会いの神

東京大神宮【東京】

東京大神宮は1880年に伊勢神宮（108頁）を勧請して創建された。天照大神《あまてらすおおみかみ》と豊受大神《とようけのおおかみ》に加え、万物をつくり出した造化《ぞうか》、つまり結びの三神である天御中主尊《あめのみなかぬしのみこと》、高皇産霊尊《たかみむすびのみこと》、神皇産霊尊《かみむすびのみこと》※を祀ることから縁結びの神徳がある。

縁結びの神社としては、ほかに旧暦10月に神々が集まり、相談して男女の縁を結ぶという出雲大社（42頁）や、縁結び石のある鎌倉・葛原岡《くずはらおか》神社、夫婦杉が立つ宮崎・高千穂神社（44頁）や京都・下賀茂神社の摂社・相生社《あいおいのやしろ》などがある。縁結びといっても男女の仲だけではなく、商売やお金などさまざまな縁に霊験がある。

「結びの三神」が縁を結ぶ東京大神宮

神前結婚式でも有名
当初は日比谷にあり日比谷大神宮といい、関東大震災後に現在地へ移った。明治時代に初めて民間の神前結婚式を行ったことで知られる。

社殿
拝殿は神明造風の切妻造・平入の建物の正面に切妻造・妻入の向拝状の建物がついた形。この後ろに神明造の本殿が建つ。

大人気の縁結びお守り
縁結びのご利益を求める女性の参拝者が多い東京大神宮。お守りは多様な種類デザインのものが揃っている。

どのお守りにも東京大神宮の神紋である花菱があしらわれる。

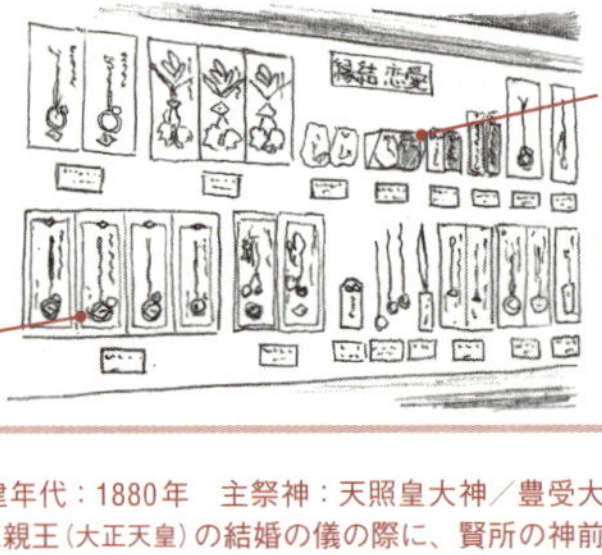

女性に人気のお守りの1つ「恋愛成就御守」。相手の「心の鍵を開ける」というところから鍵の形をしたお守りになっている。

所在地：東京都千代田区富士見2-4-1　創建年代：1880年　主祭神：天照皇大神／豊受大神　一口メモ：神前結婚は1900（明治33）年、明治天皇の第三皇子である明宮嘉仁親王（大正天皇）の結婚の儀の際に、賢所の神前で行われたのが最初。なお、民衆のものとしてはその翌年、実践女子校の女学生がモデルとなり行われた模擬結婚式が最初だとされる。

さまざまな由来から生まれる縁結びのご利益

縁結びのご利益があるとされる神社には、縁結びの故事や説話をもつところ、夫婦神を祀るところ、そして縁結びの神徳をもつ自然物のあるところなどがある。

川越氷川神社の風鈴

素戔嗚尊（すさのおのみこと）と妃、家族を祀り、縁結び、家庭円満の信仰を集める川越氷川神社。

風鈴に縁結びの願いを書いた短冊を吊し、天の川に願いが届くように祈る縁結び風鈴が有名。縁結び風鈴は2014（平成26）年から始められた。

江戸風鈴に下げられた願いを書いた短冊は後日、お焚き上げされる。

参詣者が鈴の音を聞きながら通って行く風鈴回廊。

川越氷川神社（埼玉）

葛原岡神社の縁結び石

鎌倉時代の貴族・日野俊基（ひのとしもと）を祭神とする神社。境内にある男石女石の縁結びで有名。

葛原岡神社（神奈川）

五円玉のついた赤い糸を石の注連縄（しめなわ）に結び、良縁を祈願する。

縁結びの願掛け・竈《かま》門《ど》神社

玉依姫（たまよりびめ、豊玉姫［46頁］の妹）を祭神として、縁結び、厄除けのご利益で知られる太宰府の竈門神社。

竈門神社のお守りにはアクセサリーのような形状をしている現代的なデザインのものもある。

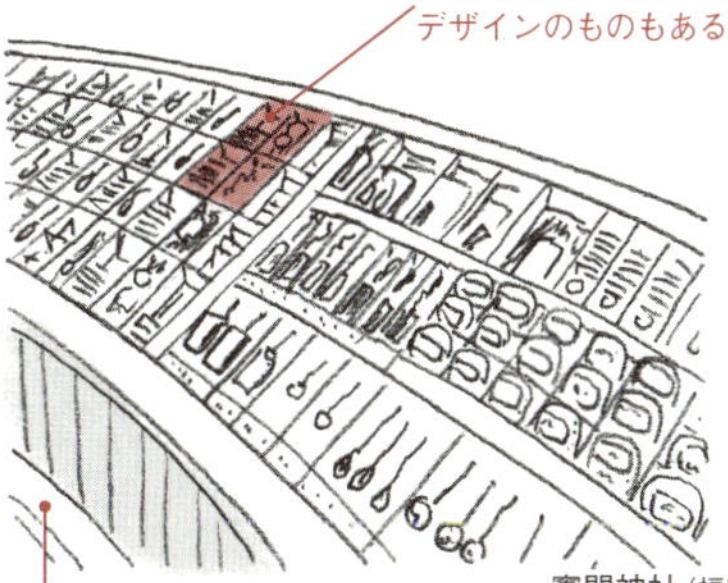

竈門神社（福岡）

かつて太宰府周辺の筑紫野で行われていた「十六参り」は男女とも16歳になると竈門神社の上宮に詣るというもの。女性は良縁を授かり、男性は金銭に不自由しないといわれた。戦後に十六参りは廃れたが、その名残で良縁を祈願する「えんむすび大祭」が行われている。

※：天御中主尊、高皇産霊尊、神皇産霊尊の3神は「造化三神」と呼ばれ、物を生じさせる神々といわれる。「結ぶ」は「生じさせる」を意味するが、その結ぶという言葉から、縁結びのご利益が生じたという。また、高皇産霊尊、神皇産霊尊については神名の「むすび」がもとになっているとも考えられる。なお、造化三神は高天原に現れた最初の神として知られる。

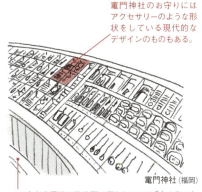

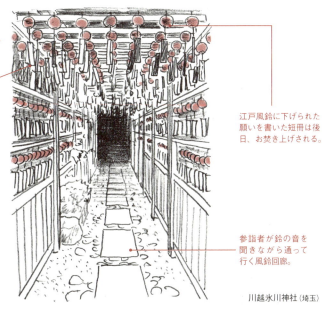

お産を軽く安産祈願の神

水天宮《すいてんぐう》［東京］

江戸時代から安産の神として知られる水天宮は※、総本社のある九州・久留米藩の江戸上屋敷内に勧請した神社が始まり。祭神は安徳天皇ら四神で、由緒は壇ノ浦の戦いで生き延びた按擦使局伊勢《あぜちのつぼねいせ》が平氏を祀る神社を建てたこととされる。

安産を願う風習は古来よりさまざま伝わる。よく知られるのは、お産が軽く、多くの子を生む犬にあやかろうと妊娠5カ月目の最初の戌《いぬ》の日に腹帯《はらおび》を巻いて神社へ参詣するというもの。同じくお産が軽いとされる猿にあやかる信仰もあり、猿を神使とする東京・日枝《ひえ》神社に参拝する人も多い。

水天宮では毎月戌《いぬ》の日が「ハレの日」

安産・子授けのご利益

東京の水天宮も久留米にある総本社と同様、安産や水の神、水難・火難除けとして信仰されており、江戸時代から多くの人がお参りした。毎月最初の戌の日には、境内がたくさんの妊婦たちで賑わう。

「子宝いぬ」に触れて

水天宮境内の親子犬の像。犬にあやかった安産祈願は昔からさまざまな神社で行われてきた。

干支の文字が配され、自分の干支を触って子宝を祈願する。

現在は仮営業中

図は旧社殿。現在建替え中で、新社殿は2016（平成28）年に完成予定。

4柱を祀る

久留米の水天宮と同じく、天御中主尊（あめのみなかぬしのみこと、造化三神の1柱）、安徳天皇、高倉平中宮、二位の尼の4神を祀っている。

所在地：東京都中央区日本橋蛎殻町2-4-1　創建年代：1818年　主祭神：天御中主神／安徳天皇／高倉平中宮／二位の尼　一口メモ：拝殿に下げられる鈴のひも（鈴の緒）を頂いた妊婦が腹帯としたところ、非常に安産だったという。以降、人づてに水天宮の鈴の緒を腹帯にすると安産になると伝わったのだそうだ。

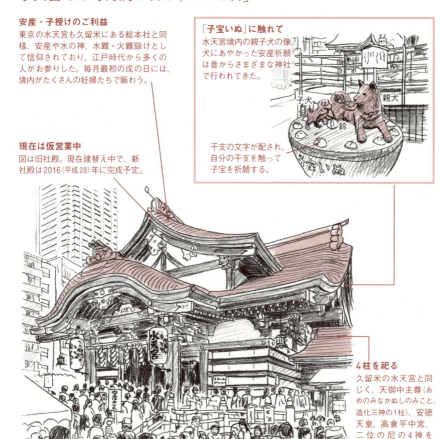

各地で賑わう安産祈願のお祭りの日

安産のご利益がある神社は全国に広がり、戌の日には多くの人が参拝する。なかでも山梨・山中諏訪神社では毎年9月に安産祭りが行われ、全国から安産を願う女性が集まる。

山中諏訪神社の安産祭り

夜祭りに参加し神輿（みこし）を担いだ氏子の女性には子授け、安産のご利益があるという珍しい祭り。

神輿は本殿と御旅所を往復する。
妊婦など願いごとのある人々が神輿の後に供をして歩く。
神輿の担ぎ手のことをオテンマと呼ぶ。

山中諏訪神社（山梨）

日枝神社の神猿にあやかる

日枝神社境内には神社の神使である神猿の像がいくつかある。分娩の軽い猿にあやかろうと戌の日や申（さる）の日には妊婦を始め多くの参拝者が来る。

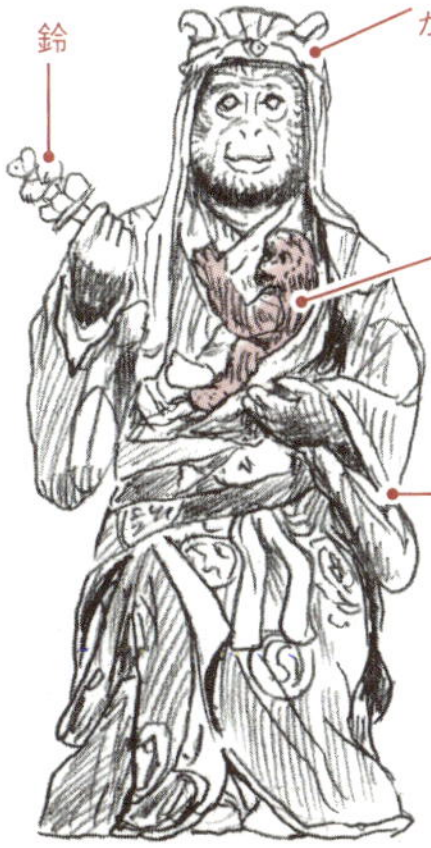
鈴
頭巾をかぶる。
子猿を抱いている。
山王神道（天台宗の影響を受けた神道説）において、猿は神の使いとされる。

日枝神社（東京）

宇美《うみ》八幡宮は子安の石がお守り

安産を願って境内奥にある湯方社に奉納されている石（子安の石）をもって帰る。この石は安産の効験をもつといい、お産の鎮めのお守りとする。

宇美八幡宮は神功（じんぐう）皇后（100頁）が御子を生んだ場所として伝えられ、安産祈願の神社とされた。宇美の名も「生み」にちなむ。
子安の石
無事に出産したら、新たな石に自分の子どもの名前などを書き、お宮参りの時にもって帰った石と一緒に納める。

宇美八幡宮・湯方社（福岡）

※：水天宮が安産の神として知られるようになったのには、次のような理由が伝わる。水天宮の名前となっている水天は神仏習合時代、天之水分神（あめのみくまりのかみ）と習合。本来、天之水分神は安産とは無関係だったが、「みくまり」という発音が「みこもり（御子守り）」につながるとされ、安産や子どもを守る神だと広がったのだという。

名から出た実《まこと》 勝負運の神

宝当《ほうとう》神社【佐賀】

唐津湾に浮かぶ高島の宝当神社は、戦国時代にこの島を海賊から救った野崎隠岐守綱吉《のざきおきのかみつなよし》が祭神。神社名※にあやかり参拝した人が宝くじを当てたという話が広がり、平成に入ってくじ運を強くする神社として知られるようになった。

同じく、宝くじや勝負事にご利益があるとされ、参詣者で賑わう神社に東京の皆中稲荷《かいちゅういなり》神社がある。江戸時代、ここに配された鉄砲組百人隊の1人の夢枕に神が立ち、以降、この人物は百発百中（皆中《みなあたる》）の腕前となったという。このように、社名にあやかった神徳が生まれた神社も多い。

「宝」が「当」たる神社と噂に

小島に多くの参拝者

人口300人ほどの高島は宝くじ当選を目指す多くの参拝者で賑わう。高島へは定期船や海上タクシーでアクセスする。

社殿

入母屋造の本殿と拝殿をつなげた形式。祭神である野崎隠岐守の墓の上に建つという。

裏参道

社殿脇を通って本殿背後から参拝する。

全国から届く当選者の手紙

拝殿内には宝くじが当たった人々からのお礼の手紙がたくさん掲示されている。

高額当選した人からの手紙が多数届いている。

宝くじの当選券のコピー。

願いを込めるお守り

神徳の当たり、勝ちにちなんだお守りが揃う。お守り袋には打出の小槌と小判、波と鯛などの縁起物が。

必当御守（ひっとおまもり）という名は、宝くじなどがヒットするように、と名づけられた。

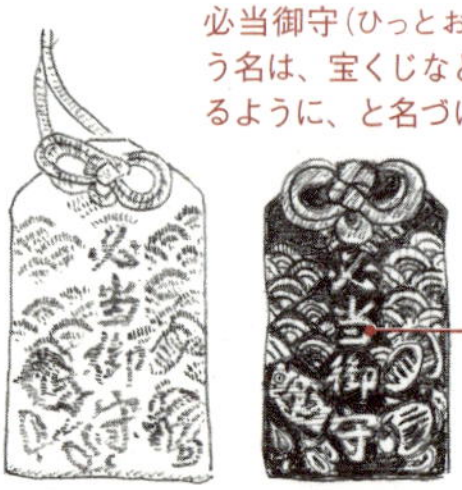

所在地：佐賀県唐津市高島525　創建年代：1768年　主祭神：野崎隠岐守綱吉命　一口メモ：高島は古くから製塩で栄えた島だった。その象徴ともいうべき神社が島内の「塩屋神社」。宝当神社はその境内社として創建された神社だ。

現世利益を得られる場所として――

神社を現世利益が得られる場所と考えた人は多く、金運上昇のご利益があるという神社は古くから各地で見られた。また、近現代、社名にあやかった神徳が生まれている。

皆中稲荷神社の神徳を授かった鉄砲組百人隊

鉄砲組百人隊は徳川家康が江戸の西の備えとして創設、4組が交替で江戸城の番をした。例大祭などでは「鉄砲組百人隊行列」を見ることができる。皆中稲荷神社は現在の新宿区百人町にある。

鉄砲組は、大久保組、青山組、根来組、甲賀組の4つの組からなっていた。

今も江戸時代以来の火縄銃の射撃術を伝承している。

鉄砲組百人行列（東京）

競馬・賭事には勝馬《かちうま》神社

杉の巨木「あんばさま」で有名な大杉神社境内にある勝馬神社は競馬の神、勝負の神として知られる。

馬の神像の脇には猿の像。猿が馬を守り、病気を防ぐといわれる。

古代、官牧（国が管理して馬を供給する牧場）にあった馬櫪社（ばれきしゃ）という神社を移したものが勝馬神社だ。近くに日本中央競馬会の美浦（みほ）トレーニングセンターがあり、競馬関係者の参拝も多い。

当たる絵馬

絵馬に描かれた的に当たる矢の絵は「当たる」というご利益を願っている。

社の前には蹄鉄

勝馬神社には蹄鉄が奉納されている。

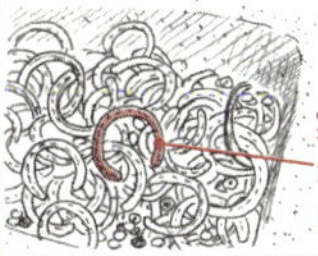

実際に馬が装着した蹄鉄。

勝馬神社（茨城）

菖蒲が勝負に！　藤森神社

菖蒲の節句発祥の地とされ、「菖蒲」という名前の音から勝負運の神となった。また馬、学問の神様として崇敬されている。

競馬の神に奉納する絵馬

勝負の神であり、馬の神でもあることから競馬の神としても信仰されている。

駈馬（かけうま）神事でも知られ、ここから馬の神としての信仰も生まれた。競馬関係者とファンから崇敬されている。

藤森神社（京都）

※：明治時代、製塩業が盛んになり島が栄えるとともに、守り神である野崎隠岐守綱吉に感謝するため、神社を建立。この神社は島の宝に当たる、ということから神社名は宝当神社とされた。

住む家を守る火除けの神

秋《あき》葉《は》山《さん》本《ほん》宮《ぐう》秋《あき》葉《は》神社【静岡】

浜松にある秋葉山本宮秋葉神社は火除けのご利益のある神社である。その昔、秋《あき》葉《は》山《さん》に白狐に乗って到来した修験者・三尺坊《さんじゃくぼう》は、翼とくちばしを持った姿で神通力を備えており、秋葉大権現《あきはだいごんげん》（秋葉三尺坊）として祀られるようになった※1という。

火除けのご利益は、京都の愛宕《あたご》神社を中心とした愛宕信仰※2や、関東の武蔵御嶽《むさしみたけ》神社・三峯《みつみね》神社などの大口真神《おおぐちまかみ》（狼）信仰でも見られる。人々はこうした神社から火除けの札やシキミの枝をもらい、祀った。近世以前の建物は火事に弱く、火除けが切実な願いだったのである。

山頂に鎮座する秋葉権現の守り神

秋葉山が神体山
秋葉神社の総本宮。江戸時代まで修験の道場であったが、明治の神仏分離で秋葉寺と秋葉神社に分かれた。

権現造の社殿
図の拝殿は入母屋造で、千鳥破風と向拝と唐破風がつく。流造の本殿とは幣殿でつながる（権現造）。1986（昭和61）年の再建。

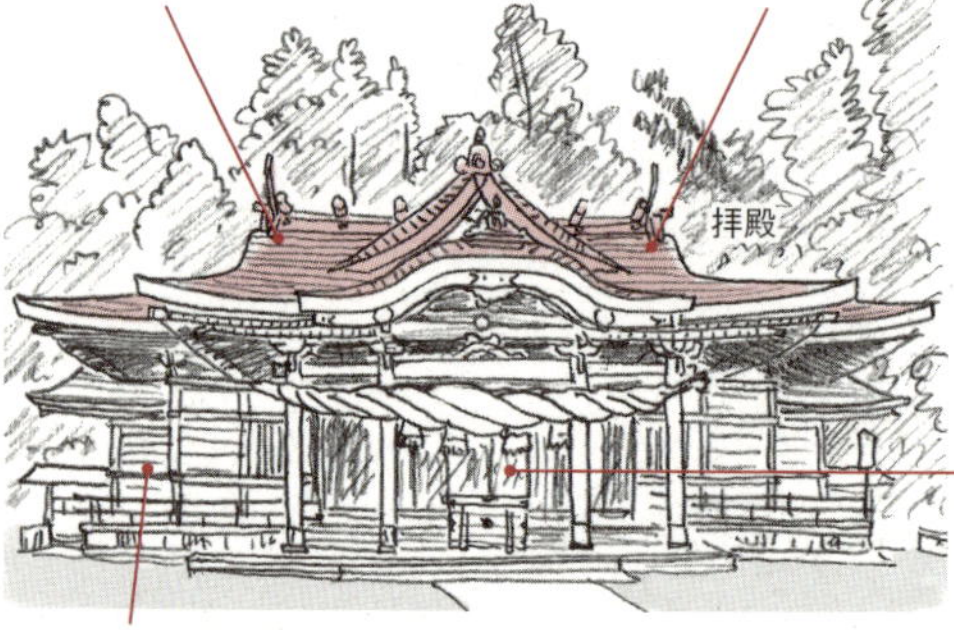

火除け信仰の参詣団体「秋葉講」
17世紀、秋葉大権現への火除け信仰が流行した。それとともに各地に秋葉講という参詣の団体が造られ、秋葉神社につながる秋葉街道（現在の国道152号）沿いには灯籠が立ち並んだという。

火の神を祀る
翼とくちばしがある。

火炎を背負っている。

雲は三尺坊が飛んでくるところを表す。

白狐（しろぎつね）は頭に宝珠を載せている。

祭神は火の神・軻遇突智（かぐつち、34頁）。神仏分離までは秋葉大権現と称し、三尺坊と習合していた。三尺坊の姿は図のように白狐に乗った烏天狗とされる。

秋葉神社と秋葉寺で行う火の祭り

秋葉神社では松明を手に舞う火の舞が有名。

秋葉寺では屋外で護摩行（火防祭、ひぶせまつり）が行われる。

所在地：静岡県浜松市大竜区春野町領家841　創建年代：701年　主祭神：火之迦具土大神（秋葉大権現）　一口メモ：遠江、三河などから秋葉山本宮秋葉神社へと続く街道沿いには、たくさんの灯籠（常夜灯）が造られた。これは参詣者の道しるべであると同時に、秋葉信仰のシンボルでもあった。現在もそのうちのいくつかは、当時のままの姿で街道跡に残されている。

全国で見られた秋葉信仰は火除けの祈り

秋葉山を中心とした秋葉信仰は火除けの神を崇拝する。各地で秋葉山本宮秋葉神社を勧請した。そのほか防火の神として狼を祀る神社もある※3。

アキバの由来も秋葉神社

もともと秋葉権現との関係はなく、はじめは鎮火社といったが、秋葉社が勧請されたと誤解され、これが定着。秋葉神社と改称され、その地も秋葉原と呼ばれるようになった。

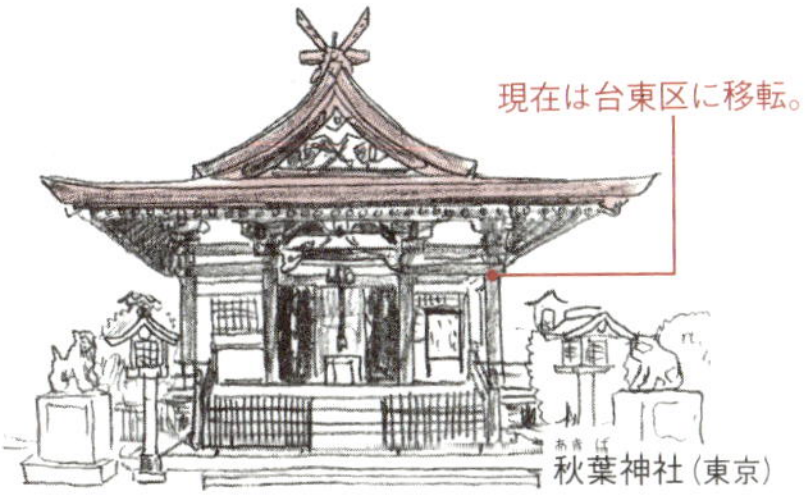
現在は台東区に移転。

秋葉《あきば》神社（東京）

秋葉神社の関東総社

火防・盗賊除けの神として関東一円から参詣者が訪れるのはさいたま市の秋葉神社。

本殿は覆屋の中にあり、豪華な彫刻をつけた壮麗なもの。
覆屋
拝殿
火の神である軻遇突智が主祭神。

秋葉《あきは》神社（埼玉）

狼信仰・武蔵御嶽神社

東京の御岳山（みたけさん）の頂にある神社。火難、盗難除けの神として狼を祀る社がある。

日本武尊《やまとたけるのみこと》の道案内

祭神である日本武尊を道案内したのが白黒2頭の狼。

日本武尊
狼

画家・鰭崎英朋氏が1912（明治45）年に奉納した絵馬。

武尊深山跋渉之図

お札

拝殿は入母屋造で、向拝には立派な唐破風。1700（元禄13）年の創建で幕末に修復がなされた。

狼像

拝殿内に安置されている木彫像。このほか境内のさまざまなところに狼の像がある。

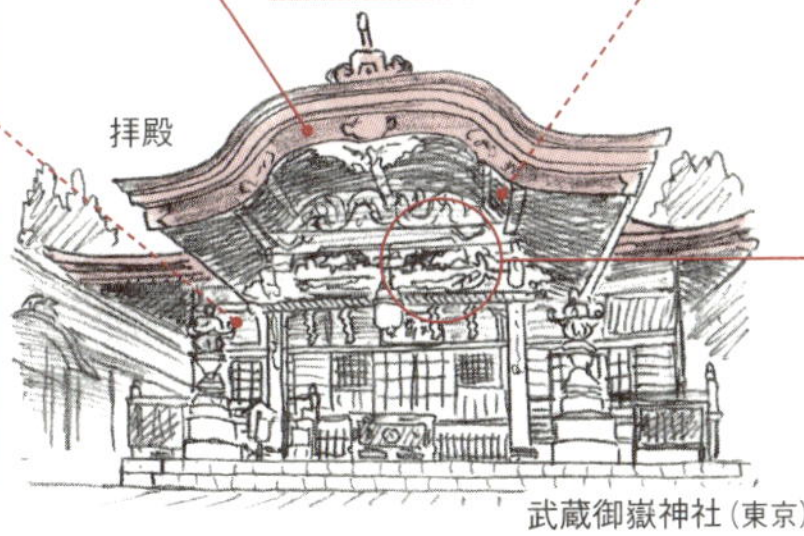
拝殿

向拝の虹梁《こうりょう》上の狼

向拝の彫刻にも狼が選ばれている。

武蔵御嶽神社（東京）

秩父・三峯《みつみね》神社も狼信仰

神社のある三峯山は江戸時代まで修験の山で、神仏習合の色が濃かった。

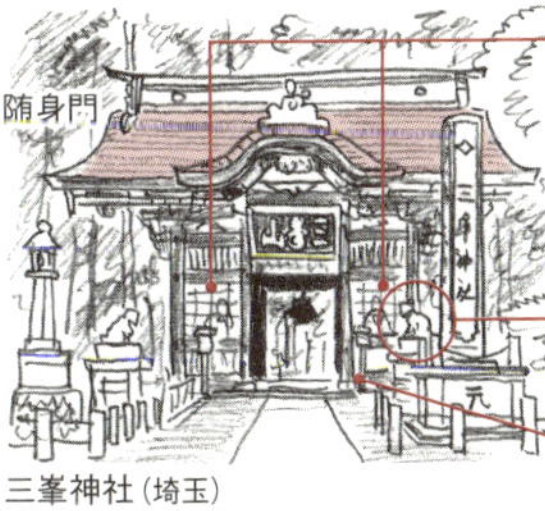
随身門
通路の両脇に随身像が祀られる。以前あった仁王像はほかの寺に移された。
切妻造で正面側のみ唐破風がつく随身門。もとは仁王門だった。1792（寛政4）年の建立。

三峯神社（埼玉）

狼像

三峯山中では狛犬の位置にも狼がいる。

耳の形や尻尾、肋などは狛犬と表現が異なる。

火除けの狼

同じ狼でも神社により絵は異なる。

三峯神社

お札

※1：火除けの神社が山岳信仰と深い関わりをもつのは、修験道の影響が大きい。※2：愛宕山には雷雲が現れることが多く、しばしば火事を引き起こすことから火除けの信仰が生まれたようだ。※3：盗賊除けで知られる狼信仰。火事も同じく、自分では防げない災害だったことから火除けの信仰が加えられたものと考えられる。

晴雨を祈る気候安定の神

貴《き》船《ふね》神社【京都】

貴船神社は水神である高龗神《たかおかみのかみ》を祀る神社として古くから知られる。まだ農業が生活の基盤だった頃、日照りや長雨は重大な問題で、朝廷や為政者はこうした際、各地の寺社に祈祷を命じたのである。

貴船神社はその中でも特に崇敬され、降雨の祈願には黒い馬が、晴天祈願には白い馬が奉納された。この奉納馬は後に木の板に描かれたもの（板立馬）に代わり、それが絵馬になったといわれている。

貴船神社と並び、天候に関して霊験あらたかな神社とされていたのが奈良の丹《に》生《う》川上《かわかみ》神社である。こちらも高龗神を祭神としている。

晴雨の祈願を叶える高龗神

歴史のある貴船神社
貴船神社の歴史は古く、678（天武天皇7）年に社殿の造替があったとされる。本宮と奥宮、そして中宮からなり、本宮と奥宮の祭神・高龗神は水を司る竜神だ。磐長姫（いわながひめ、木花開耶姫［このはなさくやびめ、113頁］の姉）を祀る中宮は縁結びの神として知られる。

湧き出るご神水
本宮社殿の前にある石垣からは良質な水がこれまで1度も涸れることなく湧き出している。水は汲んでもち帰ることができる。

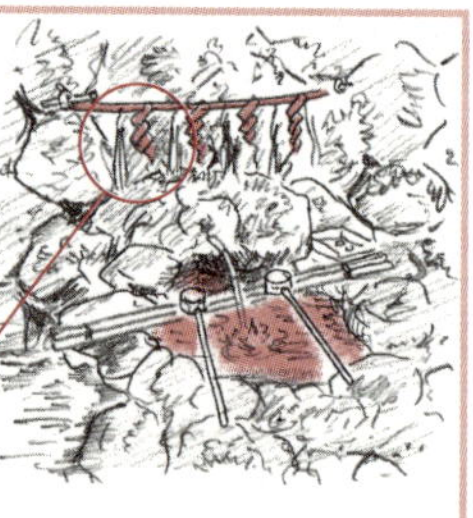

注連縄（しめなわ）は神聖な水であることを示す。

本宮拝殿
入母屋造で正面に庇をつける。本殿とは幣殿でつながる。

本宮本殿
流造。現在の建物は拝殿とともに2005（平成17）年に竣工したもの。

絵馬発祥の地の像。

所在地：京都府京都市左京区鞍馬貴船町180　創建年代：不明　主祭神：高龗神　一口メモ：貴船神社の雨乞い神事についての最も古い記録は、平安時代に編纂された『日本後記』にある。818（弘仁9）年、嵯峨天皇の時代に黒馬を奉納した「祈雨の儀」である。その後、歴代天皇が生き馬を奉納して天候の安定を祈願した。

水を司る神の象徴・竜を祀る

祈雨《きう》の神社でご神体とされることの多い高靇神は、伊弉諾尊《いざなぎのみこと》が火の神・軻遇突智《かぐつち》(34頁)を斬った際に生まれたとされる神の1人。「靇《おかみ》」は竜を示す語である。竜は古くから水神とされてきた。

雨乞いのあとは絵馬焼納式

貴船神社では毎年3月9日、農作業の季節が始まる前に、天候の安定を願う「雨乞祭」が行われる※。続いて、1年間に奉納された絵馬をお焚き上げする(古絵馬焼納神事)。

古絵馬焼納式では、宮司が神に祈りを捧げ、絵馬に書かれた参詣者の願いを神に届ける。

神馬《しんめ》の奉納が絵馬に

かつては祈雨・止雨を願う際に生き馬を奉納していたが、後に絵に描いたもので代用するようになった。江戸時代に入って、個人が絵馬を奉納することが一般的となった。

絵馬発祥の地の像。

水の神社 丹生川上神社下社

丹生川上神社は上社・中社・下社とそれぞれ独立した神社。
丹生川上神社下社は水神を祀り、止雨に関する神事も伝わる。

入母屋造の拝殿は天誅組の乱(1863[文久3]年、尊王攘夷派の浪人が大和国で決起した事件)により焼け、明治時代に再建された。通常の礼拝は拝殿で行う。

後方にある本殿は置千木、鰹木を載せる。流造。こちらも明治時代の再建。

丹生川上神社下社(奈良)

本殿と拝殿をつなぐ階段

山の斜面に建つ丹生川上神社下社。本殿と拝殿は高低差があり、急傾斜の階段でつながっている。階段は屋根がつき、登廊のよう。

階段は75段。例祭の時のみ上がることができる。

ご神水

拝殿横の井戸ではご神水を頂ける。丹生の御食(みけ)の井とされる。現在は釣瓶(つるべ)で汲むのではなく、脇の蛇口から汲む。

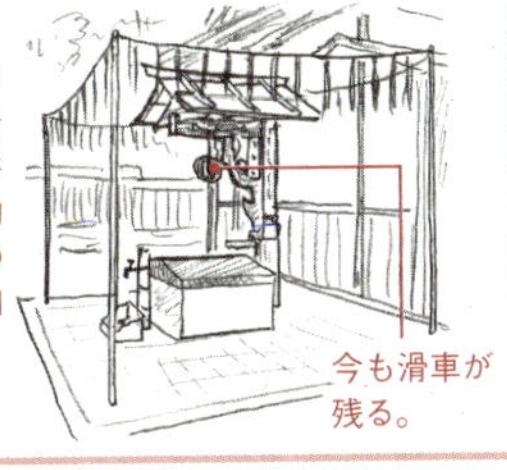

今も滑車が残る。

※:雨乞祭はかつて貴船山にある「雨乞の滝」で行われていたが、現在は貴船神社本宮のご神前で行われる。なお、雨乞の滝へと続く道は、現在は使われておらず禁足地となっている。

病気平癒の神に健康を願う

甲斐《かい》神社【熊本】

甲斐神社の社殿は多くの手や足の木型《きがた》であふれ、一見ぎょっとする。この神社の祭神は手足の守り神である戦国武将・甲斐《かい》相模守《さがみのかみ》親《ちか》秀《ひで》入道《にゅうどう》宗立公《そうりゅうこう》だ。

参拝者は病気平癒を祈願して手や足の形をした木型を奉納、そこに願いを書きつけるのである。

手足の病やケガに苦しむ人による民間信仰の神が足手荒神《あしてこうじん》である。治癒を願う人々は手や足の木型、時にはギプスや松葉杖を奉納する習わしがある。足手荒神を信仰の対象とした神社は九州のほか秋田県などで見ることができるが、祭神はそれぞれで異なる。

手足がよくなる民間信仰

手足に関するもの何でも
境内にある奉納所には病気の快癒願いだけではなく、手足を使う仕事やスポーツの技術向上などの祈願も書かれた手型足型（願いを書く絵馬のような板）が見られる。

拝所
ここで礼拝する。

奉納された手型足型
木製の手足は平癒した崇敬者らが奉納したもの。ここにある木型をさすると悪いところが治癒するとされる。

こちらは絵馬のように治癒の願いを書いて奉納する板。

所在地：熊本県上益城郡嘉島町上六嘉2242　創建年代：1587年　主祭神：甲斐相模守親秀入道宗立公／甲斐民部大輔親直入道宗運公　一口メモ：甲斐神社の祭神・甲斐相模守親秀入道宗立公（甲斐宗立）は肥後国（熊本）で一揆に遭い、甲斐神社のある嘉島に逃げ延びた。この時人々が手厚く看護し、感激した甲斐宗立が死後、手足の病の守り神となったとされる。

小祠で見られる独特の祈願形態

病気やケガの平癒祈願は、地域の神や英雄などに行う場合も多く、それらはたいてい小さな祠である。祈願やお礼の際に、ほかでは見られない「物」を奉納することも多く、非常にユニークだ。

手足の守り神・池島殿《いけじまでん》

宮崎宮（107頁）の東末社は5社の末社が1つの建物に並ぶ。なかでも池島殿は手足の病を治す神として信仰されている。

東末社（福岡）

奉納されたわらじ

手足の病気平癒を願ってわらじを奉納、治癒後にもう1足を奉納する。池島殿の前の柵に掛けられたわらじは池島殿祭でお焚き上げされる。

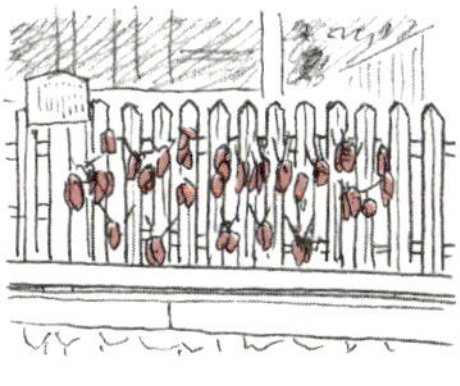

目に効く目の神社

行田八幡（ぎょうだはちまん）神社の末社、目の神社は味耜高彦根神（あじすきたかひこねのかみ）を祭神とし、眼病平癒の信仰を集めている。

目《め》の神社《かみしゃ》（埼玉）

むかいめの絵馬

ひらがなの「め」が向かい合った「むかいめ」の絵馬で眼病平癒を祈願する。むかいめは目に効験※のあるほかの寺社でも見られる。

下半身なら荒脛巾《あらはばき》神社

塩釜神社の末社。荒脛巾神（あらはばきがみ）は足の神であったが、のち下半身全体の神とされた。

扁額には「荒脛巾社」とある。

履き物は奉納品の1つ。

荒脛巾神社（宮城）

奉納された男根形

下半身の神には男根や女陰をかたどったものも奉納される。

耳の病に石神尊祠《いしがみそんし》

石神は耳の病を治す神として信仰される。

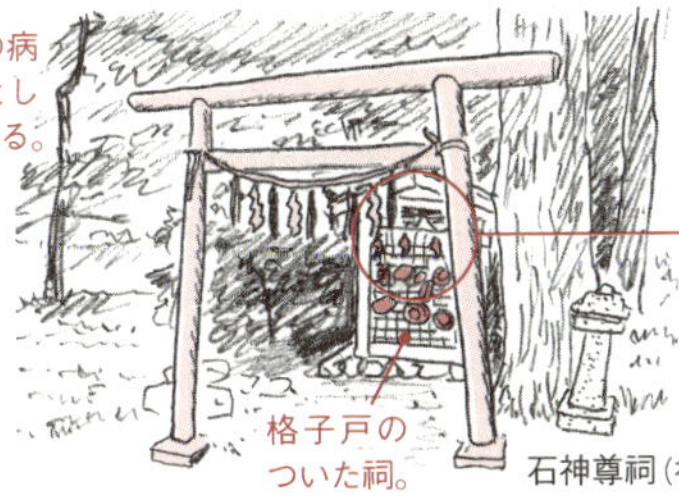

格子戸のついた祠。

石神尊祠（神奈川）

穴の開いた奉納物

耳が良くなる＝穴が開いたように聞こえやすくなるということでお礼にザルなど穴の開いたものを奉納する。

※：効験は効能、効果を意味する言葉。眼病など目に効験あらたかな神社としては、ほかに篠座神社（しのくらじんじゃ、福井）や市谷亀岡八幡宮（東京）などが知られる。

参拝方法を知っておこう

神社で行う一連の参拝には決まった作法がある。ここではその作法について、順を追って紹介しよう。

まず境内の入口に立つ鳥居では、くぐる際に一礼する。この時、中央は神の通り道とされるので脇に避けて行う。またその先にある参道も同様に中央を歩いてはいけない。

続いて手水舎《ちょうずや》だが、ここでは手と口をすすぎ清める。神社では清浄さが尊ばれるのである。参道を進み、社殿（拝殿）へ参拝に向かおう。礼拝は二拝二拍手一拝が一般的な作法だが、異なる方法で礼拝する神社もあるので注意が必要だ※1。

玉串《たまぐし》を捧げよう（正式参拝）

正式参拝はどこでする？

正式参拝する場合は拝殿の中に入り、祝詞（のりと）を奏上してもらった上で玉串を奉る。最後に直会（なおらい）※2をして参拝を終える。

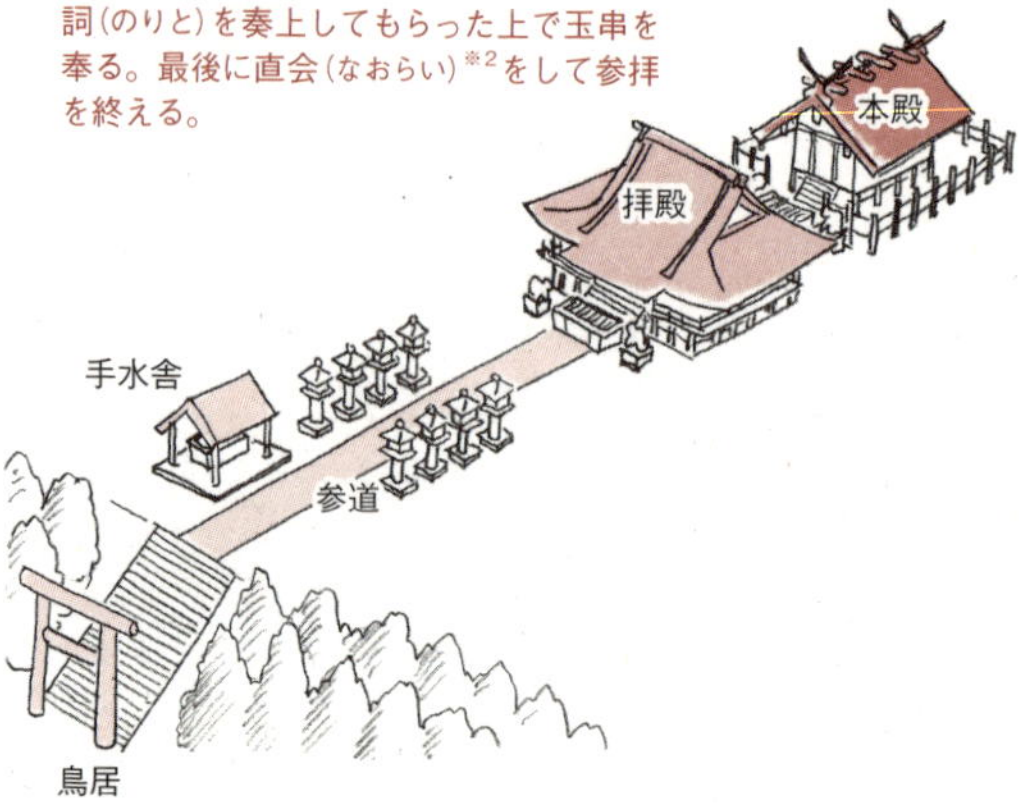
本殿
拝殿
手水舎
参道
鳥居

玉串《たまぐし》の捧げ方

神饌（しんせん）と同じ意味をもつ玉串。正式参拝では神職からお祓（はら）い、祝詞（のりと）奏上があり玉串を捧げる。

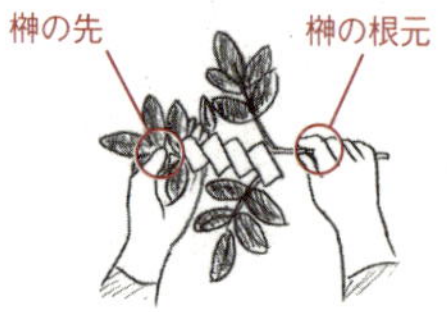
榊の先
榊の根元

❶右手で榊の根元、左手で榊の先をもつ。

❷時計回りに90°回す。

❸両手で根元をもって祈念する。

❹再び時計回りに180°回す。

根元が神に向く。
右手は下から添える。

❺左手が根元、右手が先をもつ。

❻そのまま神前に捧げる。

神社参拝の作法ができたのは——？

江戸時代までは、神社や流派ごとにさまざまな作法があったことが知られている。現在の、二拝二拍手一拝が基本の作法となったのは、戦後のことである。

境内入口「鳥居」をくぐろう

端に寄る。

境内への入口である鳥居の前では、1度止まって一礼してからくぐる。

参道を歩こう

神社によって左右どちらに寄るか指示を受ける場合もある。

参道の中央は神の通り道とされるため、脇に寄り心を落ち着けて進む。また、境内では脱帽する。

手水《ちょうず》で手と口を清めよう

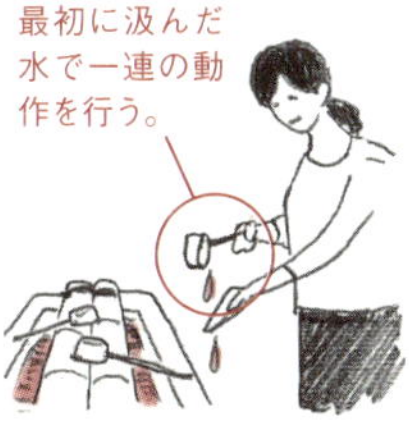
最初に汲んだ水で一連の動作を行う。

❶ひしゃくで水盤の水を汲み、まず左手をすすぎ、清める。

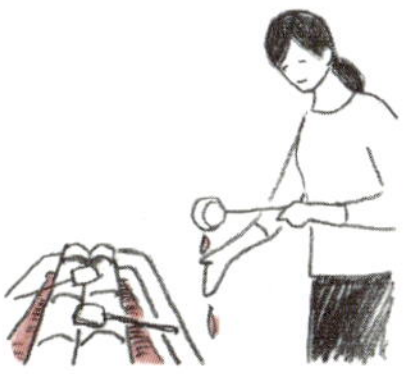

❷右手を清める。

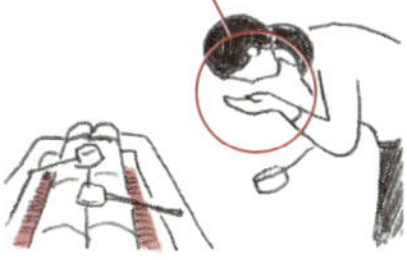
ひしゃくに直接口をつけない。

❸左手で受けた水で口をすすぐ。

しっかり水を流してもとの位置に戻す。

❹もう1度、左手を清めたのち、最後にひしゃくを立てて残った水で柄を清める。

礼拝をしよう

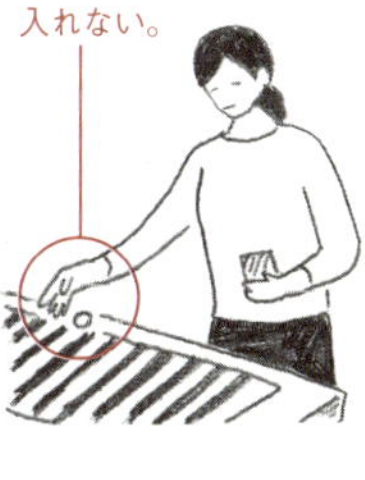
賽銭は乱暴に投げ入れない。

❶賽銭を入れる。

❷鈴を鳴らす。

❸姿勢を正し、背をまっすぐにして体を深く折り、深い礼を2度行う。

拍手は右手を少し下にずらして打つ。

❹胸の高さで肩幅くらいまで両手を開き、2度拍手をする。最後にもう1度深い礼をする。

※1：出雲大社では二拝四拍手一拝して礼拝する。 ※2：直会とは神に捧げたお神酒や神饌を飲み、食べること。神に捧げたものを頂くことで、その霊力を得ようとするもの。

本書に登場する神々

※「記」は古事記、「紀」は日本書紀、「風土記」は各地の風土記(逸文を含む)に記載のある神。別名で記されたものがある書は(　)で記す。
※表記が複数ある場合、日本書紀に記載のものを優先した。
※そのほかの欄の(　)は尊称など複数の記述があるもの(あるいはルビ)、〔　〕内は名に冠される部分。
※本文に登場する神のうち、代表的なものを集めた。

記載のある文書	よみがな	表記	そのほか
記(紀)	あかるひめのかみ	阿加流比売神	比売語曽社神(ひめこそのやしろのかみ)《紀》
—	あきばだいごんげん	秋葉大権現	
—	あさまのおおかみ	浅間大神	木花開耶姫のこと。
記紀風土記	あじすきたかひこねのかみ	味耜高彦根神	阿遅鉏高日子根神、阿遅(治)志貴高日子根神、迦毛大御神(かもおおみかみ)《記》。阿遅須枳高日子命《『出雲国風土記』》
—	あつたのおおかみ	熱田大神	草薙剣、また草薙剣に依った天照大神。
記紀	あまてらすおおみかみ	天照大神	日神《記紀》、大日孁貴(尊)(おおひるめのむち[みこと])、撞賢木厳之御魂天疎向津媛命(つきさかきいつのみたまあまざかるむかつひめのみこと)《紀》
記紀	あめのうずめのみこと	天鈿女命	天宇受売命《記》
記紀	あめのおしほほみのみこと	天忍穂耳尊	〔正勝吾勝勝速日〕天之忍穂耳命《紀》、〔正哉吾勝勝速日〕天之忍穂耳命、〔正哉吾勝勝速日〕天之忍骨命、〔正哉吾勝勝速日〕天之忍穂根命《記》
記紀	あめのこやねのみこと	天児屋命	
記紀風土記	あめのひほこ	天日槍	天之日矛《記》、天日槍命《播磨国風土記》
記紀	あめのほひのみこと	天穂日命	天之菩卑能命、天菩比命(神)《記》
記紀	あめのみなかぬしのみこと	天御中主尊	天之御中主神《記》
—	あらはばきがみ	荒脛巾神	
記紀	いざなぎのみこと	伊弉諾尊	伊弉諾神《紀》、伊邪那岐命(神)《記》
記紀	いざなみのみこと	伊弉冉尊	伊邪那美命(神)《記》
記紀	いちきしまひめ	市杵嶋姫	市杵嶋姫命《紀》、市寸嶋比売命《記》。宗像三女神の1柱。
—	いづなだいみょうじん	飯縄大明神	飯縄権現
—	いなりのおおかみ	稲荷大神	宇迦之御魂大神(うかのみたまのおおかみ)、佐田彦大神(さたひこのおおかみ)、大宮能売大神(おおみやのめのおおかみ)、田中大神(たなかのおおかみ)、四大神(しのおおかみ)の5神を総称した名称。稲荷神とも。

記載のある文書	よみがな	表記	そのほか
記紀	うかのみたまのみこと	倉稲魂命	宇迦之御魂神《記》
記紀	うがやふきあえずのみこと	鸕鷀草葺不合尊	彦波瀲武鸕鷀草葺不合尊《紀》、日子波限建鵜葺草葺不合命《記》
記紀	うわつつのおのみこと	表筒男命	上筒之男命《記》。住吉三神の1柱。
—	えんのぎょうじゃ	役行者	役小角
記紀	おおくにぬしのかみ	大国主神	別名：大物主神(おおものぬしのかみ)、〔国作〕大己貴命(くにつくりおおなむちのみこと)、葦原醜男(あしはらのしこお)、八千戈神(やちほこのかみ)、大国玉神(おおくにたまのかみ)、顕国玉神(うつしくにたまのかみ)《紀》、大穴牟遅神(おおあなむじのかみ)、葦原色許男神(あしはらしこのおのかみ)、八千矛神(やちほこのかみ)、宇都志国玉神(うつしくにたまのかみ)《記》。
紀	おおなむちのかみ	大己貴神	大国主神の別名ともされるが、出雲の国の造成神とも考えられている。
紀	おおものぬしのかみ	大物主神	大国主神の別名ともされるが、元来別の神格という説が有力。
記	おおやまくいのかみ	大山咋神	山末之大主神(やまえすえのおおぬしのかみ)、鳴鏑神(なりかぶらのかみ)《記》
記紀	おおやまつみのかみ	大山祇神	大山津見神《記》
記紀	おきながたらしひめのみこと	気長足姫命	息長帯日(比)売命《記》、神宮皇后
記紀	おとたちばなひめ	弟橘媛	弟橘比売命《記》
記紀	おもいかねのかみ	思兼神	思金神《記》
記紀	かぐつち	軻遇突智	火産霊(ほむすび)《紀》、迦具土神《記》、火之夜芸速男神(ひのやぎはやおのかみ)、火之炫毘古神(ひのかがびこのかみ)《記》
—	かすがのかみ	春日神	藤原氏の氏神とされる武甕槌命・経津主命・天児屋根命・姫神の4神の総称。
—	かなやごかみ	金屋子神	
記紀	かなやまひこ	金山彦	金山比古神《記》
記紀	かみむすびのみこと	神皇産霊尊	神産巣日神(之命)、神産巣日御祖命(かみむすひのみおやのみこと)《記》
—	かんむてんのう	桓武天皇	
紀	くくりひめのかみ	菊理媛神	
記	くしいわまどのかみ	櫛石窓神	天石門別神《記》。古事記では豊石窓神もこの神の別名とする。
記紀	くしなだひめ	奇稲田姫	櫛名田比売《記》
記紀	くらおかみのかみ	闇龗神	闇淤加美神《記》

記載のある文書	よみがな	表記	そのほか
—	ごずてんのう	牛頭天王	武塔天神と同体とされた。
記紀	ことしろぬしのかみ	事代主神	事代主尊《紀》
記紀	このはなのさくやびめ	木花開耶姫	〔神（豊）〕吾田津姫、〔神吾田〕鹿葦津姫（かむあたかあしつひめ）《紀》、木花（華）開耶姫命《紀》。木花佐久夜毘売《記》、神阿多都姫（かむあたつひめ）《記》、
—	こまのじゃっこう	高麗若光	
—	こんせいじん	金精神	金精大明神
—	こんぴらごんげん	金毘羅権現	
記紀	さるたひこのかみ	猿田彦神	猿田毘古神《記》
—	しょうけんこうたいごう	昭憲皇太后	
—	しらやまひめのおおかみ	白山比咩大神	菊理姫命と同一視される。白山大権現とも。
記	しろうさぎのかみ	白兎神	菟神《記》
記紀	じんむてんのう	神武天皇	
—	すがわらのみちざね	菅原道真	菅原道真公、菅公、天満大自在天神
記紀	すさのおのみこと	素戔嗚尊	速素戔嗚尊（はやすさのおのみこと）《紀》、〔建速〕須佐之（能）男命（たけはやすさのおのみこと）《記》、〔神〕素戔嗚尊（かむすさのおのみこと）
—	すどうてんのう	崇道天皇	早良親王
—	すみよしのおおかみ	住吉大神	表筒男命、中筒男命、底筒男命の3柱の神のこと。
記紀	そこつつのおのみこと	底筒男命	底筒之男命《記》。住吉三神の1柱。
紀	たかおかみのかみ	高龗神	
記紀	たかみむすびのみこと	高皇産霊尊	高御産巣日神、高木神（たかぎのかみ）《記》
記紀	たぎつひめ	湍津姫	多岐津（田寸津）比売命《記》。宗像三女神の1柱。
—	だきにてん	吒枳尼天	
記紀	たけみかづちのかみ	武甕槌神	武甕雷神《紀》、建御雷神、建御雷之男（たけみかづちのおのかみ）《記》
記	たけみなかたのかみ	建御名方神	
記紀	たごりひめ	田心姫	田霧姫命《紀》、瀛津嶋姫命（おきつしまひめのみこと）《紀》、多紀理毘売命（たぎりひめのみこと）《記》、奥津嶋比売命（おきつしまひめのみこと）《記》
記紀	たじまもり	田道間守	多遅麻毛理《記》
記紀	たぢからおのかみ	手力雄神	天手力男神（あめのたぢからおのかみ）《記》
記紀	たまよりびめ	玉依姫	玉依姫命《紀》、玉依毘売〔命〕《記》
記紀	つくよみのみこと	月読尊	月夜見尊、月弓尊《紀》、月読命《記》
	とくがわいえやす	徳川家康	東照大権現
記	とよいわまどのかみ	豊石窓神	天石門別神《記》、櫛石窓神もこの神の別名とする。

記載のある文書	よみがな	表記	そのほか
記	とようけのおおかみ	豊受大神	豊宇気比売神《記》、豊受大神は祭神としての名前。
記紀	とよたまびめ	豊玉姫	豊玉姫命《紀》、豊玉毘売〔命〕《記》
記紀	なかつつのおのみこと	中筒男命	中筒之男命《記》。住吉三神の1柱。
記紀	ににぎのみこと	瓊瓊杵尊	天之杵火火置瀬尊《紀》、邇邇芸命《記》
—	はちまんしん	八幡神	八幡大菩薩
紀	はやたまのおのみこと	速玉男命	「速玉之男」《紀》
—	ひえのおおかみ	日吉大神	
記紀	ひるこ	蛭児	水蛭子《記》
紀	ふつぬしのかみ	経津主神	斎主神（いわいぬしのかみ）《紀》、霊剣・布都御魂の神格化した神ともいわれる。
記紀	ふとだまのみこと	太玉命	布刀玉命《記》
—	べんざいてん	弁財天	弁才天
—	ほすそりのみこと	火闌降命	海幸〔彦〕《紀》、火明命（ほあかりのみこと）、火酢芹命（ほすせりのみこと）、火進命（ほすすみのみこと）、海佐知〔毘古〕《記》、火照命（ほでりのみこと）《記》
記紀	ほおりのみこと	火折尊	彦火火出見尊《紀》、火折彦火火出見尊（ほおりひこほほでみのみこと）、山幸彦（やまさちひこ）《紀》、日子穂穂手見命（ひこほほでみのみこと）《記》、火遠理命、山佐知毘古（やまさちびこ）、虚空津日高（そらつひこ）《記》
記紀	ほむ（ん）だわけのみこと	誉田別尊	応神天皇のこと。品陀和気命《記》
記紀	みけぬのみこと	三毛入野命	稚三毛野命、三毛野命《紀》、御毛沼命《記》
記紀	みつはのめ	罔象女	弥都波能売神《記》
記紀	みやずひめ	宮簀媛	美夜受比売《記》
—	むなかたさんじょしん	宗像三女神	田心姫、湍津姫、市杵嶋姫の3柱の女神のこと。
—	めいじてんのう	明治天皇	
記	やがみひめ	八上比売	
—	やさかとめのかみ	八坂刀売神	八坂刀売命とも。
記紀	やまとたけるのみこと	日本武尊	日本童男（やまとおぐな）《紀》、倭建命《記》、小碓命（おうすのみこと）《記》、小碓尊、倭男具那尊（やまとおぐなのみこと）
記紀	やまとひめのみこと	倭姫命	倭比売命《記》
記紀	わたつみさんしん	少童三神	海神（わたつみ）のこと。他に『古事記』では綿津見・海、『日本書紀』では海とも表記する。

掲載神社データリスト

【第1章】

013頁	伊勢神宮	所在地：三重県伊勢市宇治館町1　創建年代：紀元前4年（内宮）／478年（外宮）　主祭神：天照坐皇大御神（内宮）／豊受大御神
	窪八幡神社	所在地：山梨県山梨市北654　創建年代：859年　主祭神：誉田別尊／足仲彦尊／息長足姫尊
	伏見稲荷大社	所在地：京都府京都市伏見区深草薮之内町68　創建年代：和銅年間（詳細不明）　主祭神：稲荷大神
	日吉大社	所在地：滋賀県大津市坂本5-1-1　創建年代：紀元前91年　主祭神：大山咋神（東本宮）／大己貴神（西本宮）
015頁	伊勢神宮	所在地：三重県伊勢市宇治館町1　創建年代：紀元前4年（内宮）／478年（外宮）　主祭神：天照坐皇大御神（内宮）／豊受大御神
	下鴨神社	所在地：京都府京都市左京区下鴨泉川町59　創建年代：不明　主祭神：玉依姫命／賀茂建角身命
	円成寺	所在地：奈良県奈良市忍辱山町1273　創建年代：756年　本尊：阿弥陀如来　宗派：真言宗御室派
	久能山東照宮	所在地：静岡県静岡市駿河区根古屋390　創建年代：1617年　主祭神：徳川家康公
019頁	多田神社	所在地：兵庫県川西市多田院多田所町1-1　創建年代：970年　主祭神：源満仲／源頼光／源頼信／源頼義／源義家
	妙義神社	所在地：群馬県富岡市妙義町妙義6　創建年代：537年　主祭神：日本武尊／豊受大神／菅原道真公／権大納言長親卿
	厳島神社	所在地：広島県廿日市市宮島町1-1　創建年代：593年　主祭神：宗像三女神
	石上神宮	所在地：奈良県天理市布留町384　創建年代：紀元前91年　主祭神：布都御魂大神
021頁	大崎八幡宮	所在地：宮城県仙台市青葉区八幡4-6-1　創建年代：不明　主祭神：応神天皇／仲哀天皇／神功皇后
	神魂神社	所在地：島根県松江市大庭町563　創建年代：平安時代（詳細は不明）　主祭神：伊弉冊大神／伊弉諾大神
023頁	北野天満宮	所在地：京都府京都市上京区馬喰町　創建年代：937年　主祭神：菅原道真公
	春日大社	所在地：奈良県奈良市春日野町160　創建年代：768年　主祭神：春日神
	明治神宮	所在地：東京都渋谷区代々木神園町1-1　創建年代：1920年　主祭神：明治天皇／昭憲皇太后
	熊野本宮大社	所在地：和歌山県田辺市本宮町本宮　創建年代：紀元前33年　主祭神：家都美御子大神
	若狭彦神社	所在地：福井県小浜市龍前28-1（上社）／福井県小浜市遠敷65-41（下社）　創建年代：714年　主祭神：若狭彦大神（上社）／若狭姫大神（下社）
	鶴岡八幡宮	所在地：神奈川県鎌倉市雪ノ下2-1-31　創建年代：1063年　主祭神：応神天皇／比売神／神功皇后
	宇佐神宮	所在地：大分県宇佐市南宇佐2859　創建年代：725年　主祭神：八幡大神／比売大神／神功皇后
025頁	日光東照宮	所在地：栃木県日光市山内2301　創建年代：1617年　主祭神：徳川家康公
	榛名神社	所在地：群馬県高崎市榛名山町849　創建年代：586年　主祭神：火産霊神／埴山姫神
026頁	厳島神社	所在地：広島県廿日市市宮島町1-1　創建年代：593年　主祭神：宗像三女神
027頁	目黒不動尊	所在地：東京都目黒区下目黒3-20-26　創建年代：808年　本尊：不動明王　宗派：天台宗

※各頁メインで紹介している神社については、各頁の欄外に記載

	宇治上神社	所在地：京都府宇治市宇治山田59　創建年代：不明　主祭神：菟道稚郎子命／応神天皇／仁徳天皇
	牛嶋神社	所在地：東京都墨田区向島1-4-5　創建年代：860年　主祭神：須佐之男命／天之穂日命／貞辰親王命
029頁	北野天満宮	所在地：京都府京都市上京区馬喰町　創建年代：937年　主祭神：菅原道真公
	大豊神社	所在地：京都府京都市左京区鹿ヶ谷宮ノ前町1　創建年代：887年　主祭神：少彦名命／応神天皇／菅原道真公
	本住吉神社	所在地：兵庫県神戸市東灘区住吉宮町7-1-2　創建年代：201年　主祭神：底筒男命／中筒男命／表筒男命／神功皇后
	三峯神社	所在地：埼玉県秩父市三峰298-1　創建年代：不明　主祭神：伊弉諾尊／伊弉册尊
	白鷺神社	所在地：栃木県河内郡上三川町しらさぎ1-41-6　創建年代：783年　主祭神：日本武尊
	三宅八幡宮	所在地：京都府京都市左京区上高野三宅町　創建年代：飛鳥時代（詳細は不明）主祭神：応神天皇
	三嶋神社	所在地：京都府京都市東山区東大路通東入上馬町3　創建年代：1160年　主祭神：大山祇大神／天津日高彦火瓊瓊杵尊／木之花開耶姫命
	大森宮（大森神社）	所在地：福岡県福津市上西郷802　創建年代：1304年　主祭神：伊弉諾命／伊弉冉命／水象女命／大山祇命／事代主命／石名姫命
	福岡神社	所在地：鳥取県西伯郡伯耆町福岡　創建年代：不明　主祭神：速玉男命
	松尾大社	所在地：京都府京都市西京区嵐山宮町3　創建年代：701年　主祭神：大山咋神／中津島姫命

【第2章】

034頁	伊弉諾神宮	所在地：兵庫県淡路市多賀740　創建年代：神代　主祭神：伊弉諾尊／伊弉冉尊
035頁	江田神社	所在地：宮崎県宮崎市阿波岐原町字産母127　創建年代：不明　主祭神：伊邪那岐尊
036頁	鷲宮神社	所在地：埼玉県久喜市鷲宮1-6-1　創建年代：不明　主祭神：天穂日命／武夷鳥命／大己貴命
037頁	宗像大社（辺津宮）	所在地：福岡県宗像市田島2331　創建年代：不明　主祭神：市杵島姫神
038頁	高倉山古墳	所在地：三重県伊勢市豊川町高倉山
039頁	天岩戸神社（福知山）	所在地：京都府福知山市大江町佛性寺字日浦ヶ嶽206-1　創建年代：不明　主祭神：櫛御毛奴命
	恵利原の水穴	所在地：三重県志摩市磯部町恵利原
041頁	淤岐島	所在地：鳥取県鳥取市白兎
	白兎神社（福本集落）	所在地：鳥取県八頭郡八頭町福本　創建年代：不明　主祭神：白兎大明神
	白兎神社（土師百井集落）	所在地：鳥取県八頭郡八頭町土師百井　創建年代：不明　主祭神：白兎大明神
042頁	美保神社	社所在地：島根県松江市美保関町美保関608　創建年代：不明　主祭神：事代主神／三穂津姫命
043頁	稲佐の浜	所在地：島根県出雲市大社町杵築北
	屏風岩	所在地：島根県出雲市大社町杵築北
045頁	槵觸神社	所在地：宮崎県西臼杵郡高千穂町大字三田井713　創建年代：神代　主祭神：天津彦彦火瓊瓊杵尊／天児屋根命
	霧島神宮	所在地：鹿児島県霧島市霧島田口2608-5　創建年代：6世紀（詳細は不明）　主祭神：天饒石国饒石天津日高彦火瓊瓊杵尊
047頁	玉の井	所在地：長崎県対馬市豊玉町仁位字和宮55

	豊玉姫墳墓	所在地：長崎県対馬市豊玉町仁位字和宮55
	鴨居瀬住吉神社	所在地：長崎県対馬市美津島町鴨居瀬字住吉491　創建年代：不明　主祭神：彦波瀲武鸕鷀草葺不合尊／三筒男命
	潮嶽神社	所在地：宮崎県南那珂郡北郷町大字北河内8901-1　創建年代：不明　主祭神：火闌降命
048頁	熊襲の穴	所在地：鹿児島県霧島市隼人町嘉例川
	走水神社	所在地：神奈川県横須賀市走水2-12-5　創建年代：不明　主祭神：日本武尊／弟橘媛
049頁	草薙神社	所在地：静岡県静岡市清水区草薙349　創建年代：123年　主祭神：日本武尊
	久佐奈岐神社	所在地：静岡県静岡市清水区山切字宮平101　創建年代：不明　主祭神：日本武尊
050頁	継桜王子	所在地：和歌山県田辺市中辺路町野中　創建年代：不明　主祭神：未詳

【第3章】

055頁	出石神社	所在地：兵庫県豊岡市出石町宮内99　創建年代：奈良時代（詳細は不明）　主祭神：天日槍命／出石八前大神
056頁	四天王寺	所在地：大阪府大阪市天王寺区四天王寺1-11-18　創建年代：593年　本尊：救世観世音菩薩　宗派：和宗
057頁	厳島神社	所在地：広島県廿日市市宮島町1-1　創建年代：593年　主祭神：宗像三女神
	大願寺	所在地：広島県廿日市市宮島町3　創建年代：建仁年間（詳細は不明）　本尊：薬師如来／弁財天　宗派：高野山真言宗
059頁	鵜戸神宮	所在地：宮崎県日南市大字宮浦3232　創建年代：崇神天皇年間（詳細は不明）　主祭神：日子波瀲武鸕鷀草葺不合尊
061頁	下御霊神社	所在地：京都府京都市中京区寺町通丸太町下ル　創建年代：863年　主祭神：吉備聖霊／崇道天皇／伊予親王／藤原大夫人／藤原大夫／橘大夫／文大夫／火雷天神
	崇道神社	所在地：京都府京都市左京区上高野西明寺山町34　創建年代：貞観年間（詳細は不明）　主祭神：早良親王
063頁	熊野那智大社	所在地：和歌山県東牟婁郡那智勝浦町那智山1　創建年代：317年　主祭神：熊野夫須美大神
	熊野速玉大社	所在地：和歌山県新宮市新宮1　創建年代：128年　主祭神：熊野速玉大神／熊野夫須美大神
065頁	日吉大社	所在地：滋賀県大津市坂本5-1-1　創建年代：不明　主祭神：大山咋神（東本宮）／大己貴神（西本宮）
	白山比咩神社	所在地：石川県白山市三宮町ニ105-1　創建年代：崇神天皇年間（詳細は不明）　主祭神：白山比咩大神／伊邪那岐尊／伊弉冉尊
	飯縄神社奥宮	所在地：長野県長野市飯綱山山頂　創建年代：1925年　主祭神：飯縄大明神
068頁	柏原八幡宮	所在地：兵庫県丹波市柏原町柏原3625　創建年代：1024年　主祭神：誉田別命／姫三柱之命／息長足姫命
069頁	若一王子神社	所在地：長野県大町市俵町2097　創建年代：垂仁天皇年間（詳細は不明）　主祭神：若一王子／天照大神／伊弉冉尊／仁品王／妹耶姫
071頁	平安神宮	所在地：京都府京都市左京区岡崎西天王町97　創建年代：1895年　主祭神：桓武天皇／孝明天皇
	靖国神社	所在地：東京都千代田区九段北3-1-1　創建年代：1869年　主祭神：護国の英霊246万6千余柱

大阪護国神社　所在地：大阪府大阪市住之江区南加賀屋1-1-77　創建年代：1940年　主祭神：大阪府出身または大阪府に縁故のある殉国の英霊約15万5千柱

072頁　白銀神社　所在地：長崎県対馬市豊玉町貝鮒　創建年代：不明　主祭神：未詳

【第4章】

075頁　岩木山神社　所在地：青森県弘前市百沢字寺沢27　創建年代：780年　主祭神：顕国魂神／多都比姫神／宇賀能売神／大山祇神／坂上刈田麿命

077頁　轟本滝神社　所在地：徳島県海部郡海陽町平井字王余魚谷　創建年代：1591年　主祭神：水象女命

081頁　金精神社　所在地：栃木県日光市・群馬県利根郡片品村　創建年代：不明　主祭神：道鏡

083頁　首塚大明神　所在地：京都府京都市西京区大枝沓掛町　創建年代：不明　主祭神：酒呑童子

橋姫神社　所在地：京都府宇治市宇治蓮華46　創建年代：646年　主祭神：橋姫／瀬織津媛

鬼鎮神社　所在地：埼玉県比企郡嵐山町川島1898　創建年代：1182年　主祭神：衝立船戸神／八衢比古命／八衢比売命

086頁　金屋子神社　所在地：島根県飯石郡飯南町上来島1043　創建年代：不明　主祭神：金山毘古神／金山毘賣神

088頁　氷上姉子神社　所在地：愛知県名古屋市緑区大高町火上山1-3　創建年代：195年　主祭神：宮簀媛命

古宮址　所在地：鹿児島県霧島市霧島田口2583-12

090頁　伏見桃山陵　所在地：京都府京都市伏見区桃山町古城山

092頁　建勲神社　所在地：京都府京都市北区紫野北舟岡町49　創建年代：1870年　主祭神：織田信長公

093頁　豊国神社　所在地：京都府京都市東山区大和大路正面茶屋町530　創建年代：1599年　主祭神：豊臣秀吉公

095頁　東郷神社　所在地：東京都渋谷区神宮前1-5-3　創建年代：1940年　主祭神：東郷平八郎命

【第5章】

099頁　豊川稲荷（妙厳寺）　所在地：愛知県豊川市豊川町1　創建年代：1441年　本尊：千手観音　宗派：曹洞宗

祐徳稲荷神社　所在地：佐賀県鹿島市古枝乙1855　創建年代：1687年　主祭神：倉稲魂大神／大宮売大神／猿田彦大神／神令使命婦大神／萬媛命

大間稲荷神社　所在地：青森県下北郡大間町大字大間字大間91　創建年代：1730年　主祭神：稲荷大神

波除稲荷神社　所在地：東京都中央区築地6-20-37　創建年代：1659年　主祭神：倉稲魂命

穴守稲荷神社　所在地：東京都大田区羽田5-2-7　創建年代：1818年　主祭神：豊受姫命

101頁　住吉神社（福岡）　所在地：福岡県福岡市博多区住吉3-1-51　創建年代：不明　主祭神：底筒男命／中筒男命／表筒男命

住吉神社（下関）　所在地：山口県下関市一の宮住吉一丁目11-1　創建年代：209年　主祭神：住吉三神／応神天皇／武内宿彌命／神功皇后／建御名方命

住吉神社（宮崎）　所在地：宮崎県宮崎市塩路3082　創建年代：孝安天皇年間（詳細は不明）　主祭神：住吉三神

103頁　鎮西大社諏訪神社　所在地：長崎県長崎市上西山町18-15　創建年代：1555年　主祭神：建御名方神／八坂刀売神

105頁　枚岡神社　所在地：大阪府東大阪市出雲井町7-16　創建年代：紀元前663年　主祭神：天児屋根大神／比売大神／武甕槌大神／斎主大神

	吉田神社	所在地：京都府京都市左京区吉田神楽岡町30　創建年代：紀元前859年　主祭神：春日神
107頁	石清水八幡宮	所在地：京都府八幡市八幡高坊30　創建年代：860年　主祭神：八幡大神
	筥崎宮	所在地：福岡県福岡市東区箱崎1-22-1　創建年代：921年　主祭神：応神天皇／神功皇后／玉依姫命
	誉田八幡宮	所在地：大阪府羽曳野市誉田3-2-8　創建年代：欽明天皇年間　主祭神：応神天皇
109頁	仁科神明宮	所在地：長野県大町市大字社宮本1159　創建年代：不明　主祭神：天照皇大神
	山上大神宮	所在地：北海道函館市船見町15-1　創建年代：伝応安年間　主祭神：天照皇大神／豊受大神
	開成山大神宮	所在地：福島県郡山市開成3-1-38　創建年代：1876年　主祭神：天照皇大神／豊受大神／神倭伊波禮彦命
	芝大神宮	所在地：東京都港区芝大門1-12-7　創建年代：1005年　主祭神：天照皇大御神・豊受大御神
112頁	弥栄神社	所在地：島根県鹿足郡津和野町後田67　創建年代：1428年　主祭神：須佐之男命
	広峯神社	所在地：兵庫県姫路市広嶺山52　創建年代：734年　主祭神：素戔嗚尊／五十猛命
	素盞雄神社	所在地：東京都荒川区南千住6-60-1　創建年代：795年　主祭神：素盞雄大神／飛鳥大神
114頁	久須志神社	所在地：富士山頂　創建年代：不明　主祭神：大名牟遅命／少彦名命
	山宮浅間神社	所在地：静岡県富士宮市山宮740　創建年代：不明　主祭神：木花開耶姫命
115頁	富士御室浅間神社里宮	所在地：山梨県南都留郡富士河口湖町勝山3951　創建年代：699年　主祭神：木花開耶姫命
	静岡浅間神社	所在地：静岡県静岡市葵区宮ケ崎町102-1　創建年代：901年　主祭神：木花開耶姫命
	鳩森八幡神社	所在地：東京都渋谷区千駄ヶ谷1-1-24　創建年代：860年　主祭神：応神天皇／神功皇后
118頁	厳島神社	所在地：広島県廿日市市宮島町1-1　創建年代：593年　主祭神：宗像三女神
	宗像神社（奈良）	所在地：奈良県桜井市外山818　創建年代：不明　主祭神：多紀理毘売命／市寸嶋比売命／田寸津比売命
	宗像神社（京都）	所在地：京都市上京区京都御苑9　創建年代：795　主祭神：多紀理比売命／多岐都比売命／市寸島比売命
120頁	高灯籠	所在地：香川県仲多度郡琴平町361　創建年代：1865年
121頁	虎ノ門金刀比羅宮	所在地：東京都港区虎ノ門1-2-7　創建年代：1660年　主祭神：大物主神／崇徳天皇
	ハワイ金刀比羅神社	所在地：ハワイ州ホノルル・オロメア通り1239　創建年代：1920年　主祭神：大物主命／菅原道真公
123頁	大山祇神社	所在地：愛媛県今治市大三島町宮浦3327　創建年代：594年　主祭神：大山積神
	三嶋鴨神社	所在地：大阪府高槻市三島江2-7-37　創建年代：不明　主祭神：大山祇神／事代主神
	三嶋神社（徳島）	所在地：徳島県徳島市西大工町5-11　創建年代：1221年　主祭神：大山祇神／大山積神
125頁	北野天満宮	所在地：京都府京都府京都市上京区馬喰町　創建年代：937年　主祭神：菅原道真公

	大阪天満宮	所在地：大阪府大阪市北区天神橋2-1-8　創建年代：949年　主祭神：菅原道真公
	防府天満宮	所在地：山口県防府市松崎町14-1　創建年代：904年　主祭神：菅原道真公
	湯島天満宮	所在地：東京都文京区湯島3-30-1　創建年代：458年　主祭神：天之手力雄命
126頁	厳島神社大鳥居	所在地：広島県廿日市市宮島町1-1　創建年代：593年　主祭神：宗像三女神

【第6章】

129頁	豊川稲荷（妙厳寺）	所在地：愛知県豊川市豊川町1　創建年代：1441年　本尊：千手観音　宗派：曹洞宗
	豊川稲荷東京別院	所在地：東京都港区元赤坂1-4-7　創建年代：1828年　本尊：豊川吒枳尼真天　宗派：曹洞宗
131頁	氷川神社（川越）	所在地：埼玉県川越市宮下町2-11-3　創建年代：541年　主祭神：素戔嗚尊／奇稲田姫命／大己貴命／手摩乳命／脚摩乳命
	葛原岡神社	所在地：神奈川県鎌倉市梶原5-9-1　創建年代：1887年　主祭神：日野俊基
	竈門神社	所在地：福岡県太宰府市内山883　創建年代：673年　主祭神：玉依姫命／神功皇后／応神天皇
133頁	山中諏訪神社	所在地：山梨県南都留郡山中湖村山中13　創建年代：968年　主祭神：大物主神
	日枝神社	所在地：東京都千代田区永田町2-10-5　創建年代：不明　主祭神：大山咋神
	宇美八幡宮	所在地：福岡県糟屋郡宇美町宇美1-1-1　創建年代：574年　主祭神：応神天皇／神功皇后／玉依姫命／住吉大神／伊弉冉尊
135頁	皆中稲荷神社	所在地：東京都新宿区百人町1-11-16　創建年代：1533年　主祭神：宇迦之御魂大神
	勝馬神社	所在地：茨城県稲敷市阿波958　創建年代：862年　主祭神：安馬さま
	藤森神社	所在地：京都府京都市伏見区深草鳥居崎町609　創建年代：203年　主祭神：素盞嗚命
137頁	秋葉神社（台東区）	所在地：東京都台東区松が谷3-10-7　創建年代：1870年　主祭神：火産霊大神／水波能売神／埴山毘売神
	関東総社秋葉神社	所在地：埼玉県さいたま市西区大字中釘818　創建年代：天平年間（詳細は不明）　主祭神：火之迦具土大神
	武蔵御嶽神社	所在地：東京都青梅市御岳山176　創建年代：紀元前91年　主祭神：櫛真智命
	三峰神社	所在地：埼玉県秩父市三峰298-1　創建年代：景行天皇年間　主祭神：伊弉諾尊／伊弉册尊
139頁	丹生川上神社下社	所在地：奈良県吉野郡東吉野村小968　創建年代：675年　主祭神：罔象女神
141頁	筥崎宮	所在地：福岡県福岡市東区箱崎1-22-1　創建年代：921年　主祭神：応神天皇／神功皇后／玉依姫命
	目の神社（行田八幡神社）	所在地：埼玉県行田市行田16-23　創建年代：不明　主祭神：味耜高彦根神
	荒脛巾神社	所在地：宮城県多賀城市市川伊保石49　創建年代：不明　主祭神：荒脛巾神
	石神尊祠	所在地：神奈川県相模原市緑区青山　創建年代：不明　主祭神：石神

あとがき

本書では神社で見られるさまざまな建物に加え、その歴史や神話、祭神とご利益など幅広い要素を取り上げた。神社のおもしろさの1つはこうした多くの要素が一堂に集まっているところだろう。

もちろん、目で見ることのできる境内や社殿の様子にも興味深い点はたくさんある。しかしなぜそこに神社があるのか、これまでどのような祭祀が行われてきたのかなど、神社の歴史や人の営みについても、ぜひ目を向けて頂きたい。太古の人々は何を思いこの空間や建築を造ったのか。それぞれの時代に生きた人の、神社へのまなざしに思いを巡らせることで、古来つむがれてきた時空の物語をも見つけることができるのではないだろうか。

私は建築史を専門としており、特に神道に関連する儀式のために造られた場や建物が研究の中心だが、建築的な視点だけではなく、思想・信仰などについても併わせて見ていくことで、これまで、生きた色彩を放つ神社の姿を目にしてきた。ぜひこの本を手にとってもらえた方々にも、こうした神社の奥深さについて考えてみてほしいと思う。

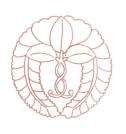

神社を存続させ、支えているのは日々神に奉仕する神職の方々だが、それに加え、社殿や神宝を維持・製作する大工や職人・技術者といった人たちの存在も欠かせない。さらに氏子、崇敬者、参拝者も神社の存続を支える重要な存在だ。信仰する人がいなくなってしまえば神の存在価値も失われ、神社は意味を持たなくなってしまう。そうなるともう、神社は古代遺跡と何ら変わらないものといえるだろう。

しかし今ある神社はそうではない。長年かけて培われてきた伝統の上に、現代の人々の願いが反映され、新たな祭事が生まれたり、ご利益が注目されたりしている。言うならば、現在進行形で信仰の厚み、歴史が紡がれているのである。

それらは決して国宝や重要文化財、世界遺産に指定された著名な神社だけに限ったものではない。地域の氏神など、各地の人々が伝え続けてきた神社や祭りにも同じように目を向けてくれる人が増えたとしたら、神社をつくる多様な文化はこれからも残されていくことだろう。本書を通じ、神社の魅力をさまざまな角度から感じてもらえたら、そして実際に神社や祭礼に足を運び、今、生まれている時空の物語の1ページに参加してもらえたら嬉しく思う。

最後になったが、素晴らしいイラストを描いてくださったいとう良一氏、編集にご尽力くださったジーグレイプ・坂田哲彦氏、そして執筆の相談に乗ってくれた妻・麻由子に感謝します。

参考文献

- 黒板勝美、国史大系編修会編『国史大系　新訂増補　第1巻上　日本書紀　前篇』吉川弘文館、1966.12
- 黒板勝美、国史大系編修会編『国史大系　新訂増補　第1巻下　日本書紀　後篇』吉川弘文館、1967.2
- 黒板勝美、国史大系編修会編『国史大系　新訂増補　第7巻　古事記、先代旧事本紀、神道五部書』吉川弘文館、1966.1
- 黒板勝美、国史大系編修会編『国史大系　新訂増補　第8巻　日本書紀私記、釈日本紀、日本逸史』吉川弘文館、1965.4
- 中村達太郎著、太田博太郎・稲垣栄三編『日本建築辞彙〔新訂〕』中央公論美術出版、2011.10
- 太田博太郎編集責任『日本建築史基礎資料集成　社殿Ⅰ』中央公論美術出版、1998.6
- 太田博太郎編集責任『日本建築史基礎資料集成　社殿Ⅱ』中央公論美術出版、1972.6
- 太田博太郎編集責任『日本建築史基礎資料集成　社殿Ⅲ』中央公論美術出版、1981.8
- 前久男『寺社建築の歴史図典』東京美術、2002.3
- 日本建築学会編『日本建築史図集　新訂版』彰国社、1980.3
- 中川武編『日本建築みどころ事典』東京堂出版、1990.2
- 林野全孝、桜井敏雄『神社の建築　日本の美と教養25』河原書店、1974.11
- 『越前若狭の大工と絵図、道具』福井市立郷土歴史博物館、2007.5
- 渡邉晶『日本建築技術史の研究―大工道具の発達史―』中央公論美術出版、2004.2
- 小松茂美『続日本絵巻大成14 春日権現験記絵　上』中央公論社、1982.5
- 小田富士雄編『古代を考える　沖ノ島と古代祭祀』吉川弘文館、1988.8
- 岡田莊司編『日本神道史』吉川弘文館、2010.6
- 伊藤聡、遠藤潤、松尾恒一、森瑞枝『日本史小百科　神道』東京堂出版、2002.2
- 國學院大學日本文化研究所編『神道事典』弘文堂、1994.7
- 川口謙二編著『日本の神様読み解き事典』柏書房、1999.10
- 石破洋『イナバノシロウサギの総合研究』牧野出版、2000.6

- 上杉千郷『狛犬事典』戎光祥出版、2001.11
- 三遊亭円丈『THE狛犬! コレクション』立風書房、1995.12
- たくきよしみつ『狛犬かがみ』バナナブックス、2006.9
- 朝日新聞出版『週刊朝日百科　国宝の美23建築7　厳島神社、日吉大社、北野大満宮』朝日新聞出版、2010.1
- 村上訒一『日本の美術No.525　文化財建造物の保存と修理の歩み』ぎょうせい、2010.2
- 浅川滋男『日本の美術No.476　出雲大社』至文堂、2006.1
- 貫達人『鶴岡八幡宮寺—鎌倉の廃寺』有隣堂、1997.12
- 『日本史大事典　全7巻』平凡社、1992.11～1994.5
- 国史大辞典編集委員会 編『国史大辞典　全15巻』吉川弘文館、1979.3～1997.4
- 吉川弘文館編集部編『京都古社寺辞典』吉川弘文館、2010.5
- 吉川弘文館編集部編『奈良古社寺辞典』吉川弘文館、2009.9

その他、各修理工事報告書、各神社・博物館等発行パンフレット・広報誌等を参照

Profile
著者

米澤貴紀

1978年神奈川県に生まれる。博士（工学）。早稲田大学理工学研究所招聘研究員。専門は日本建築史、建築技術史。主な著書に『ピラミッドの建て方』（共著、実業之日本社）、『木砕之注文』（共著、中央公論美術出版）、『誰も知らない「建築の見方」』（共監修、エクスナレッジ）、『よく分かる日本建築の見方』（共著、JTB出版）、『日本の名城解剖図鑑』（エクスナレッジ）など。

デザイン:細山田デザイン事務所(米倉英弘)
編集協力・組版 :ジーグレイプ
イラスト:いとう良一
印刷・製本:シナノ書籍印刷

神社の解剖図鑑

2016年1月1日　初版第1刷発行
2024年12月17日　　第15刷発行

著者　米澤貴紀

発行者　三輪浩之

発行所　株式会社エクスナレッジ
〒106-0032
東京都港区六本木7-2-26
https://www.xknowledge.co.jp/

問合せ先　編集　Tel：03-3403-1381
Fax：03-3403-1345
info@xknowledge.co.jp
販売　Tel：03-3403-1321
Fax：03-3403-1829